DUTCH
WITH EASE

DUTCH WITH EASE

Original text by

L. VERLEE

Adapted for the use of English
speaking readers by
Assimil Benelux s.a/n.v.

Illustrated by J.-L. GOUSSÉ

B.P. 25
94431 Chennevières-sur-Marne Cedex
FRANCE

© ASSIMIL 1989   ISBN 978-2-7005-0539-9

Beginner – Intermediate
Arabic With Ease
Chinese With Ease volume 1
Chinese With Ease volume 2
Writing Chinese With Ease
Dutch With Ease
New French With Ease
German With Ease
Hungarian With Ease
Italian With Ease
Japanese With Ease volume 1
Japanese With Ease volume 2
Writing Japanese With Ease
Spanish With Ease

For Kids
Sing Your Way To French

Advanced
Using French

Business
Business French

Languages On the Road
French Phrasebook
German From The Word Go!
Italian Phrasebook
Russian Phrasebook
Spanish Phrasebook

Bounds books, lavishly illustrated,
containing lessons and exercices recorded on tapes or CDs.

INTRODUCTION

THE DUTCH LANGUAGE

Dutch is spoken in The Netherlands (Holland) and in the northern half of Belgium, where it is called Flemish. Although variations exist similar to those found among English-speaking countries, Dutch and Flemish are the same language.
Dutch is situated between English and German in the Indo-European family of languages. Thus, you will notice many similarities between English and Dutch.
Dutch is easier to learn than many languages. The spelling is almost completely phonetic. As a general rule words are written as they are pronounced, and even the exceptions are usually governed by simple rules.

LEARNING DUTCH

This book can help you learn **Dutch with ease**. The approach is humorous helping to make language study fun. Starting with simple words and sentences, you will be led to a greater understanding of the language. Principles of grammar will be explained gradually as they appear in examples which aren't difficult to grasp.
Common words are introduced first, so you can build a practical vocabulary early on. New words are repeated in different sentences to help you remember them in a natural way.

HOW TO USE THIS BOOK

You were born with the ability to learn your own language. This book helps you learn Dutch the same way. Although not difficult, it does require practice and repetition. To learn **Dutch with ease** it is important to study regularly. This is the key to success. A little time spent every day will accomplish much more than several hours once a week.

Do not try to memorize each lesson. The meaning of a word will become clearer as you see it used repeatedly in different sentences. First you will learn to recognize words. Eventually you will comprehend their meanings and be able to use them yourself.

In the 'first wave' of your study, daily contact with successive lessons is important. This allows you to assimilate the language naturally through constant repetition and by seeing the words in various contexts. This gives you a general understanding of the language and its structure. Do not expect to remember everything you have studied.

The 'second wave' of your study begins with Lesson 51. Each new lesson reminds you to go back and review a lesson, starting at the first of the book. Your general knowledge of Dutch will then allow you to master everything in the earlier lessons with ease!

HOW TO STUDY EACH LESSON

Recordings of the Dutch portions of this book are available on tapes or CDs. By listening to spoken Dutch you will make faster progress and the results will be much better.

Instructions 'A' tell how to use the recordings. Instructions 'B' tell how to study if you only have the book.

A. Instructions for study with recordings:

1. Listen to the text with the book closed. It does not matter if you do not understand what is said. You will gain a general impression of the sounds, hearing the pronunciation without being influenced by the spelling.

2. Listen to the recording a second time while looking at the English translation.

3. Read the Dutch text aloud (with the aid of the phonetic transcription if necessary). Be sure you understand the meaning of each sentence, comparing it with the translation as required.

4. Now read the Dutch text again, but this time without looking at the translation.

5. Listen to the recording twice, once while looking at the English translation, and once while looking at the Dutch text.

6. Listen to the recording again with the book closed. At this point you should understand what is being said.

7. Listen to the recording once more. Stop the machine after each sentence, and try to repeat it aloud.

8. Carefully read the comments several times. Examine the Dutch sentences being explained. These notes are very important.

9. Read the exercises. Repeat each sentence several times. The exercises review material from the current lesson and from preceding lessons. If you have forgotten certain words, consult the English translation.

10. Examine the examples of sentence structure. They show how words and phrases are combined in Dutch, which is not always the same as in English.

B. Instructions for study using the book alone:

1. Read the first Dutch sentence and compare it word for word with the phonetic transcription.

2. Examine the English translation. Then read the Dutch sentence again.

3. Read the Dutch sentence aloud several times. Then try to repeat it without consulting the book.

4. Follow the same procedure for each sentence.

5. When finished, read the entire Dutch text again, and carefully examine the comments.

6. Read the Dutch text once more. You should now be able to understand it without consulting the translation.

7. Read the exercises. Repeat each sentence several times. The exercises review material from the current lesson and from preceding lessons. If you have forgotten certain words, consult the English translation.

8. Examine the examples of sentence structure. They show how words and phrases are combined in Dutch, which is not always the same as in English.

NUMBERS AND BRACKETS

Numbers preceded by the letter 'N' **(N1)** refer to a paragraph with the same number in the next review lesson. Each seventh lesson is a review.

Other numbers **(1)** refer to numbered comments in the same lesson.

In many cases the correct English translation does not correspond word for word with the Dutch sentence. When required, a literal translation is also given between parentheses. Words absent in Dutch but necessary in English are enclosed in brackets.

PRONUNCIATION

Although many Dutch sounds are similar to sounds in English, several are completely different. To really learn the sounds correctly, one must carefully imitate properly-spoken Dutch. Recordings are extremely helpful to this end.

Dutch spelling is almost completely phonetic. As you listen to the recordings you will gradually learn to associate the sounds with the letter combinations in written Dutch.

This book uses a phonetic representation of Dutch, worked-out with English-speaking students in mind. Whenever possible the Dutch sounds have been represented by letters which can be pronounced similarly in English. Although this can never be as effective as imitating spoken Dutch, it can remind you which sounds are present, and it can be helpful to those who do not have recordings.

A table of symbols follows. Read it carefully, but do not try to memorize it. You can refer back to the table any time until you have learned the sound represented by each symbol.

Comparisons with English sounds are intended only as an aid. In most cases they are not exactly equivalent. Imitate the sounds you hear on the recordings and associate each sound with its symbol.

There will be additional comments on pronunciation as new sounds are encountered. A few general principles follow.

In English **k**, **p** and **t** are 'explosives'. They are followed by a puff of air (to feel this, place your hand before your mouth and say: 'keep, pop, top').

X

In Dutch **k**, **p** and **t** are NOT explosives, but are ways of initiating the following sound.

In Dutch short vowels are shorter and long vowels are longer than in English.

It is especially important to stress the proper syllables in Dutch. A word might not be understood if the stress is misplaced. To help you learn which syllables are stressed, the vowels of stressed syllables are shown in bold-faced print in this book. In headings, however, (which are already bold-faced) the vowels of stressed syllables are shown in light-faced print. It is usually the first syllable of a Dutch word which is stressed, but watch for the exceptions.

TABLE OF PHONETIC SYMBOLS

a) Vowels:

Dutch spelling	Symbol	Similar to
a	a	a in 'ha' or Scottish 'man'
aa (a/)	aa	aa in 'bazaar'
au = ou	ou	ou in 'mouse'
e	e	e in 'met'
e (unstressed)	:	a in 'ago'
ee (e/)	AY	a in 'bay'
eu	eu	u in 'fur' but with rounded lips
ei = ij	ei	ei in 'weigh'
i	i	i in 'pit'
i (unstressed)	:	a in 'ago'
ie (i/)	iE	ie in 'chief'
ij = ei	ei	ei in 'weigh'
ij (unstressed)	:	a in 'ago'
o	o	o in 'loft'
oo (o/)	oo	oo in 'door'
oe	oe	oe in 'shoe'
ou = au	ou	ou in 'mouse'
u	u	i in 'pit' but with rounded lips
uu (u/)	uu	ie in 'chief' but with rounded lips
ui	ui	u in 'fur' followed by i in 'pit' but with rounded lips

b) Consonants:

Dutch spelling	Symbol	Similar to
b	b	
ch (g)	HG	ch in Scottish 'loch' (As 'hg' but unvoiced)
d	d	
f	f	
g (ch)	hg	ch in Scottish 'loch' (As 'HG' but voiced)
h	h	
j	y	y in 'you'
k (c)	k	(not an explosive)
l	l	
m	m	
n	n	
ng	ng	
p	p	(not an explosive)
r	r	(usually trilled)
s (c)	s	
sj	sh	
t	t	(not an explosive)
v-	fv	
-v-	v	
w-	vw	
-w-	w	
-w		[mute at the end of a word]
wr-	fr	
z	z	
	/	separates syllables where required for clarity
	‿	indicates that the last sound of one word flows into the first sound of the next word

* * * * *

In the recordings of Lessons 1 through 6 each sentence is read twice and the dialogues are repeated.

1 één (**AY**n)

*It is absolutely essential that you read
the preceding introduction
before starting!*

EERSTE (1ste) LES.

Bent u ziek ?

1 — Goedendag **(N1)**, mevrouw De Vos.
2 — Dag **(1)**, meneer Janssens.
3 — Hoe maakt u het **(2)** ?
4 — Niet heel goed.
5 — Bent **(3)** u ziek ?
6 — Nee **(4)**, maar mijn vrouw is ziek,
7   mijn dochter is ziek,
8   mijn zoon is ook in bed

UITSPRAAK (pronunciation) [uitspraak]
bent ˆuu ziEk?
 1 hgoed:nd**a**HG m:fvr**ou** d: fvos
   The **V** sound in Dutch is preceded by a slight **f** sound.
 2 daHG m:n**AY**r yanssens
 3 hoe m**aa**kt ˆuu het?
   In *het* the **h** is pronounced only if the word is being emphasized. One says [het], [h:t] or [:t] depending on the degree of emphasis.
 4 niEt hAYl hgoet
   At the end of a word, **d** is pronounced as **t**.
 5 bent ˆuu zi**E**k?
 6 n**AY**, maar mein fvr**ou** is ˆsi**E**k
   Here the **z** in *ziek* is pronounced as **s** because it follows an **s**. This is called 'assimilation'.
 7 mein doHGt:r is ˆsi**E**k
 8 mein z**oo**n is ook in be**t**
   The **s** in *is* is usually pronounced **s** rather than **z** as in English!

twee (tvwAY) 2

FIRST LESSON

Are you ill?

1 — Good day, Mrs. De Vos.
2 — Hello, Mr. Janssens.
3   How are you (How make you it)?
4 — Not very good.
5 — Are you ill?
6 — No, but my wife is ill,
7   my daughter is ill,
8   my son is also in bed,

OPMERKINGEN (COMMENTS) [opmerking:n]
(1) *Dag* is less formal and more common than *goedendag*. *Dag* is also used for good-bye, but then the vowel is lengthened: [da-aHG!]
(2) For 'How are you?' one also hears *Hoe gaat het* (How goes it)? For 'How is your son?' one could say *Hoe maakt uw zoon het* (How makes your son it)? *Hoe gaat het met uw zoon* (How goes it with your son)?
(3) As in English the subject and verb are reversed to form a question. *U bent ziek* (You are ill). *Bent u ziek* (Are you ill)?
(4) One may write *nee* or *neen*, but the final **n** is not pronounced.

1ste **LES**

9 en mijn schoonmoeder ...
10 — Wat? Is uw **(N2)** schoonmoeder ook **ziek**?
11 — Wel nee, mijn schoonmoeder is nu bij ons thuis **(5)**.

UITSPRAAK
9 en mein sHGoonmoed:r...
An **r** at the end of a word is sounded.
10 vwat? is uuoe sHGoonmoed:r ook ˆsiEk?
In Holland **w-** is pronounced as an English **v** but unaspirated. In Belgium **w-** is pronounced as **w** but the lips are not puckered as in English.
11 vwel nAY, mein sHGoonmoed:r is ˆnuu bei ons ˆtuis
The **h** is mute in *thuis*. Remember that **t** is not followed by a puff of air as in English.

OEFENINGEN (EXERCISES) [oef:ning:n]

A. Vertaal (Translate): [v:rtaal]

1. Mijn zoon is niet thuis. — **2.** Is uw dochter ook ziek ? — **3.** Hoe maakt uw schoonmoeder het ? — **4.** Mevrouw De Vos is bij ons thuis. — **5.** Mijn vrouw is nu in bed. — **6.** Meneer Hiel maakt het niet goed. — **7.** Bent u mevrouw Janssens ? — **8.** Hoe gaat het met uw zoon ?

B. Vul de ontbrekende woorden in:
[fvul d: ontbrAYk:nd: woord:n in]
Fill in the missing words:
Note: Each dot represents one letter.

1 *Hello, Mr. De Vos; how is Mrs. De Vos?*

Dag, meneer De Vos ; Hoe maakt mevrouw De Vos het?

2 *My daughter is not home.*

Mijn dochter is niet thuis.

3 *Is your son also ill?*

Is uw zoon ook ziek ?

vier (fviEr) 4

9 and my mother-in-law...
10 — What? Is your mother-in-law also ill?
11 — Well no, my mother-in-law is now staying with us (is now with us at home).

OPMERKINGEN
(5) *Huis* means 'house'. *Thuis* is a contraction of *te huis* (at house) which means 'home' or 'at home'.

(N1) (N2) See the review lesson. Each seventh lesson is a review.

OPLOSSING A (Solution A): [oplossing]
1. My son is not home. — **2.** Is your daughter also ill? — **3.** How is your mother-in-law? — **4.** Mrs. De Vos is staying with us (is with us at home). — **5.** My wife is now in bed. — **6.** Mr. Hiel is not doing well (makes it not good). — **7.** Are you Mrs. Janssens? — **8.** How is your son (How goes it with your son)?

4 *My wife is now in bed.*

Mijn vrouw is nu in bed.

5 *Mrs. Janssens is not doing very well.*

Het gaat niet heel goed met mevrouw Janssens.

OPLOSSING B:

1 Dag - hoe maakt - het — **2** Mijn - niet thuis. — **3** uw - ziek — **4** vrouw - nu - in — **5** Het - niet heel - met.

1ste LES

ZINSBOUW (SENTENCE STRUCTURE) [zinzbou]

In this section you will be given examples of Dutch syntax. The way words are put together in Dutch to form phrases, clauses and sentences is often quite different than in English.

The columns have been so arranged that a correct sentence is formed whenever you take one element from each column. If phrases in a column are in parentheses it means that a correct sentence can be formed even when these are omitted.

As rapidly as possible, repeat aloud the various sentences that you have composed with the different elements. This will help you learn correct sentence structure in a natural way. The number of possible combinations is indicated beside each exercise.

The sentences are easy. You should have no trouble understanding them. Try to pronounce the words correctly, placing the stress on the proper syllables.

****

TWEEDE (2de) LES.

Bij de ontvanger

1 — Heeft **(1)** u een huis ?

UITSPRAAK
bei d: ontfang:r
   Because of the preceding **t**, the **v** takes on an **f** sound.
 1 h**A**Yft ˘uu :n huis?

zes (zes) 6

1	Is	uw schoonmoeder	(ook)	ziek ?
		uw zoon	(nu)	thuis ?
		uw dochter	(nu ook)	in bed ?
		mevrouw De Vos		
		meneer Varten		
		uw vrouw		
		uw schoonzoon		(63)

* * * * * * *

2	Hoe maakt	u	het	(nu) ?
		uw dochter		
		uw zoon		
		uw schoonmoeder		
		uw vrouw		
		meneer De Vos		
		uw schoonzoon		
		Hans		
		mevrouw Kets		(18)

* * * * * * *

3	Mijn vrouw	maakt het	goed
	Meneer De Vos		ook goed
	Mijn dochter		niet goed
	Tom		heel goed
	Mijn zoon		ook heel goed
	Wim		niet heel goed
	Mijn schoondochter		
	Mevrouw Marck		(48)

****

SECOND LESSON

At the Tax Office
(At the Receiver)

1 — Do you have a house (Have you a house)?

OPMERKING
(1) One can also say *hebt u*. Actually, *heeft* is third person singular: *ik heb* (I have), *u hebt* (you have), *hij heeft* (he has). But *heeft* is commonly used with *u*, and is not considered incorrect.

2ᵈᵉ LES

7 zeven (z**AY**v:n)

2 — Nee, ik heb geen **(2)** huis.
3 — Heeft u **(3)** een **(4)** flat ?
4 — Nee, ik heb geen flat.
5 — Heeft u een wagen? **(5)**
6 — Nee, ik heb geen wagen.
7 — Wat is uw salaris ?
8 — Ik heb geen salaris,
9 ik heb geen werk.
10 — Maar wat heeft u dan ?
11 — Ik heb een vrouw, zes kinderen **(6)** en schulden.

UITSPRAAK
2 n**AY**, ik^hep^HG**AY**n huis
At the end of a word, **b** is sounded as **p** and makes the consonant that follows voiceless.
3 h**AY**ft ˆuu :n fl**e**t?
The **a** in *flat* is sounded as a short **e**. The word is borrowed from English.
4 n**AY**, ik hep^HG**AY**n flet
5 h**AY**ft ˆuu :n vw**aa**hg:n?
6 n**AY**, ik^hep^HG**AY**n vw**aa**hg:n
7 vwat is uuoe sal**aa**ris?
8 ik^hep^HG**AY**n sal**aa**ris
9 ik^hep^HG**AY**n vwerk
10 maar vwat h**AY**ft ˆuu dan?
11 ik^hep :n fvr**ou**, zes kind:r:n en sHG**u**ld:n
In conversational Dutch many people do not sound the final **n** of the unaccented **-en** suffix [sHG**u**ld:]. In formal speech, however, it is sounded lightly.

Do not be discouraged if you have some difficulty with pronunciation. Through repetition and practice the desired sounds will become automatic.

OEFENINGEN
A. Vertaal:

1. Ik heb een huis maar ik heb geen wagen. — **2.** Mevrouw De Vos heeft drie kinderen. — **3.** Heeft u ook een kind ? — **4.** De dochter van meneer Willems heeft nu een flat. — **5.** Ik heb geen schulden. — **6.** Heeft uw vrouw ook een wagen ? — **7.** Is uw kind heel ziek ? — **8.** Heeft u dan geen werk ?

2 — No, I don't have a house (I have no house).
3 — Do you have a flat?
4 — No, I don't have a flat.
5 — Do you have an automobile?
6 — No, I don't have an automobile?
7 — What is your salary?
8 — I have no salary,
9   I have no work.
10 — But what do you have then (have you then)?
11 — I have a wife, six children and debts.

OPMERKINGEN
(2) *Geen* means 'no' in the sense of 'none'. *Ik heb er geen* (I have none)! *Ik heb geen werk* (I have no work).
(3) A question is formed by placing the verb first. Dutch has no equivalent of the English use of 'do' to form questions: 'Do you have' must be translated: *Heeft u* (Have you).
(4) *Een* [:n] means 'a' or 'an'. Pronounced [AYn] it means 'one'. Accents can be used to avoid ambiguity: *Ik heb een huis* (I have a house). *Ik heb één huis* (I have one house).
(5) In Holland, *auto* is common. *Wagen* can be used for various types of vehicles: *vrachtwagen* (freight vehicle), lorry or truck; *kinderwagen* (child vehicle), baby carriage.
(6) The plural is usually formed by adding **-en** or **-s** but **-eren** is added to some words. For example, the plural of *kind* (child) is *kinderen* (children).

OPLOSSING A:
1. I have a house but I do not have an automobile. — **2.** Mrs. De Vos has three children. — **3.** Do you also have a child? — **4.** The daughter of Mr. Willems now has a flat. — **5.** I have no debts. — **6.** Does your wife also have an automobile? — **7.** Is your child very ill? — **8.** Have you no work then?

9 negen (n**AY**hg:n)

B. Vul de ontbrekende woorden in:

1 *What is your salary?*

Wat is uw salaris ?

2 *My automobile is not very good.*

Mijn wagen is niet heel goed.

3 *I have good work now.*

Ik heb nu goed werk.

4 *Mrs. Leemans does not have a son, but a daughter.*

Mevrouw Leemans heeft geen zoon, maar een dochter.

✱✱✱✱✱✱✱✱✱✱✱✱✱✱✱✱✱✱✱✱✱✱✱✱✱✱✱✱✱✱✱✱✱✱✱✱✱✱✱

DERDE (3de) LES.

Geen geluk

1 — Zeg, wie is die **(1)** meneer daar ?
2 — Kent u hem **(2)** niet **(N3)** ?
3 — Nee !

UITSPRAAK
hg**AY**n hg:l**u**k
 1 zeHG, vwIE is diE m:n**AY**r daar?
 2 kent ˜uu hem niEt?
 3 n**AY**!

5 *My mother-in-law also has debts.*

Mijn .... heeft ook ....

OPLOSSING B:

1 Wat - salaris. — 2 wagen - heel goed. — 3 heb nu - werk. — 4 geen - maar - dochter. — 5 schoonmoeder - schulden.

These first lessons are neither lengthy nor difficult. Listen to the recordings several times. This is the best way to train your ear to the sound and rhythm of Dutch.

★★★★★★★★★★★★★★★★★★★★★★★★★★★★★★★★★★★★★★

THIRD LESSON

No Luck

1 — Say, who is that gentleman (mister) there?
2 — Don't you know him?
3 — No!

OPMERKINGEN
(1) *Die* in the singular means 'that' and is used only with masculine or feminine words. (*Dat* must be used for 'that' with neuter singular words). In the plural, *die* means 'those' and may be used with any plural word (masculine, feminine or neuter).
(2) *Hij* and *hem* are masculine pronouns. *Hij* is used as subject and *hem* as object. *Hij kent hem* (He knows him).

3de **LES**

4 — Het is meneer De Vos ;
5 — hij (3) werkt (4) bij de (5) bank
6 hier op de hoek van de straat.
7 — Is hij bediende ?
8 — Nee, hij is nu directeur.
9 — Directeur ! Dat is interessant !
10 Heeft hij een dochter ?
11 — Ja, maar ze is al getrouwd !

UITSPRAAK
4 het is m:n**AY**r d: fvos
 The **o** in *Vos* is very short!
5 hei vwerkt bei d: bank
6 hiEr ob^d: hoek^fan^d: straat
 the **p** has a **b** sound before **d**. Voiceless consonants become voiced before **b** and **d**. The **v** has an **f** sound after **k**.
7 is^hei b:di**E**nd:?
8 nAY, hei is nuu diE/rekteur
9 diE/rekteur! dat is int:r:ssant
10 hAYft^hei :n doHGt:r?
11 jaa, maar z: is al hg:tr**ou**t
 Remember that the **t** is followed immediately by the trilled **r** with no puff of air in between. The **w** is mute. At the end of a word **d** is pronounced **t**.

OEFENINGEN

A. Vertaal:

1. Kent hij de directeur van de bank ? — 2. Ze werkt nu heel goed. — 3. Is dat werk interessant ? — 4. Mijn zoon is nu getrouwd. — 5. Mevrouw Herman heeft geen geluk : ze is nu ziek. — 6. Mijn huis is op de hoek van de straat. — 7. Werkt uw dochter ook bij die bank ? — 8. Is dat niet interessant ?

4 — It is Mr. De Vos;
5 he works at the bank
6 here on the corner of the street.
7 — Is he [a] clerk?
8 — No, he is now [the] director.
9 — Director! That's interesting!
10 Does he have a daughter?
11 — Yes, but she's already married!

OPMERKINGEN
(3) *Hij werkt* (He works). *Ze werkt* (She works). *Ze* [z:] is often written *zij*, in accordance with its emphasized pronunciation [zei].
(4) Regular verbs end in **-t** in the second person singular and plural, and in the third person singular: *ik zeg, u zegt, hij/zij zegt; ik werk, u werkt, hij/zij werkt.*
(5) Two words mean 'the'. *De* is used with singular nouns which are masculine or feminine. *Het* is used with singular nouns which are neuter. Since the gender of nouns is arbitrary, one must remember which article goes with each noun. As words are introduced, the neuter nouns will be listed: *het bed, het huis, het salaris, het werk, het kind. De* is used with all plural nouns, whether masculine, feminine or neuter.

OPLOSSING A:
1. Does he know the director of the bank? — **2.** She now works very well. — **3.** Is that work interesting? — **4.** My son is now married. — **5.** Mrs. Herman has bad luck (no luck): she is now ill. — **6.** My house is on the corner of the street. — **7.** Does your daughter also work at that bank? — **8.** Isn't that interesting?

13 dertien (dertiEn)

B. Vul de ontbrekende woorden in:

1 *Would you repeat that, sir? (What say you, sir?)*

Wat z..g.t u, meneer ?

2 *The daughter of the director is already married.*

De d.o.ch.t.er. van de directeur is al getrouwd.

3 *Does your son work at the bank?*

W.e.r.k.t uw zoon b.ij de bank ?

*****

Have you been using the method of study we've recommended? Be sure to listen to the recordings several times and repeat the sentences, trying to imitate the sounds exactly.

You might wish to review the introduction.

****

VIERDE (4de) LES.

Een arme man

1 — Ik ga **(1)** nooit naar een restaurant,

UITSPRAAK
:n ˆarm: man
1 ik ˆHGaa nooiEt naar ˆ:n restooran'
In agreement with the word's origin, the final syllable of restaurant is usually pronounced as in French (the t is silent).

veertien (fvAYr/tiEn) 14

4 Who doesn't know that?

Wie Kent dat niet ?

5 Jan's automobile is at the corner of the street.

De wagen van Jan is op de hoek van de straat.

OPLOSSING B:

1 zegt. — **2** dochter - al - getrouwd. — **3** werkt - bij. — **4** kent - dat. — **5** wagen - op - de - hoek - straat.

ZINSBOUW

Ze	is	(nu)	getrouwd	
Hij		(al)	in bed	
Tom		(niet)	bij ons	
Eva		(nu al)	thuis	
			op de hoek	(80)

****

FOURTH LESSON

A Poor Man

1 — I never go to a restaurant.

OPMERKING
(1) *Ik ga, u gaat, hij/zij gaat.*

4ᵈᵉ LES

15 vijftien (fv**ei**f/tiEn)

```
 2     het kost te veel (2) !
 3     Ik ga nooit naar een café,
 4     er is (3) te veel lawaai.
 5     Ik ga nooit naar de bioscoop,
 6     de films (4) zijn niet (N3) interessant
 7     Ik ga nooit naar de schouwburg...
 8  —  Hoe brengt u dan de tijd door ?
 9     Kijkt u naar de televisie ?
10     Of leest u boeken, tijdschriften en
       kranten ?
11  —  O nee ! Ik heb de tijd niet.
12  —  Wat doet u dan ?
13  —  Ik help mijn vrouw ...
```

UITSPRAAK
2 h:t kost ˆt: fvAYl
3 ik ˆHGaa nooiEt naar ˆ:n ˆkaf**AY**
4 er ˆis t:fvAYl lavw**aa**iE
5 ik ˆHGaa nooiEt naar d: biEoskoop
6 d: fil:ms ˆsein ˆniEt interessant
7 ik ˆHGaa nooiEt naar d: sHGouburHG...
8 hoe brengt ˆuu dan d: teit door?
9 keikt ˆuu naar d: tAY/l:v**iE**siE?
10 of lAYst ˆuu boek:n, teitsHGrift:n en krant:n?
11 oo nAY, ik ˆheb ˆd: teit ˆniEt
12 vwat doet uu dan?
13 ik ˆhelp mein fvr**ou**

OEFENINGEN

A. Vertaal:

1. — Er is een bioscoop op de hoek van de straat. — **2.** Die tijdschriften zijn niet duur. — **3.** Mijn boeken zijn thuis. — **4.** Hij werkt niet te veel. — **5.** Hoe gaat u naar huis ? — **6.** Ze heeft nooit veel tijd. — **7.** Die krant is heel interessant. — **8.** Hij helpt de zoon van de directeur.

2 it costs too much!
3 I never go to a pub,
4 there is too much noise.
5 I never go to the cinema,
6 the films are not interesting.
7 I never go to the theatre...
8 — How do you pass the time then (How bring you then the time through)?
9 Do you watch television (Look you at the television)?
10 Or do you read books, periodicals and newspapers (Or read you...)
11 — Oh no! I don't have time (I have the time not).
12 — What do you do (do you) then?
13 — I help my wife...

OPMERKINGEN
(2) One can also say: *Het is te duur* (It is too expensive).
(3) *Er* and *daar* are both translated: 'there'. *Daar* points away from *hier* (here). *Er* refers to any location or condition. *Ik werk daar* (I work there). *Hier is er geen werk* (Here there is no work).
(4) The plural of certain words is formed by adding **-s**.

Neuter words: *het restaurant, het café, het lawaai, het boek, het tijdschrift.*

OPLOSSING A:
1. There is a cinema at the corner of the street. — **2.** Those magazines are not expensive. — **3.** My books are at home. — **4.** He does not work too much. — **5.** How do you go home? — **6.** She never has much time. — **7.** That newspaper is very interesting. — **8.** He helps the son of the director.

4de **LES**

B. Vul de ontbrekende woorden in:

1 *I never watch television.*

Ik *kijk* nooit *naar* de televisie.

2 *There is not much noise in my street.*

Er is niet veel *lawaai* in mijn *straat*.

3 *She does not help much at home.*

Ze *helpt thuis* niet veel.

*****

Read the sentences aloud, over and over again. The purpose of this is not to memorize the material, but to learn the proper pronunciation and to be able to say the sentences smoothly without hesitation.

Daily repetition will help you become fluent in the language.

****

VIJFDE (5de) LES.

Naar het station

1 — Neem me niet kwalijk **(1)**, meneer,
2 Waar is het station?

UITSPRAAK
Naar ˆ:t stasyon
1 nAYm˜ m: niEt kvwaal:k, m:nAYr
2 vwaar is ˆ:t stasyon?

achttien (aHGtiEn) 18

4 *What are you doing there? – I'm reading a magazine.*

Wat ...... u .....? – ik ..... een ....

5 *That theatre is very expensive.*

Die .... is heel ....

OPLOSSING B:

1 kijk - naar. — **2** er - lawaai - straat — **3** helpt - thuis. — **4** doet - daar - lees - tijdschrift. — **5** schouwburg - duur.

ZINSBOUW

Ik ga	niet	naar	een restaurant
Ze gaat	ook		de schouwburg
Gaat u	nooit		een café
Mijn zoon gaat	veel		de bioscoop **(64)**

****

FIFTH LESSON

To the Station

1 — Excuse me (take me not wrongly), sir.
2 Where is the station?

OPMERKING
(1) This expression is often used in Holland. In Belgium one hears more often: *Excuseer me* [ekskuuz**AY**r m:].

5de LES

3 —	In de vierde (2) straat links (3) na het stadhuis.
4 —	Ja, maar waar is het stadhuis ?
5 —	Op de Grote Markt.
6 —	Goed ! En waar is de Grote Markt ?
7	Ik ken de stad niet.
8 —	De Grote Markt vindt u (4) gemakkelijk.
9	Die (5) is achter de Beurs,
10	drie minuten hier vandaan.
11 —	De Beurs ... ?
12 —	Misschien kent u die ook niet ?
13	Wel, neem (6) dan een taxi !

UITSPRAAK
3 in d: fviErd: straat links naa :t stathuis
4 yaa, maar vwaar is ˆ:t stathuis?
5 obˆd: hgroot: markt
   Many people do not pronounce the **k** in *markt*. Both pronunciations, however, are acceptable.
6 hgoet, en vwaar izˆd: hgroot: markt?
   The **s** has a **z** sound because of the **d** which follows.
7 ikˆkenˆd: stat niEt
8 d: hgroot: markt ˆfint ˆuu hg:makk:l:k
   A **v** has an **f** sound after **t**.
9 diE isˆaHGt:r d: beurs
10 driE miEnuut:n hiEr fvandaan.
11 d: beurs?
12 missHGiEn kent ˆuu diE ookˆniEt?
13 vwel, nAYm dan :n taksiE!

OEFENINGEN

A. Vertaal:

1. Mijn dochter werkt nu op het stadhuis. — 2. Neem me niet kwalijk, maar ik ken de stad niet goed. — 3. Misschien is het werk niet heel gemakkelijk. — 4. Mijn huis is tien minuten hier vandaan. — 5. Hoe vindt u het werk ? - Niet heel goed. — 6. Hij neemt de bus en gaat naar huis. — 7. Is uw huis niet achter het stadhuis ? — 8. Er is een bank in de derde straat rechts.

3 — In the fourth street [to the] left beyond (after) the city hall (house).
4 — Yes, but where is the city hall?
5 — On the Town Square (large market).
6 — Good! And where is the Town Square?
7   I don't know the city (I know the city not).
8 — You [can] find the Town Square easily (The Town Square find you easily).
9   It is behind the Exchange,
10 three minutes from here (here hence).
11 — The Exchange...?
12 — Maybe you don't know [where] it [is] either (Maybe know you it also not).
13 Well, take a taxi then (take then a taxi)!

OPMERKINGEN
(2) Most ordinal numbers below twenty are formed by adding -**de**. *Twee, tweede* (second); **vijf, vijfde** (fifth); *zeven, zevende* (seventh). Three exceptions are *één, eerste* (first); *drie, derde* (third); *acht, achtste* (eighth).
(3) To the right: *rechts*.
(4) This sentence begins with the object rather than the subject. In such cases the verb takes the second position and the subject comes AFTER the verb. (See also line 12).
(5) The demonstrative *die* is often used instead of the personal pronouns *hij* and *zij*.
(6) The imperative has the form of the first person singular: *ik werk* (I work), *werk!* (a command).
Formerly -**t** was added if the command was to more than one person: *werkt!* Although the older form is not incorrect, the -**t** is now seldom added.

OPLOSSING A:
1. My daughter now works at the city hall. — 2. Excuse me, but I don't know the city well. — 3. Maybe the work is not very easy. — 4. My house is ten minutes from here. — 5. How do you like the work? — Not very well. — 6. He takes the bus and goes home. — 7. Isn't your house behind the city hall? — 8. There is a bank on the third street to the right.

5de **LES**

21 éénentwintig (**AY**n:n/tvwint:HG)

B. Vul de ontbrekende woorden in:

1 *I do not find that book very easy.*

Ik vind dat boek niet erg gemakkelijk.

2 *Excuse me, do you have the newspaper?*

Neem me niet kwalijk, heeft u de krant?

3 *It is maybe five minutes from there.*

Het is misschien vijf minuten hier vandaan.

*****

Repeat each sentence from memory after you read it. Notice carefully which syllables are accented, and say each syllable distinctly.

****

ZESDE (6de) LES.

Een telegram

1 — Goedemorgen (1), juffrouw,
2   woont meneer Peeters hier, alstublieft ?

UITSPRAAK
:n tAY/l:hgram
 1 hgoed:/morhg:n, yuffrou
 2 vwoont m:nAYr pAYt:rs hiEr, alstuubliEft?

tweeëntwintig (tvwAY:n/tvwint:HG) 22

4 *Now my son works at the city hall.*

Nu werkt mijn zoon op het stadhuis.

5 *How do you pass the time at home?*

Hoe brengt u thuis de tijd door?

OPLOSSING B:

1 vind - gemakkelijk. — **2** neem - kwalijk - heeft - krant. — **3** misschien - minuten - vandaan. — **4** Nu - op - stadhuis. — **5** brengt - tijd - door.

ZINSBOUW

Nu	werkt	mijn zoon	thuis
Misschien	is	hij	in de stad
		mevrouw Merckx	bij ons
		ze	bij een bank
		Hilda	op het stadhuis **(100)**

****

SIXTH LESSON

A Telegram

1 — Good morning, Miss,
2 does Mr. Peeters live here, please?

OPMERKING
(1) As in English there are different greetings for different times of the day: Around noon and in the afternoon one says: *goedemiddag* [hgoed:/middaHG]. In the evening one says: *goedenavond* [hgoed:n/**aav**:nt]. At night one says: *goedenacht* [hgoed:/naHGt].

6de LES

3 — Ja, hij woont hier.
4   Waarom vraagt u dat ?
5 — Er is een telegram voor hem **(2)**.
6 — Een telegram ? Van wie komt het **(3)** ?
7 — Ik weet het niet,
8   ik lees de telegrammen **(4)** niet.
9 — Dat is jammer,
10 want het is dikwijls erg **(5)** interessant.
11 — Best mogelijk, maar het mag **(6)** niet.
12 Tot ziens, juffrouw.
13 — Tot ziens, meneer, en dank u wel **(7)**.

UITSPRAAK
3 yaa, hei vwoont hiEr
4 vwaarom fvraaHGt ˆuu dat?
5 er iz ˆ:n tAY/l:hgram voor hem
6 :n tAY/l:hgram? fvan vwiE komt ˆ:t?
7 ik vw**AY**t ˆ:t niEt
8 ik lAYs d: tAY/l:hgramm:n niEt
9 dat is y**a**mm:r
10 vwant ˆ:t is dikvw:ls erHG int:r:ssant
11 best m**oo**hg:l:k, maar h:t maHG niEt
12 tot ˆsi**E**ns, yuffr**ou**
  The z has an s sound because of the preceding t.
13 tot ˆsi**E**ns, m:n**AY**r, en dank ˆuu vwel

OEFENINGEN

A. Vertaal:

1. Meneer Janssens woont in de tweede straat rechts na het stadhuis. — **2.** Dat is niet erg gemakkelijk. — **3.** Komt ze niet ? Dat is erg jammer. — **4.** Ik weet niet wat hij vraagt. — **5.** Dat is misschien niet mogelijk. — **6.** Ze komt niet dikwijls, ze heeft te veel werk. — **7.** Hij zegt tot ziens en gaat naar huis. — **8.** Waarom gaat u niet naar de schouwburg ?

vierentwintig (fviEr:n/tvwint:HG) 24

3 — Yes, he lives (dwells) here.
4 Why do you ask (that)?
5 — There is a telegram for him.
6 — A telegram? From whom is (comes) it?
7 — I don't know (I know it not).
8 I don't read the telegrams.
9 — That's too bad,
10 because it's often very interesting.
11 — Quite possibly, but it isn't allowed (may not).
12 Good-bye, Miss.
13 — Good-bye, sir, and thank you very much (well).

OPMERKINGEN
(2) After prepositions, the masculine pronoun is *hem*.
(3) Here, *het* means 'it' rather than 'the'.
(4) Notice the double *m* in the plural. This will be explained later.
(5) *Erg*, which means 'awfully' or 'terribly', is often used for 'very' in Holland. In Belgium this is less common.
(6) Notice that a *-t* is not added to this verb in the third person singular: *ik mag, u mag, hij/zij mag*.
(7) One also hears: *wel bedankt* [vwel b:dankt].

OPLOSSING A:
1. Mr. Janssens lives on the second street (to the) right beyond (after) the city hall. — **2.** That is not very easy. — **3.** Isn't she coming? That's too bad (terribly unfortunate). — **4.** I don't know what he's asking. — **5.** That might not be (is maybe not) possible. — **6.** She doesn't come often; she has too much work. — **7.** He says good-bye and goes home. — **8.** Why don't you go (go you not) to the theatre?

6de LES

B. Vul de ontbrekende woorden in:

1 *Is he coming to the restaurant? — No, he is ill.*

Komt hij door het restaurant? – Nee, hij is ziek.

2 *Is that possible now? — I don't know.*

Is dat nu mogelijk? Ik weet het niet.

3 *Why are you watching that film? It is not very interesting.*

Waarom kijkt u naar die film? Die is niet erg interessant.

Een gesprek

— Kent u meneer Lielens ?
— Ja, ik ken hem heel goed.
— U weet dus waar hij woont.
— Drie minuten hier vandaan.
  Kijk, u heeft een straat hier rechts,
  het huis van meneer Lielens is daar op de hoek.
— Dank u wel, meneer.

★★

4 *Are you going to the cinema? — Quite possibly.*

Gaat u naar de bioscoop ? — best mogelijk.

5 *I ask who is coming, but she doesn't say.*

Ik vraag wie er komt, maar ze zegt het niet.

OPLOSSING B:
1 Komt - in - mag - ziek. — **2** mogelijk - weet. — **3** waarom - naar - die - erg. — **4** naar - bioscoop - best. — **5** vraag - komt - zegt.

ZINSBOUW

Dikwijls	is er	veel lawaai
Nu		een film
Misschien		een telegram voor hem
		een taxi op de hoek
		geen werk
		een bediende daar
		een bus hier (21)

A conversation

— Do you know Mr. Lielens?
— Yes, I know him very well.
— You know then where he lives.
— Three minutes from there.
  Look, you have a street here [to the] right, Mr. Lielens' house is there on the corner.
— Thank you very much, sir.

★★★★★★★★★★★★★★★★★★★★★★★★★★★★★★★★★★★★★★

6ᵈᵉ LES

zevenentwintig (z**AY**v:n:n/tvwint:HG)

ZEVENDE (7de) LES

Herhaling en opmerkingen
(Review and Comments)

1. — **Greetings** — Different greetings are used at different times during the day. *Goedendag, mevrouw. Dag, meneer. Goedemorgen, juffrouw. Goedemiddag. Goedenavond. Goedenacht.* (Read note 1 in Lesson 6).

2. — **U/UW** — U [uu] means 'you'. Uw [uuoe] means 'your'. *Bent u ziek? Is uw dochter ook ziek? Heeft u een flat? Wat is uw salaris? Kijkt u naar de televisie? Waar is uw boek?*

3. — **Negation** — Notice how words of negation are used: *nee* (no), *geen* (none), *niet* (not) and *nooit* (never).
Nee(n) means 'no' as the opposite of *ja* (yes). It is always translated into English as 'no'. *Nee, ze is niet ziek. O nee, ik heb de tijd niet. Wel nee, ik ga nooit naar de schouwburg.*
Geen means 'no' in the sense of 'none'. Sometimes it is best translated as 'do not' or 'does not'. *Ik heb geen tijd. Hij heeft geen wagen. Er is geen.* (Review Comment 2 in Lesson 2).
Niet means 'not'. *Nooit* means 'never'. The position of these words in a sentence varies according to the following general rules: They are placed

(a) after an object: *Ik ken de stad niet. Ze vraagt dat niet. Ze gaat daar nooit heen. Ik lees de telegrammen niet.*

(b) before a prepositional phrase: *Ik ga nooit naar een restaurant. Dat is niet voor u. De bank is niet op de hoek van de straat. Ze werkt niet bij die bank. Hij kijkt nooit naar de televisie.*

(c) before a predicative adjective: *Die film is niet interessant. Het is niet gemakkelijk. Mijn schoonmoeder is nooit ziek.*

SEVENTH LESSON

4. — Inversion — For emphasis, sentences often begin with an object or phrase, rather than with the subject. In such cases, the verb comes second and the subject follows the verb. *Een huis heb ik niet. Thuis werkt mijn zoon niet veel. In het café is er veel lawaai.*

5. — Questions — A question can be formed

(a) by using an interrogative: *Hoe maakt u het? Wat doet u dan? Waar is het station? Waarom vraagt u dat?*

(b) by starting the sentence with a verb: *Bent u ziek? Heeft u een huis? Kent u hem niet? Is hij bediende? Leest u boeken? Woont meneer Peeters hier?* (Review Lesson 2, Comment 3).

6. — Verb Forms — Usually the second person (singular and plural) and the third person singular are formed by adding **-t** to the first person singular.

Ik maak, u maakt, hij/ze maakt
Ik zeg, u zegt, hij/ze zegt
Ik werk, u werkt, hij/ze werkt

But notice these exceptions:
Ik ben, u bent, hij/ze is
Ik mag, u mag, hij/ze mag
Ik heb, u hebt/u heeft, hij/ze heeft
Ik weet, u weet, hij/ze weet
Ik ga, u gaat, hij/ze gaat

7. — The Definite Article — *De* is used with singular nouns which are masculine or feminine, and with all plural nouns. *Het* is used with neuter singular nouns. Remember which words are neuter (they are less common!) by learning the article with each word.

These are the neuter nouns in the first six lessons: *het bed, het huis, het salaris, het werk, het kind, het café, het restaurant, het lawaai, het boek, het tijdschrift, het station, het stadhuis, het telegram*. Read this list several times, saying the article with each word.

29 negenentwintig (n**AY**hg:n:n/tvwint:HG)

Whenever you have a little time, practice writing Dutch sentences (but never copy the phonetic transcription).

★★★★★★★★★★★★★★★★★★★★★★★★★★★★★★★★★★★★★★★

ACHTSTE (8ste) LES.

Een cadeau

1 — Kijk eens **(1)**, Lies !
2 — O ! Wat een **(2)** mooi pakje !
3 — Wat is er in die doos ?
4 — Een cadeau. Je ziet **(N1)** het toch wel aan het papier.
5 — Een cadeau voor mij ?
6 — Nee, niet voor jou **(3)**, voor mij.
7 — Ik krijg er **(4)** af en toe ook één.
8 — Van wie komt het ?
9 — Van mijn vriendin. Voor mijn verjaardag.
10 — En wat is het ?
11 — Dat zeg ik je niet,

UITSPRAAK
The phonetic transcription of the entire text will no longer be given. Only words and word-combinations which might cause some difficulty will be included.
kaad**oo**
1 keik^:s
2 mooiE pak**y**:
3 is^:r ... d**oo**s
A double vowel always represents a long sound.
4 toHG ... pap**iEr**
5 m**ei**
Both **ij** and **ei** are pronounced [ei].
6 ni**Et** ^foor
9 fvri**E**n/din ... v:ry**aa**rdaHG
10 is^:t
11 dat ^seHG^ ik

Remember to read and carefully examine the page and lesson numbers. This will help you learn to count in Dutch 'with ease'.

∗∗

EIGHTH LESSON

A Present

1 — Look, Lies!
2 — Oh! What a pretty package!
3   What's in that box?
4 — A present. You [can] see that easily enough from the paper.
5 — A present for me?
6 — No, not for you, for me.
7   I also get one now and then.
8 — Whom is it from (from whom comes it)?
9 — From my girl friend. For my birthday.
10 — And what is it?
11 — I'm not going to tell you,

OPMERKINGEN
(1) *Eens* [AYns] means 'once'. Unaccented, it is pronounced [:s]. It often has no equivalent in English. *Kijk eens!*: Look! *Kom eens hier!*: Come here!
(2) *Wat een* (what a) is used for both singular and plural. What a beautiful book!: *Wat een mooi boek*. What beautiful books!: *Wat een mooie boeken!*
(3) This is an informal singular form of *u* (you). As subject, one uses *je* or *jij*. *Je (jij) werkt niet veel*: You don't work much. As object, one uses *je* or *jou*. *Ik help je (jou) niet*: I'm not helping you. After a preposition and for emphasis *jou* is preferred. I'm doing it for you: *Ik doe het voor jou*.
(4) As used here, *er* (there) has no equivalent in English. *Heeft die man kinderen? Hij heeft er wel zes of zeven*: Does that man have children? Yes, he has six or seven.

8ᵗᵉ **LES**

12 je bent **(5)** te **(6)** nieuwsgierig !
13 — En jij **(7)** bent niet vriendelijk !

UITSPRAAK
12 niEoes/HGiEr:HG
13 fvriEnd:l:k
In the endings **-ig** and **-lijk**, the **i** and **ij** are always unaccented [:HG - l:k].

OEFENINGEN
A. Vertaal:

1. Ik krijg een cadeau voor mijn verjaardag. — **2.** Ik ga af en toe naar de bioscoop. — **3.** Dat is niet erg vriendelijk van hem. — **4.** Heeft u veel werk ? Nee, ik heb nu niet veel te doen. — **5.** Je bent veel te nieuwsgierig, jongen ! — **6.** Wat doet uw vriendin ? Ze werkt op het stadhuis. — **7.** Zeg eens, wat heb je daar ? — **8.** Dat is toch gemakkelijk.

B. Vul de ontbrekende woorden in:

1 *My director is not very friendly.*

Mijn directeur is niet *erg vriendelijk*.

2 *Do you have children? — Yes, two.*

Heeft u *kinderen* ? — Ja, *twee*.

12 you are too curious!
13 — And you are not friendly.

OPMERKINGEN
(5) When the subject *je* comes after a verb, the **-t** ending is dropped. *Je bent. Ben je? Je werkt. Werk je?* This does not apply to *u*. *Kom je?* (without **-t**). *Komt u?* (with **-t**).
(6) Here *te* means 'too'. *Ze heeft te veel werk*: She has too much work. We will learn another use for *te* later on.
(7) *Jij* and *zij* are the stressed forms of the personal pronouns *je* and *ze*. She [stressed] has a car: *Zij heeft een wagen*.

Neuter words: *het cadeau, het pakje, het papier.*

OPLOSSING A:
1. I'm getting a present for my birthday. — **2.** Now and then I go to the cinema. — **3.** That's not very friendly of him. — **4.** Do you have much work? No, I don't have much to do now. — **5.** You are much too curious, lad! — **6.** What does your girl friend do? She works at the city hall. — **7.** Say, what do you have there? — **8.** That is easy after all.

Read the texts in the previous lessons as often as you can, or even better, listen to the recordings with your book closed. **There is no better way to become familiar with the sounds and rhythm of Dutch sentences!**

8ste LES

3 *What are you getting for your birthday?*

Wat krijg je voor je verjaardag ?

4 *I read that newspaper now and then.*

Ik lees die krant af en toe .

****

NEGENDE (9de) LES.

Zusters zijn niet vriendelijk

1 — Zeg, wie is die jongen daar ?
2 — Waar ? Ik zie niemand **(1)**.
3 — Daar links ; die kleine **(2)** jongen vóór **(3)** de winkel.
4 — O ! Die op de fiets ! Dat is de jongste **(4)** zoon van mevrouw Kramer.
5 — Die mevrouw Kramer ken ik ook niet.
6 — Dat is toch onze **(5)** nieuwe **(N2)** buurvrouw ;
7 die woont twee huizen verder **(6)**.

UITSPRAAK
zust:rsˆsein niEt ˆfriEnd:l:k
 1 zeHG ... yong:n
 2 ikˆsiE
 4 fiEts ... yongst:
 6 onz: niEw:
 7 huiz:nˆverd:r

5 *Your girl friend isn't curious after all.*

Uw vriendin is toch niet nieuwsgierig

OPLOSSING B:

1 erg - vriendelijk. — **2** kinderen - twee — **3** krijg - verjaardag. — **4** krant - af - toe. — **5** vriendin - toch - nieuwsgierig.

****

NINTH LESSON

Sisters are not Friendly

1 — Say, who is that boy there?
2 — Where? I don't see anyone (I see nobody).
3 — There [to the] left; that little boy in front of the shop.
4 — Oh! The one on the bicycle! That is the youngest son of Mrs. Kramer.
5 — I don't know a (that) Mrs. Kramer either.
6 — She (that) is our new neighbour;
7 she (who) lives (dwells) two houses from here.

OPMERKINGEN
(1) *Niemand*: nobody, no one. *Ik ken niemand*: I don't know anyone. *Niemand komt*: No one is coming.
(2) An attributive adjective takes an **-e** ending except before a singular neuter noun with *een* or *geen*. A beautiful film: *een mooie film*; friendly children: *vriendelijke kinderen*; the good book: *het goede boek*; a good book: *een goed boek*.
(3) *Voor* is stressed when one wishes to make clear that it means 'in front of' rather than 'for'. This can be shown in writing by placing accents on the **o's**. *Ik werk voor hem*: I work for him. *Hij is vóór het huis*: He is in front of the house.
(4) The superlative is formed by adding **-ste** to the adjective. The most beautiful house: *het mooiste huis*; the easiest lesson: *de gemakkelijkste les*.
(5) *Onze* becomes *ons* before a singular neuter noun. Our house: *ons huis*; our child: *ons kind*. Otherwise *onze* is used. Our daughter: *onze dochter*; our children: *onze kinderen*.
(6) *Verder*: farther or further. In this sentence, however, it means 'from here'.

```
 8 — Je kent iedereen in onze straat (7).
 9 — Ik ben nieuwsgierig, je zegt het altijd.
10 — Ja, ja, dat is soms goed.
11    Wel, die jongen is niet erg mooi !
12 — Ben jij misschien zo mooi ?
13 — Zwijg (8), alsjeblieft !
14    Je bent weer niet vriendelijk !
```

UITSPRAAK
 8 iEd:r/**AY**n
10 is^soms^HGoet
13 zvweiHG

OEFENINGEN
A. Vertaal:

1. Er is niemand op straat. — 2. Hij woont in het mooiste huis van de straat. — 3. Hij krijgt een cadeau van iedereen. — 4. Is het veel verder? Nee, 't is vijf minuten hier vandaan. — 5. Onze jonge buurvrouw is erg vriendelijk. — 6. Er is altijd iemand in die winkel. — 7. Hij heeft soms veel werk, maar niet altijd. — 8. Ik heb veel nieuwe boeken thuis.

B. Vul de ontbrekende woorden in:

1 *He always comes by bicycle.*

   Hij komt .... op de ....

2 *Maybe it is farther down that street.*

   Het is misschien verder in die straat.

8 — You know everyone on (in) our street.
9 — I'm curious; that's what you always say.
10 — Yes indeed, sometimes that's good.
11 Well, that boy isn't very handsome (beautiful).
12 — Are you by chance (maybe) so handsome?
13 — Quiet, please!
14 You are being unfriendly again!

OPMERKINGEN
(7) She lives on our street: *Ze woont in onze straat.* There are children in the street: *Er zijn kinderen op straat.*
(8) *Zwijgen* is a verb which means: to be silent.

OPLOSSING A:
1. There is no one in the street. — **2.** He lives in the most beautiful house on the street. — **3.** He is getting a present from everyone. — **4.** Is it much farther? No, it's five minutes from here. — **5.** Our young neighbour is very friendly. — **6.** There is always someone in that shop. — **7.** Sometimes he has much work, but not always. — **8.** I have many new books at home.

9ᵈᵉ LES

37 zevenendertig (z**AY**v:n:n/dert:HG)

3 Don't you know anyone? — Oh yes, I know everybody.

Kent u *iemand*? — Jawel, ik ken *iedereen*.

4 Sometimes there is no one in the street.

Er is *soms* niemand *op* straat.

5 She is in bed; she is sick again.

Ze is *in* bed ; ze is *weer ziek*.

∗∗∗

TIENDE (10de) LES.

Zesde verdieping

1 — Neemt u **(1)** me niet kwalijk, mevrouw,
2   waar is de flat van juffrouw Herman ?
3 — Op de zesde verdieping.
4 — Welke **(2)** deur ?
5 — Nummer **(3)** drie, rechts.

UITSPRAAK
v:rdi**E**ping
 2 yuffrou her**m**an
   When *juffrouw* preceeds a family name, the first syllable is stressed. When used alone, the stress falls on the last syllable: *Dag, juffrouw!*
 3 obˆd:
 4 vwelk:
 5 numm:r

OPLOSSING B:

1 altijd - fiets. — 2 misschien - verder. — 3 niemand - iedereen. — 4 Er - soms - op — 5 in - weer - ziek.

ZINSBOUW

Soms	komt	hij	op de fiets
Misschien		ze	met de bus
Nu		de jongen	met de wagen
Dikwijls		Wim	met de auto (Outo)
Weer		onze vriend	met de tram
		mijn zoon	**(150)**

****

TENTH LESSON

Sixth Floor

1 — Excuse me, madam,
2   where is Miss Herman's flat?
3 — On the sixth floor.
4 — Which door?
5 — Number three, [to the] right.

OPMERKINGEN
- (1) The second person imperative can have the same form as the first person singular. *Ik kom. Kom!* It is also possible to add **-t** to the verb, but then it must be followed by the pronoun *u*. Come: *kom!* or *komt u!* Work: *werk!* or *werkt u!* The *u* form is more formal and polite.
- (2) Before a singular neuter noun the **-e** is not added. *Welk boek?*: Which book?
- (3) I live at number 3: *Ik woon op nummer drie.*

10ᵈᵉ LES

6 De naam staat **(4)** op de deur.
7 — Zesde verdieping ! Dat is hoog !
8 — Neemt u de lift maar, dat is gemakkelijker **(5 - N3)**.
9 Een goede raad, meneer :
10 belt u lang **(6)** en wees **(7)** geduldig.
11 — Waarom ? Hoort juffrouw Herman zo slecht ?
12 — Nee, maar ze is niet thuis ;
13 Ze wandelt **(8)** nu in het park met haar **(9)** hondje **(N4)** ...

UITSPRAAK
6 naam staat
Remember that a double vowel is always long.
8 g:m**a**kk:l:k:r
9 raat
10 vwAYsˆHG:duld:HG
13 met ˆaar honty:

OEFENINGEN
A. Vertaal:

1. Nu woont juffrouw Peeters in een flat op de achtste verdieping. — **2.** Staat dat misschien niet in uw boek ? — **3.** Dank u voor uw goede raad. — **4.** Wees niet zo nieuwsgierig. — **5.** Hij wandelt dikwijls in die straat. — **6.** Kent u het nummer van het huis ? — **7.** Mijn zoon is nooit erg geduldig. — **8.** Ik vind dat werk niet zo slecht.

6   The name is on the door.
7 — [The] sixth floor! That's high!
8 — Just take the lift, that's easier.
9   Some good advice, sir:
10   ring [for a] long [time] and be patient.
11 — Why? Does Miss Herman hear so poorly?
12 — No, but she's not home;
13   She's walking in the park now with her little dog...

OPMERKINGEN
(4) The verb *staat* which means 'stands', can also mean 'is' or 'can be found'. *Dat staat niet in de krant*: That isn't in the newspaper.
(5) The comparative is usually formed by adding **-er** to the adjective. More beautiful: *mooier*; more ill: *zieker*; smaller: *kleiner*.
(6) *Lang*: long, for a long time. In Dutch, the adjective and the adverb often have the same form. *Gemakkelijk*: 'easy' or 'easily'.
(7) Imperative of 'to be'. This verb has an irregular imperative.
(8) *Wandelen*: 'to walk' or 'to go for a walk'.
(9) *Ze, haar* (she, her). *Hij, zijn* (he, his).

Neuter nouns: *het nummer, het park, het hondje*.
De hond - het hondje. A diminutive is always neuter (See p. 56, no. 4).

OPLOSSING A:
1. Miss Peeters now lives in a flat on the eighth floor. — **2.** Is that perchance not in your book? — **3.** Thank you for your good advice. — **4.** Do not be so curious. — **5.** He often walks in that street. — **6.** Do you know the number of the house? — **7.** My son is never very patient. — **8.** I don't find that work so bad.

41 éénenveertig (**AY**n:n/fv**AY**rt:HG)

B. Vul de ontbrekende woorden in:

1 *She is taking a long walk in the city.*

   Ze .... in de stad.

2 *Be friendly to everyone.*

   ..... vriendelijk voor ....

3 *There is no name on the door.*

   Er ..... geen ..... op de ..... .

****

ELFDE (11de) LES.

Meneer speelt kaart

1 — Goedenavond, mevrouw ;
2   is meneer Leemans ook thuis ?
3 — Nee, hij is nog op kantoor **(1)**.
4 — Hoe laat **(2)** komt hij terug **(3)** ?
5 — Meestal om zes uur **(4)**,

UITSPRAAK
1 hgoed:n/**aa**v:nt
3 noHG ... kan/t**oo**r
4 hoe laat komt ˆei t:r**u**HG
5 m**AY**stal

4 *Mrs. De Vos often comes with her son.*

Mevrouw De Vos komt dikwijls met haar zoon.

5 *There is someone ringing at the door; that might be our neighbour [lady].*

Er belt iemand aan de deur ; dat is misschien onze buurvrouw.

OPLOSSING B:

1 wandelt - lang. — **2** Wees - iedereen. — **3** staat - naam - deur. — **4** dikwijls - haar. — **5** belt - iemand - misschien - buurvrouw.

★★★★★★★★★★★★★★★★★★★★★★★★★★★★★★★★★★★★★★

ELEVENTH LESSON

The Gentleman Plays Cards

1 — Good evening, madam;
2   is Mr. Leemans home too?
3 — No, he is still at the office.
4 — What time does he come back?
5 — Usually at six o'clock,

OPMERKINGEN
(1) Notice that the prepositions used in Dutch are often different than those used in English. At the office: *op kantoor*.
(2) *Hoe laat* means 'at what time' or 'what time'.
Hoe laat is het?: What time is it?
(3) *Terug* is usually placed at the end of a clause.
Hij komt terug. Hij komt laat terug. Hij komt nooit laat terug.
(4) *Uur* (hour) is singular here because it means 'o'clock'. *Het is vier uur*: It is four o'clock.

6	maar op dinsdag **(5)** is het dikwijls later **(6)**.
7	— Heeft hij dan meer werk ?
8	— Nee, hij gaat naar zijn club
9	en hij speelt kaart met vrienden **(N5)**.
10	— Dat is zeker geen slecht idee !
11	— Ik vind het niet :
12	hij speelt slecht en hij verliest altijd.
13	— Arme man !
14	— Zeg liever : arme vrouw !
15	want hij is dan de hele avond uit zijn humeur **(7)**
16	en hij zegt geen woord.

UITSPRAAK
6 ob^dinsdaHG ... dikw:ls laat:r
7 hAYft ^ei
8 klup
9 met ^friEn/d:n
10 is ^sAYk:r ... iEdAY
11 ik ^fint ^:t
14 zeHG liEv:r
15 uit ^s:n huum**eu**r
Remember that [eu] is sounded as 'u' in 'fur' but with rounded lips.

OEFENINGEN
A. Vertaal:

1. Op woensdag komt ze altijd met de trein van vijf uur terug. — 2. Mijn zuster werkt nu op een kantoor. — 3. Waarom werkt u niet ? U verliest veel tijd. — 4. Ik ga niet naar de schouwburg, ik speel liever kaart. — 5. Ze is de hele avond aan het werk. — 6. Waarom zegt ze geen woord ? Is ze uit haar humeur ? — 7. Die arme man heeft geen hoog salaris. — 8. Dat is een goed idee van u.

6 but on Tuesdays it is often later.
7 — Does he have more work then?
8 — No, he goes to his club
9 and he plays cards with friends.
10 — That is certainly not a bad idea!
11 — I disagree (I find it not):
12 he plays badly and he always loses.
13 — Poor man!
14 — You should say: poor woman!
15 because then he is in a bad mood all evening
16 and he doesn't say a word.

OPMERKINGEN
(5) The days of the week: *zondag, maandag, dinsdag, woensdag, donderdag, vrijdag, zaterdag*. Notice that they are not capitalized. The stress is always on the first syllable.
(6) *Laat* [laat]: late; *later* [laa/t:r]: later.
Notice the spelling change. In an open syllable (one ending in a vowel) a single vowel has the same sound as a double vowel in a closed syllable (one ending in a consonant).
(7) He's in a good mood: *hij is goed gehumeurd* [hg:huum**eu**rt].

Neuter nouns: *het kantoor, het uur, het idee, het woord*.

OPLOSSING A:
1. On Wednesdays she always comes back on the five o'clock train. — **2.** My sister now works in an office. — **3.** Why don't you work? You lose much time. — **4.** I'm not going to the theatre, I prefer to play cards. — **5.** She has been working all evening. — **6.** Why is she not saying a word? Is she in a bad mood? — **7.** That poor man doesn't have a high salary. — **8.** That idea of yours is good.

B. Vul de ontbrekende woorden in:

1 On Sundays I usually go to the cinema.

Op **zondag** ga ik **meestal** naar de **bioscoop**.

2 What time are you coming? – Definitely at four o'clock.

Hoe laat komt u? – Zeker **om** vier **uur**.

3 She never loses time, she works the whole evening.

Ze **verliest** nooit **tijd**, ze werkt de **hele** avond.

Don't be discouraged by any difficulties you might encounter in the beginning. Later on, you will smile at these sentences, which will seem terribly easy then.

****

TWAALFDE (12de) LES.

Niet vriendelijk

1 — Goedendag, Hans ; ik ben blij je te zien **(1)**.

UITSPRAAK
niEt ˉfriEnd:l:k
 1 ig ̀ben blei
    Before **d** or **b**, **k** is pronounced like the English **g**. (See p. 11, line 6).

4 *He doesn't know a word of the lesson.*

Hij kent geen **woord** van de **les**.

5 *He is sometimes in a bad mood.*

Hij is **soms uit** zijn **humeur**.

OPLOSSING B:

1 zondag - meestal - bioscoop. — **2** hoe laat - om - uur. — **3** verliest - tijd - hele. — **4** woord - les. — **5** soms - uit - humeur.

ZINSBOUW

Meestal	komt	Jan	later	(thuis)
Op maandag		meneer De Vos	om 7 uur	
Dikwijls		Lies	met een vriend	
Soms			laat	(48 + 48)

First, construct all the sentences you can without using *thuis*. Then repeat the exercise using *thuis*.

****

TWELFTH LESSON

Not Friendly

1 — Good day, Hans; I'm glad to see you.

OPMERKING
(1) *Te zien*: to see. Here *te* is used to form an infinitive. Compare this with the present singular forms: *ik zie, u ziet, hij/ze ziet*. (Remember that *te* sometimes means 'too').

47 zevenenveertig (zAYv:n:n/fvAYrt:HG)

2 — Zo ? En waarom ?
3   Je hebt zeker weer iets nodig **(2)**.
4 — Heb je soms een sigaret voor mij ?
5 — Het spijt me **(3)**, maar ik heb er geen meer **(4)**.
6 — Heb je dan tabak ?
7 — Die heb ik ook niet, ik rook geen pijp.
8 — Wel, geef me dan maar **(5)** een sigaar.
9 — Ik rook geen sigaren,
10   die zijn te duur voor mij.
11 — Je bent echt niet vriendelijk !
12 — Word niet boos, beste **(6)** vriend ...
13   Hier is een lucifer !

UITSPRAAK
3 hept ˆsAYk:r ... nood:HG
4 hep ˆy: ... siEhgaret
5 :t ˆspeit m:
7 ook ˆniEt ... rook ˆHGAYn
9 siEhgaar:n
13 luu/siEfer

OEFENINGEN
A. Vertaal:

1. U rookt te veel, dat is zeker niet goed. — 2. Ik heb die boeken niet nodig. — 3. Het spijt me, maar het is te laat. — 4. Goede sigaren zijn altijd erg duur. — 5. Wie is uw beste vriendin ? — 6. Hij is niet blij want hij verliest altijd. — 7. Ik heb geen geld meer. — 8. Hij is boos want niemand is vriendelijk voor hem.

2 — So? And why?
3   You must need something again.
4 — Do you happen to have a cigarette for me?
5 — I'm sorry, but I don't have any left.
6 — Do you have tobacco then?
7 — I don't have that either, I don't smoke a pipe.
8 — Well then, just give me a cigar.
9 — I don't smoke cigars,
10 — they're too expensive for me.
11 — You're not very friendly!
12 — Don't be angry, [my] good friend...
13   Here is a match!

OPMERKINGEN
(2) *Ik heb meer tijd nodig*: I need more time. *Hij heeft dat niet nodig*: He doesn't need that.
Nodig comes at the end of the clause.
(3) This is an impersonal verb: one which is always conjugated with *het*. The person is indicated by the object. Maybe you regret it: *Het spijt u misschien*. He doesn't regret it: *Het spijt hem niet*. She regrets it: *Het spijt haar*.
(4) Notice the position of *meer* when used with *geen*. I have no more time: *Ik heb geen tijd meer*.
She's out of work: *Ze heeft geen werk meer*.
There is no tram anymore: *Er is geen tram meer*.
(5) Here *maar* means just. This usage is common in Dutch and can often be omitted when translating into English. *Kom maar!*: (Just) come!
(6) *Beste*: best. *Dat is zijn beste roman*: That is his best novel. *Jan is mijn beste vriend*: Jan is my best friend. A personal letter is started with '*Beste*': *Beste Jan* (Dear Jan). As a direct salutation it means 'dear' or 'good'. *Mijn beste vriend*: My dear (good) friend.

OPLOSSING A:
1. You smoke too much; that is certainly not good. — **2.** I don't need those books. — **3.** I'm sorry, but it's too late. — **4.** Good cigars are always very expensive. — **5.** Who is your best girl friend? — **6.** He is not happy because he always loses. — **7.** I have no more money. — **8.** He is angry because no one is friendly to him.

negenenveertig (nAYhg:n:n/fvAYrt:HG)

B. Vul de ontbrekende woorden in:

1 *What does that boy need this time (again)?*

Wat heeft die **jongen** weer **nodig** ?

2 *I'm sorry, but I find you too curious.*

Het **spijt** me, maar ik **vind** u te **nieuwsgierig**

3 *She smokes too much, it isn't good for her; it isn't good for anyone.*

Ze rookt **te veel**, het is niet goed **voor haar**;

het is goed voor **niemand**

4 *Give me a magazine too. – I have none left.*

geef me ook een **tijdschrift** – Ik heb **er** geen **meer**.

5 *Later, that will become very easy.*

Later wordt dat heel **gemakkelijk**

✱✱✱✱✱✱✱✱✱✱✱✱✱✱✱✱✱✱✱✱✱✱✱✱✱✱✱✱✱✱✱✱✱✱✱✱✱✱✱

DERTIENDE (13de) LES.

De oom uit Amerika

1 — Weet u dat mijn oom terug is **(1)** ?

UITSPRAAK
uit a/mAY/riE/kaa
 1 mein oom

OPLOSSING B:

1 jongen - nodig. — **2** spijt - vind - nieuwsgierig. — **3** Ze - te veel - voor haar - niemand. — **4** Geef - tijdschrift - er - meer. — **5** Later wordt - gemakkelijk.

ZINSBOUW

Meneer Leemans	heeft	die papieren	nodig
Mijn vriend		een wagen	
Hij		het nummer	
Vader		die boeken	
Ze		een grote doos	
Wie		het adres	
		meer tijd	
		tabak en lucifers	**(48)**

*****

*Go over the lists of neuter nouns as often as you can. Much of Dutch grammar relates to the distinction between **de** and **het** nouns.*

****

THIRTEENTH LESSON

The Uncle from America

1 — Do you know that my uncle is back?

OPMERKING
(1) Verbs come at the very end of a subordinate clause. (Examine sentences 7 and 13 also).

13ᵈᵉ LES

51 éénenvijftig (**AY**n:n/fv**ei**ft:HG)

2 — Uw oom ? Welke oom ?
3 — Mijn oom uit (2) Amerika.
4 — Sinds wanneer is hij terug ?
5 — Sinds begin (3) deze week.
6 — Hij heeft zeker zakken (4) vol (5) geld !
7 — Ik denk niet dat hij zo rijk is.
8   In Amerika word je (6) niet altijd rijk.
9 — Het is toch gemakkelijker dan (7) hier.
10 Wat deed (8) uw oom daar ?
11 — Ik weet het niet precies,
12 hij vertelt niet veel over zijn (9) werk ;
13 maar ik denk dat hij roomijs verkocht (8).
14 — Zo ! Zo !

UITSPRAAK
4 vwann**AY**r ... is ˆei
5 sindz ˆb:hgin
6 h**AY**ft ˆs**AY**k:r ... hgelt
7 dat ˆei zoo r**ei**k
10 d**AY**t
11 pr:si**E**s
12 ni**E**t ˆf**AY**l ... z:n vwerk
13 igˆdengˆdat ˆei r**oo**meisˆf:rk**o**HGt (See p. 45).

2 — Your uncle? Which uncle?
3 — My uncle from America.
4 — How long (since when) has he been back?
5 — Since the first of this week.
6 — He no doubt has bags full of money!
7 — I don't think that he's so rich.
8   In America one doesn't always get rich.
9 — It's easier than here though.
10   What did your uncle do there?
11 — I don't know exactly,
12   he doesn't tell much about his work;
13   but I think that he sold ice cream.
14 — Well! Well!

OPMERKINGEN
(2) *Uit* is a preposition indicating source. *Hij haalt zijn pakje sigaretten uit zijn zak*: He takes his pack of cigarettes from (out of) his pocket.
(3) Notice the absence of the article. *Hij komt begin van de week*: He's coming at the beginning of the week.
(4) A consonant after a short vowel is doubled if another syllable follows. *Een bed, bedden; een telegram, telegrammen; een vriendin, vriendinnen; een sigaret, sigaretten*. But: *een park, parken* (two consonants are already there).
(5) *Vol* means 'full of', so no preposition is required. The park is full of children: *Het park is vol kinderen*.
(6) In Dutch, *je* (you) is often used where the pronoun 'one' is used in English. 'One' can be used in Dutch, *men wordt rijk* (one becomes rich), but it sounds more formal.
(7) *Dan*, after a comparative, means 'than': *later dan* (later than), *groter dan* (larger than).
People often use *als* for *dan*, so don't be surprised at hearing: *groter als*.
(8) Past tense. *Ik doe* (I do); *ik deed* (I did). *Ik verkoop* (I sell); *ik verkocht* (I sold).
(9) Don't confuse *zijn* (his) and *zijn* (to be). *Hij komt met zijn vader*: He is coming with his father. *Die boeken zijn mooi*: Those books are beautiful.

Neuter nouns: *het begin, het geld, het ijs*.

53 drieënvijftig (driE:n/fveift:HG)

OEFENINGEN
A. Vertaal:

1. Sinds wanneer werkt u op dat kantoor ? — **2.** Mijn oom is veel rijker dan ik. — **3.** Hij haalt zijn papieren uit zijn zak. — **4.** Hij verkoopt zijn wagen, want hij heeft geen geld meer. — **5.** Er is altijd veel lawaai in onze straat. — **6.** Het is jammer dat hij niet meer over Amerika vertelt. — **7.** Het begin van het werk is zeker niet gemakkelijk. — **8.** Ik weet niet precies wat hij in die winkel deed.

B. Vul de ontbrekende woorden in:

1 *I'm sorry that you are losing much time.*

Het _spijt_ me _dat_ u veel tijd _verliest_.

2 *No one knows what he did there.*

Niemand weet _wat_ hij daar _deed_.

3 *Starting (since) this week, she no longer has work.*

Sinds deze _week_ heeft ze _geen_ werk _meer_.

4 *I think that he often is not so patient.*

Ik _denk_ dat hij _dikwijls_ niet zo _geduldig_ is.

5 *When are you going to the theatre? – Maybe this week.*

Wanneer gaat u naar de _schouwburg_ ? — Misschien deze _week_.

∗∗

vierenvijftig (fviEr:n/fveift:HG) 54

OPLOSSING A:
1. How long (since when) have you been working in that office? — 2. My uncle is much richer than I. — 3. He is taking his papers from his pocket. — 4. He is selling his car because he has no more money. — 5. There is always much noise in our street. — 6. It is too bad that he doesn't tell more about America. — 7. The beginning of the work is certainly not easy. — 8. I don't know exactly what he did in that shop.

OPLOSSING B:

1 spijt - dat - verliest. — 2 niemand - wat - deed. — 3 sinds - week - geen - meer. — 4 denk - dikwijls - geduldig. — 5 wanneer - schouwburg - week.

ZINSBOUW

Ik	denk	dat	het boek	duur	is
	weet		het restaurant	goed	
	zeg		die wagen	mooi	
			het tijdschrift		(36)

Hij	denkt	dat het altijd	mooi	is
Iedereen	vertelt		interessant	
Niemand	zegt		zo	
De jongen			gemakkelijk	
Mijn vriend			goed	
Ze			nieuw	
			slecht	(126)

Even if these exercises appear boring or childish to you, do not neglect them! Only by repeating typical Dutch constructions over and over will they become familiar to you.

★★★★★★★★★★★★★★★★★★★★★★★★★★★★★★★★★★★★★★★

13ᵈᵉ LES

vijfenvijftig (fv**ei**f:n/fv**ei**ft:HG)

Herhaling en opmerkingen

1. — Conjugation — In the second and third person singular of the present tense the verb takes the ending **-t**. When *je* follows the verb (as a subject), however, the ending is dropped.

>   *ik werk*   *werk ik*
>   *je werkt*   *werk je*
>   *u werkt*   *werkt u*
>   *hij werkt*   *werkt hij*
>   *ze werkt*   *werkt ze*

Note: *ik ga, je gaat, u gaat; ga ik, ga je, gaat u.*

2. — Attributive Adjectives — Review Lesson 9, Comment 2. An attributive adjective comes before the noun. A beautiful woman: *een mooie vrouw*; an interesting film: *een interessante film.*

Usually it takes the ending **-e.** The new park: *het nieuwe park*; the little town: *de kleine stad*; that beautiful book: *dat mooie boek*; our poor neighbour lady: *onze arme buurvrouw.*

With a singular neuter noun preceded by *een* or *geen*, however, the **-e** is not added: *het boek, een mooi boek, geen mooi boek; het kind, een klein kind, geen klein kind.* All three conditions must be met: (1) singular, (2) neuter, (3) used with *een* or *geen.* In these examples the **-e** is added because at least one element is lacking: *het mooie boek, ons mooie boek,* (no *een* or *geen*); *de mooie boeken, geen mooie boeken* (plural); *geen mooie wagen* (not neuter).

3. — The Comparative — A comparative is formed by adding **-er** to the adjective. *Mooi, mooier* (more beautiful); *interessant, interessanter* (more interesting); *rijk, rijker* (richer).

The object of comparison is indicated by *dan. Hij is rijker dan zijn oom*: He is richer than his uncle. *Amsterdam is groter dan Delft.* Amsterdam is larger than Delft. (One often hears *als* instead of *dan*).

FOURTEENTH LESSON

After *dan* the nominative pronoun is used as in formal English. *Ik ben kleiner dan hij*: I am smaller than he. *Hij is groter dan ik*: He is bigger than I. In spoken English the accusative pronoun is often heard. He is bigger than me / than him / than her. This may never be done in Dutch!

4. — Diminutives — In general, the diminutive is formed by adding **-je** to the noun: *een hond, een hondje* (a little dog); *een huis, een huisje* (a little house); *een kind, een kindje* (a little child). Diminutives are always neuter. *De hond, het hondje; de vriend, het vriendje; de straat, het straatje; de bank, het bankje.*

5. — The Plural — The plural of most nouns is formed by adding **-en**: *een boek, twee boeken; een vriend, drie vrienden; een krant, veel kranten.*
The plural of certain nouns, however, is formed by adding **-s**, namely:
(a) Diminutives: *de hondjes, de straatjes, de boekjes.*
(b) Nouns ending in the sounds [:l], [:n] and [:r]: *de winkels, de jongens, de nummers.*
(c) Many words of foreign origin: *de directeurs, de restaurants, de cafés, de films, de stations, de cadeaus.*
(d) Certain other words such as: *zoons, ooms.*
Remember: *het kind, de kinderen; het idee, de ideeën.*
(In Dutch, two dots above a vowel are used to indicate the beginning of a new syllable when it would be unclear otherwise).

6. — Phrases — In many Dutch phrases the preposition used is different than in English. Here are a few examples:
1 *Ze is in bed.* — 2 *Hij werkt bij een bank.* — 3 *Het is op de hoek van de straat.* — 4 *Ze werkt op een kantoor.* — 5 *Ik ga naar de stad.* — 6 *Ik kijk naar de televisie.* — 7 *Tot ziens !* — 8 *Hij komt met de wagen.* — 9 *Er is niemand op straat.* — 10 *Het is op de tweede verdieping.* — 11 *Ze woont op nummer tien.* — 12 *Hij komt om drie uur.* — 13 *Ik werk niet op zondag.* — 14 *Hij is uit*

zijn humeur. — 15 Een vriend uit Amerika. — 16 Hij spreekt over zijn werk.

7. — Translation of Phrases — 1 She's in bed. — **2** He works at (by) a bank. — **3** It's on the corner of the street. — **4** She works in (on) an office. — **5** I'm going to the city. — **6** I'm watching (looking to the) television. — **7** So long (Till [we] see [each other again]). — **8** He is coming by (with the) car. — **9** There's no one in (on) [the] street. — **10** It is on the second floor. — **11** She lives (dwells) at (on) number ten. — **12** He is coming at (around) three o'clock. — **13** I don't work on Sundays. — **14** He is out of sorts (out of his humour). — **15** A friend from (out of) America. — **16** He speaks about (over) his work.

★★★★★★★★★★★★★★★★★★★★★★★★★★★★★★★★★★★★★★★

VIJFTIENDE (15de) LES.
Een mooie film

1 — Ben je nu klaar **(1)** met je werk ?
2 — Nee. Waarom ?
3 — Het is al bijna zeven uur **(2)**.
4 — Zeven uur : dat is toch niet zo laat **(N1)**,
5   we eten **(3)** nooit voor half acht **(4)**.
6 — Ja, maar vanavond **(5)** is er een mooie film op de televisie.

UITSPRAAK
3 beina zAYv:n uur
4 niEt ˆsoo laat
5 AYt:nˆnooiEt ˆfoor half aHGt
6 fvan/**aa**v:nt is ˆ:r ˆ:n ... obˆd:

achtenvijftig (aHGt:n/fveift:HG) 58

ZINSBOUW

Ik denk dat | hij (zondag) met de trein (van drie uur) komt.
| ze (dikwijls) (niet) veel tijd heeft.
| het (nu) (veel) te laat is.
| ze de stad (niet) (goed) kent.
| kinderen (altijd) (erg) nieuwsgierig zijn. **(20)**

First construct the sentences without using the words in parentheses. Then include one set of words. Then include the other set. Finally, use all the words in parentheses. You will thus be able to form four different sentences from each line.

****

FIFTEENTH LESSON

A Good (beautiful) Film

1 — Are you finished (ready) with your work now?
2 — No. Why?
3 — It's almost seven o'clock.
4 — Seven o'clock: that isn't so late,
5 we never eat before seven-thirty.
6 — Yes, but this evening there is a good film on television.

OPMERKINGEN

(1) *Ik ben klaar*: I'm ready. *Ze is nog niet klaar*: She isn't ready yet. *Ik ben klaar met mijn werk*: I'm finished with my work.

(2) *Uur* is always singular when it means "o'clock". *Het is drie uur*: It's three o'clock. The singular is also used after a number when one is speaking of a single span of time. *Hij werkt acht uur*: He works eight hours (a day).

(3) A plural verb always ends in **-n** and usually has **-en** as ending: *ik ken* (I know), *u/je kent, hij/ze kent, wij kennen*; *ik zeg* (I say), *u/je zegt, hij/ze zegt, wij zeggen*; *ik eet* (I eat), *u/je eet, hij/ze eet, wij eten*; *ik ga* (I go), *u/je gaat, hij/ze gaat, wij gaan*.

(4) To indicate the half hour, reference is made to the following hour, rather than to the preceding hour as in English. *Half drie*: half past two (half [before] three). *Half zeven*: half past six. *Half één*: half past twelve.

(5) *Vanavond*: this evening. *'s Avonds*: in the evening. *'s Avonds ben ik altijd thuis*: In the evening I'm always at home. *Die avond*: that (particular) evening. *Die avend deed ze niets*: That evening she did nothing.

15de LES

59 negenenvijftig (nAYhg:n:n/fveift:HG)

7 — Een Franse **(6)** film ?
8 — Nee, een Amerikaanse,
9   maar met Nederlandse ondertitels.
10   't Is een prachtige oorlogsfilm **(N2)**.
11 — O.K. Ik haast **(7)** me.
12 — OK ! OK ! Waarom spreek je nu Engels **(8)** ?
13 — Maar, jongen, dat is toch internationale taal !
14   Weet je dat misschien niet ?

UITSPRAAK
7 fran/s:
8 a/mAY/riE/kaan/s:
10 t ˆis ˆ:n praHGt:HG: **oo**rlogs/film
12 eng:ls
13 int:rnasyoon**aa**l:
14 misHGiEn ˆniEt

OEFENINGEN
A. Vertaal:

1. Ik ben bijna klaar met dat boek. — **2.** Ik kijk af en toe naar een Engelse film. — **3.** Sinds de oorlog woont ze in Amerika. — **4.** Vanavond werk ik tot half tien. — **5.** Dat is een prachtig boek. — **6.** 's Avonds komt hij heel dikwijls laat terug. — **7.** Ik eet niet in dat restaurant, het is mij te duur. — **8.** Haast je, het is al laat !

B. Vul de ontbrekende woorden in:

1 *I'm not watching television; I'm not finished with my work.*

Ik *kijk* niet *naar* de televisie, ik *ben* niet *klaar met* mijn werk.

2 *We always eat at half past six.*

We *eten* altijd om *half zeven*.

60

7 — A French film?
8 — No, an American [one],
9 but with Dutch subtitles.
10 It's a magnificent war film.
11 — OK. I'll hurry (I hurry myself).
12 — OK! OK! Why are you (now) speaking English?
13 — But [old] boy, that expression (language) is international!
14 Don't you know that (Know you that maybe not)?

OPMERKINGEN
(6) As in English, nationalities are capitalized, even when used as adjectives. An English film: *een Engelse film*; a Dutch city: *een Nederlandse stad*.
(7) The **-t** is part of the stem.
(8) *Ze spreekt Engels*: She speaks English. *Ik spreek geen Duits*: I don't speak German. *Hoe zegt u dat in het Nederlands?*: How do you say that in Dutch?

OPLOSSING A:
1. I'm almost finished with that book. — **2.** Now and then I watch an English film. — **3.** Since the war, she has been living in America. — **4.** This evening I work until nine-thirty. — **5.** That's a delightful book. — **6.** In the evening, he very often comes back [when it's] late. — **7.** I don't eat at that restaurant; it's too expensive for me. — **8.** Hurry, it's already late!

15ᵈᵉLES

3 *How do you find that film? – Magnificent!*

Hoe *vindt* u *die* film? – *prachtig*

4 *Why don't you hurry? – It's not late yet.*

Waarom *haast* je je niet? – *'t* Is *nog niet* laat.

5 *Before the war, he sold old cars.*

Vóór de *oorlog verkocht* hij *oude* wagens.

★★★★★★★★★★★★★★★★★★★★★★★★★★★★★★★★★★★★★

ZESTIENDE (16de) LES.

Naar de weg vragen

1 — Neemt u me niet kwalijk, meneer,
2   kan **(1)** u me de weg naar de Krediet-
     bank wijzen **(2)** ?
3 — Wel, het is heel gemakkelijk :
4   u volgt deze **(3)** straat tot aan het kruispunt
5   en daar slaat u links af **(4)**.
6 — Is het dan rechtdoor ?

UITSPRAAK
naar d: vweHG^ fraahg:n
 2 krAYdIEtbank vweiz:n
 3 hg:makk:l:k
 4 dAYz: straat ˜tot ... kruis/punt
 5 links
 6 rehgdoor

OPLOSSING B:

1 kijk - naar - ben - klaar met. — **2** eten - half zeven. — **3** vindt - die - prachtig. — **4** haast - 't - nog niet. — **5** oorlog - verkocht - oude.

ZINSBOUW

's Avonds leest	hij	dikwijls	een Engels boek
	ze	soms	een Franse krant
		ook	in bed
		altijd	een uur
			een Nederlands tijdschrift
			een half uur **(48)**

****

SIXTEENTH LESSON

Asking for Directions
(to the way asking)

1 — Excuse me, sir,
2   can you show (point) me the way to the Credit Bank?
3 — Well, it's very easy:
4   you follow this street up to the intersection
5   and there you turn left (strike off to the left).
6 — Is it then straight ahead?

OPMERKINGEN
(1) This verb is irregular. In the present singular all forms are the same: *ik kan, je kan, u kan, hij/ze kan*. But one may also say *u kunt*.
(2) An infinitive used with the auxiliary *kan*.
Notice that the auxiliary is in the usual verb position, but that the infinitive is at the end of the clause. In the present singular forms of this word the **z** changes to **s**: *ik wijs, je/u wijst, hij/ze wijst*.
(3) *Deze* is used to indicate a person or an object situated close to the speaker. This boy: *deze jongen*; this street: *deze straat*. With a neuter singular noun, *dit* is used. This child: *dit kind*; this house: *dit huis*.
(4) Notice the difference between *slaat af* and *slaat in*. *U slaat rechts af*: You turn right. *U slaat de eerste straat rechts in*: You turn onto the first street to the right.

16de LES

7 — Ja, u ziet de bank vlak vóór u.
8 — Het is dus niet ver lopen.
9 — Nee, nog geen **(5)** vijf minuten **(N3)**.
10 — Is er ook een politiebureau **(6)** dichtbij **(7)** ?
11 — Ik kan het niet zeggen.
12 — Dat is jammer !
13 — Waarom ? Komt u misschien voor een overval ?

UITSPRAAK
7 bank˜flak˜foor
8 niEt ˜fer loop:n
9 noHG˜ HGAYn
10 pooliEsiEbuuroo dihgdbei
   In Holland one often hears: pooliEtsiE
11 niEt ˜sehg:n
12 jamm:r

OEFENINGEN
A. Vertaal:

1. Kent u de weg naar het station ? — 2. Het is rechtdoor tot aan dat kruispunt. — 3. Haar kantoor is vlak vóór het stadhuis. — 4. Het is jammer dat het niet dichtbij is. — 5. Mijn dochter is nog geen vijftien jaar. — 6. Volg mij, ik wijs u de weg. — 7. Welke taal spreekt u thuis ? — 8. Er is meestal een politie-agent op de hoek van die straat.

B. Vul de ontbrekende woorden in:

1 *It is less than ten minutes from the intersection.*

Het is *nog geen* tien minuten van het *kruispunt*

7 — Yes, you [will] see the bank right in front of you.
8 — It isn't far to walk then.
9 — No, less than five minutes.
10 — Is there also a police station (office) close by?
11 — That I can't say (I can it not say).
12 — That's too bad.
13 — Why? Did you come for a holdup (an assault)?

OPMERKINGEN
(5) Before a cardinal number, *geen* is used to express negation. *Het is nog geen twee uur*: It's not yet two o'clock. *Ze is nog geen tien jaar*: She's not yet ten years (old).
(6) *Bureau*: desk or administrative office. *Hij is aan zijn bureau*: He's at his desk. *Waar is het bureau van de krant?*: Where is the office of the newspaper? *Ze werkt op een kantoor*: She works in an office.
(7) The two words are joined when used alone. *Het is hier dichtbij*: It's here close by. *Het is dicht bij het postkantoor*: It's close to the post office.

Neuter nouns: *het kruispunt, het bureau*

OPLOSSING A:
1. Do you know the way to the station? — **2.** It's straight ahead, as far as (to at) that intersection. — **3.** Her office is right in front of the city hall. — **4.** It's too bad that it's not close by. — **5.** My daughter is not yet fifteen years [old]. — **6.** Follow me, I'll show (point) you the way. — **7.** Which language do you speak at home? — **8.** There is usually a policeman on the corner of that street.

2 *It's too bad that he isn't always friendly.*

Het is **jammer** dat hij niet altijd **vriendelijk** is.

16ᵈᵉ LES

65 vijfenzestig (fveif:n/sest:HG)

3 *Is it far to walk? – Maybe half an hour.*

Is het ver lopen ? – Misschien een half uur.

4 *Can you tell me when he's at his office?*

Kan u me zeggen wanneer hij op zijn kantoor is ?

5 *Turn in at the third street to the right; then you [will] see the city hall right in front of you.*

Sla de derde straat rechts in , dan ziet u het stadhuis vlak vóór u.

****

ZEVENTIENDE (17de) LES.

Spreekt u Nederlands ?

1 — Excuseert u me, meneer, spreekt u Nederlands **(N4)** ?
2 — Niet gemakkelijk, maar ik versta **(1)** het **(2)**.

UITSPRAAK
n**AY**d:rlants
2 ik ˆf:rstaa

OPLOSSING B:

1 nog geen - kruispunt. — **2** jammer - vriendelijk. — **3** ver lopen - half. — **4** Kan - wanneer - op - kantoor. — **5** Sla - in - stadhuis - vlak.

ZINSBOUW

Het is jammer dat	u	de weg	(niet)	vindt
Het spijt me dat	hij	dat boek	(niet meer)	kent
	ze	die krant		
		het nummer		
		zijn adres		
		de straat		
		die roman		
		die winkel		
		dat tijdschrift		(206)

Kan	u	vanavond	om zes uur	komen
	ze	nooit		thuis zijn
	hij	misschien		terug zijn
	uw man	soms		
		altijd		
		dinsdag		(72)

****

SEVENTEENTH LESSON

Do You Speak Dutch?

1 — Excuse me, sir, do you speak Dutch?
2 — Not easily, but I understand it.

OPMERKINGEN
(1) *Verstaan*: understand (language); *begrijpen*: understand (ideas). *Ik versta die jongen niet*: I don't understand that boy (what he is saying). *Ik begrijp die jongen niet*: I don't understand that boy (why he does what he does).
(2) The names of languages are always neuter. *Het Engels*: the English language. *Engels*: English. *Spreekt u in het Frans?*: Are you speaking in (the) French (language)? *Nee, ik spreek geen Frans*: No, I don't speak any French. *Ik spreek in het Nederlands*: I am speaking in Dutch.

17ᵈᵉ LES

3 — Dan kan u me misschien helpen.
4 — Ik hoop het, maar spreekt u niet te vlug (3).
5 — Ik vind dat u heel goed spreekt.
6 — Heeft u de taal op school (4) geleerd (5)?
7 — Nee, ik leer die alleen, met een boek en banden (6).
8 — Alleen ! Dat kan ik bijna niet geloven (7).
9 — Dat moet erg moeilijk zijn.
10 — Toch niet ! Het is heel eenvoudig :
11 — Ik heb mijn leraren bij me thuis.
12 — Welke methode gebruikt u dan ?
13 — Assimil, natuurlijk !
14 — Dat is al jaren (8) de beste methode op de markt.

UITSPRAAK
4 niEt ˆt: fvluHG
5 ik ˆfin ˆdat ... hgoet ˆsprAYkt
6 hg:lAYrt
7 alAYn
8 niEt ˆHG:loov:n
9 moeiEl:k ˆsein
10 AYnvou/d:HG
11 lAYraar:n
12 mAYtoo/d: hg:bruikt ˆuu

*****

The lists of neuter nouns in former lessons should be reviewed frequently!

*****

OEFENINGEN
A. Vertaal:

1. Ik geloof dat ze in het park wandelt. — 2. Gebruikt u ook die nieuwe methode ? — 3. Deze zeventiende les is niet erg eenvoudig. — 4. Help me, ik kan het niet alleen. — 5. Ik versta Duits, maar ik spreek het moeilijk. — 6. Ze woont al een hele tijd in Nederland. — 7. Spreek langzaam, dan versta ik u gemakkelijker. — 8. Wees geduldig, het is nu dichtbij.

achtenzestig (aHGt:n/sest:HG)

3 — Then maybe you can help me.
4 — I hope so (it), but do not speak too fast.
5 — I find that you speak very well (good).
6 Did you learn the language in school?
7 — No, am learning it alone, with a book and tapes.
8 — Alone! I can hardly believe it (that can I almost not believe).
9 That must be very difficult.
10 — Not really! It's very simple:
11 I have my teachers with me at home.
12 — Which method are you using then?
13 — Assimil, naturally!
14 For years that has been the best method on the market.

OPMERKINGEN
(3) *Vlug*: quick, quickly. *Langzaam* [langzaam]: slow, slowly. *Spreek langzaam, alstublieft!*: Speak slowly, please.
(4) *De kinderen zijn op school*: The children are at school. *Ze gaat nog naar school*: She still goes to school.
(5) Note the position of the past participle. It comes at the end of the clause. We'll come back to this later.
(6) *Band*: tape. *Band* is used for many ribbon-shaped things. Here it refers to the tape of a tape-recorder (*bandopnemer*).
(7) *Geloven*: to believe. Note the change of **v** to **f**: *ik geloof, je/u gelooft, hij/ze gelooft*.
(8) *Al*: already. *Ze werkt al een jaar*: She has already been working for a year. *Hij is al een hele tijd terug*: He has already been back a long time (He is already a whole time back). *Al* can also mean 'all'.

OPLOSSING A:
1. I believe that she is walking in the park. — **2.** Are you also using that new method? — **3.** This seventeenth lesson is not very (terribly) simple. — **4.** Help me, I can't [do] it alone. — **5.** I understand German, but it's difficult for me to speak it (I speak it difficultly). — **6.** She has already been living in The Netherlands for a long time. — **7.** Speak slowly, then I [can] understand you more easily. — **8.** Be patient, it is now close by.

17ᵉ LES

69   negenenzestig (n**A**Yhg:n:n/s**e**st:HG)

B. Vul de ontbrekende woorden in:

1 *Do you believe that you are using the good method?*

.... u dat u de goede methode .... ?

2 *Naturally, it is very difficult, but I think you can do it.*

Het is .... erg ...., maar ik ....

dat u het ... doen.

3 *I learned that language by myself with records.*

Ik heb die .... met platen ....

4 *You walk too fast, I can't follow you.*

U ..... te ...., ik kan u niet ....

5 *It is too bad that she doesn't say a word.*

Het is ...... dat ze geen ..... zegt.

****

ACHTTIENDE (18de) LES.

Iets drinken

1 — Wilt **(1)** u iets drinken ?

UITSPRAAK
iEts drink:n

OPLOSSING B:

1 gelooft - gebruikt. — **2** natuurlijk - moeilijk - denk - kan. — **3** taal - alleen - geleerd. — **4** loopt - vlug - volgen. — **5** jammer - woord.

ZINSBOUW

Ik denk	dat	ze (dikwijls) met de bus (van drie uur) komt.
Ik geloof		hij (op woensdag) (niet) veel tijd heeft.
Ik weet		het (nu) (veel) te laat is.
Ze zegt		u (soms) (erg) nieuwsgierig bent.
		ze de stad (niet) (goed) kent.
		hij die methode (niet) (heel) interessant vindt.

(96)

First form sentences without using the words in parentheses. Then use one set of words. Then use the other set. And finally include all the words in parentheses.

****

EIGHTEENTH LESSON

Something to Drink

1 — Do you want something to drink?

OPMERKING
(1) *Willen* (to will, to want) is an irregular verb: *ik wil, je/u wilt, hij/ze wil* (no **-t**). *Je/u wil* is also acceptable.

18ᵈᵉ LES

2 — Ja, graag.
3 — Een glas bier **(2)** ?
4 — Nee, ik drink geen bier meer **(3)**.
5 — Houdt u er niet van **(4 - N5)** ?
6 — Niet erg veel : k**ou**d b**ie**r is slecht voor de maag.
7 — Een glas rode wijn **(5)** ?
8 — Nee, dank u, ik mag **(6)** niet van de dokter.
9 — Whisky met ijs ?
10 — O nee, dat geeft me hoofdpijn.
11 — Geen bier, geen wijn, geen whisky ...
12 Wat kan ik u dan geven ?
13 — Ik wou graag **(7)** een kopje koffie **(8)**.
14 — Met suiker ?
15 — Nee, zonder suiker maar met een beetje melk.

UITSPRAAK
2 hgraaHG
3 hglaz ˆbiEr
4 igˆdrinkˆHGAYn biEr mAYr
5 :r niEt ˆfan
6 niEt erHGˆfAYl ... sleHGt ... maaHG
7 **roo**d: vwein
8 niEt ˆfan d: dokt:r
9 **ei**s
10 dat ˆHGAYft m: h**oo**ftpein
13 kopy: koffiE
14 suik:r
15 b**AY**t/y:

2 — Yes, gladly.
3 — A glass [of] beer?
4 — No, I don't drink beer anymore.
5 — Don't you like it (hold you there not of)?
6 — Not very much. Cold beer is bad for the stomach.
7 — A glass [of] red wine?
8 — No, thank you. It's not allowed by (I may not from) my doctor.
9 — Whisky with ice?
10 — Oh no, that gives me [a] headache.
11 — No beer, no wine, no whisky ...
12 What can I given you than?
13 — I would like (would gladly) a cup [of] coffee.
14 — With sugar?
15 — No, without sugar but with a little milk.

OPMERKINGEN
(2) Note the absence of prepositions. A glass of beer: *een glas bier*; a cup of coffee: *een kopje koffie*.
(3) *Geen meer*: no more. *Geen* comes in front of the noun and *meer* after the noun. I have no more money: *Ik heb geen geld meer*. There is no more coffee: *Er is geen koffie meer*.
(4) *Houden*: hold, keep. *Houden van*: like, be fond of. I like my city: *Ik hou van mijn stad*. I don't like this book: *Ik hou niet van dit boek*.
(5) *Een rood boek*: a red book; *rode wijn*: red wine; *een wit boek*: a white book; *witte wijn*: white wine; *zwart*: black; *blauw*: blue; *groen*: green; *geel*: yellow; *een groene boom*: a green tree; *zwarte koffie*: black coffee.
(6) *Mogen* (may, have permission to) is irregular. All present singular forms are the same: *ik mag, je/u mag, hij/ze mag*. In spoken English 'can' is often used for 'may'. Never do this in Dutch! *Ik mag dat niet doen*: I may not do that (I'm not allowed to). *Ik kan dat niet doen*: I cannot do that (I'm unable to).
(7) Notice the difference between *ik wou graag* (I would like) and *ik wil* (I want). I would like to see him: *Ik wou hem graag zien*. I want to see the manager: *Ik wil de directeur zien*.
(8) *Een kopje koffie*: a cup [of] coffee. Here, the diminutive refers to something small, not to something smaller than usual. This sounds more informal than: *een kop koffie*.

Neuter nouns: *het glas, het bier, het ijs, het hoofd, het kopje* (diminutives are always neuter).

18ᵈᵉ LES

OEFENINGEN
A. Vertaal:

1. Ik houd niet van oorlogsboeken. — 2. Die arme man heeft geen werk meer. — 3. Ik hoop dat ze nu niet uit haar humeur is. — 4. Het is jammer dat ze altijd hoofdpijn heeft. — 5. Hij drinkt zijn whisky zonder water maar met een beetje ijs. — 6. Hij wil niet over zijn werk vertellen. — 7. U mag geen tijd verliezen. — 8. Ik wou graag naar de bioscoop gaan, er is een prachtige film.

B. Vul de ontbrekende woorden in:

1 *She is not drinking wine because she has [a] stomach-ache.*

   Ze ...... geen .... want ze heeft maag.... .

2 *Do you want a cup of coffee? – Gladly, but without milk.*

   .... u een .... ? – Graag, maar .... melk

3 *The doctor says that too much sugar is bad for the stomach.*

   De ...... zegt dat te veel ...... slecht is voor de ....

★★

NEGENTIENDE (19de) LES.

Aan het werk

1 — Wat hebt u **(1)** nu voor werk ?

UITSPRAAK
1 hept ˆuu

vierenzeventig (fviEr:n/sAYv:n/t:HG) 74

OPLOSSING A:
1. I don't like books [on] war (war books). — **2.** That poor man no longer has work. — **3.** I hope that she isn't in a bad mood now. — **4.** It's too bad that she always has [a] headache. — **5.** He drinks his whisky without water but with a little ice. — **6.** He doesn't want to tell about his work — **7.** You may not lose any time. — **8.** I would like to go to the cinema; there is a magnificent film.

4 *Now and then I drink a glass [of] wine, but always white wine.*

Ik drink ..   .. een glas .... , maar altijd

..... wijn.

5 *I don't like the city, there is too much noise.*

Ik .... niet ... de stad, er is te veel ....

OPLOSSING B:

1 drinkt - wijn - pijn. — **2** Wilt - kopje koffie - zonder. — **3** dokter - suiker - maag. — **4** af en toe - wijn - witte. — **5** houd - van - lawaai.

****
NINETEENTH LESSON
Busy Working
(At the work)

1 — What kind of work do you have (what have you for work) now?

OPMERKING
(1) As you probably remember, there is no difference between *hebt u* and *heeft u*.

19ᵈᵉ LES

75 vijfenzeventig (fv**ei**f:n/s**AY**v:n/t:HG)

2 — Ik werk in **(2)** een fabriek.
3 — In een fabriek ? Waar ergens **(3)** ?
4 — In de buurt van Ruisbroek.
5 — Ruisbroek ? Waar ligt **(4)** dat dorp ?
6 — Ongeveer tien kilometer **(5)** van Brussel.
7 — Zo ! En werkt u daar al lang ?
8 — Ik begin morgen.
9 — Is het werk zwaar ?
10 — Ik denk van wel **(6)** :
11   het begint om acht uur
12   en het duurt tot half vijf.
13 — Het zijn toch normale werkuren.
14 — Jij **(7)** vindt **(8)** dat misschien normaal, maar ik niet.
15   Ik voel me echt al **moe** !

UITSPRAAK
3 **e**rhg:ns
4 d: buurt ˆfan
5 lihgd ˆdad ˆdorp
6 onhg:v**AY**r ... kiEloo/m**AY**t:r
8 ig ˆb:hgIn morhg:n
9 is ˆ:t vwerk ˆsvwaar
10 denk ˆfan
12 half ˆ**fei**f
13 h:t ˆsein toHG norm**aa**l:
14 y**ei** fvind ˆdat
15 ik ˆ**foe**l

zesenzeventig (zes:n/s**AY**v:n/t:HG) 76

2 — I work in a factory.
3 — In a factory? Where?
4 — In the vicinity of Ruisbroek.
5 — Ruisbroek? Where is (lies) that village?
6 — About ten kilometers from Brussels.
7 — So! And have you worked there long?
8 — I'm starting tomorrow.
9 — Is it heavy work?
10 — I think so (of well):
11   it starts at eight o'clock
12   and it lasts until half past four.
13 — Those (it) are just normal working hours.
14 — Maybe you find that normal, but I don't (not).
15   I feel really tired already!

OPMERKINGEN
(2) I work in a factory: *Ik werk in een fabriek*. She works at an office: *Ze werkt op een kantoor*. He works at the town hall: *Hij werkt op het stadhuis*. I work at a bank: *Ik werk bij een bank*.
(3) *Ergens*: somewhere; *nergens*: nowhere. *Ik vind dat nergens*: I don't find that anywhere. Have you noticed that **n-** is used to express negation (*niet, nooit, niemand, nergens*)?
(4) *Liggen*: to lie, to be located. *Ze ligt in bed*: She's lying in bed. *Zijn huis ligt in de Breugelstraat*: His house is located on Breugel Street. *Uw boek ligt op de tafel*: Your book is lying on the table.
(5) Units of measure (*meter, kilometer, centimeter, liter*, etc). remain singular when preceded by a number. *De kamer is vier meter breed*: The room is four metres wide.
(6) *Ik denk van wel*: I think so. *Ik denk van niet*: I don't think so.
(7) The stressed form of *je*.
(8) *Vinden*: to find. *Ik vind, je/u vindt, hij/ze vindt*. The first person form ends in **-d** which is pronounced **-t** [fvint]. In written Dutch a **-t** is added in the second and third person, but this does not change the pronunciation: [fvint].

Neuter nouns: *het dorp*.

19de **LES**

OEFENINGEN
A. Vertaal:

1. Het is toch ergens in de buurt. — **2.** Vanavond werk ik nog ongeveer twee uur. — **3.** Duurt die film lang ? Ik heb er geen idee van. — **4.** Hoe laat begint u ? — **5.** Komt ze morgen ? - Ik denk van niet. — **6.** Dat dorp ligt aan de Seine. — **7.** Ik voel dat ik een beetje ziek word. — **8.** Meestal gebruik ik dat boek ook.

B. Vul de ontbrekende woorden in:

1 *At seven o'clock he is already working.*

   .. zeven uur is hij .. ... het werk.

2 *I believe that she has already been back a long time.*

   Ik ...... dat ze .. .... terug is.

3 *The work lasts approximately six hours.*

   Het werk .... zes ...

4 *It is really not heavy.*

   Het is .... niet ..... .

5 *There is no factory in that village.*

   Er is geen .... in dat .... .

****

TWINTIGSTE (20ste) LES.

Even lachen : op school

1 Een leraar vraagt aan een student :

UITSPRAAK
AYv:n laHG:n

achtenzeventig (aHGt:n/sAYv:n/t:HG) 78

OPLOSSING A:
1. It's somewhere in the vicinity anyway. — **2.** This evening I work about two hours yet. — **3.** Does that film last long? I have no idea. — **4.** What time do you start? — **5.** Is she coming tomorrow? I don't think so. — **6.** That village is located on the Seine. — **7.** I feel like I'm getting a little sick. — **8.** Usually, I use that book too.

OPLOSSING B:

1 Om - al - aan. — **2** geloof - al lang. — **3** duurt - ongeveer - uur. — **4** echt - zwaar. — **5** fabriek - dorp.

ZINSBOUW

Morgen	is	mijn zoon	in de stad
Vanavond	eet	zijn vader	niet thuis
Vrijdag		onze zuster	in een restaurant
Dikwijls		mijn oom	
Meestal			
Af en toe			**(144)**

ik	hoop	dat	hij	Nederlands	spreekt
	vind		ze	onze taal	kent
	denk		die bediende	Frans	verstaat
	geloof		die dame	Duits	
	weet			Engels	**(300)**

****

TWENTIETH LESSON

Laugh Awhile: At School

1 A teacher asks a student:

20ste LES

negenenzeventig (nAYhg:n:n/sAYv:n/t:HG)

2 — Heb je **(1)** het boek van Einstein "Relativiteitstheorie" gelezen ?
3 — O nee, antwoordt de student, ik wacht op **(2)** de film.

---

4 — Kom, denk even **(3)** na **(4)**, die vraag is toch niet zo m**oei**lijk.
5 — Nee, meneer, antwoordt de leerling, maar het antwoord !

---

6 — Welke **(5)** maanden zijn de beste van het jaar ?
7 — December, januari en februari **(6)**, meneer !
8 — Maar, Jan, wie heeft je zoiets geleerd ?
9 — Vader, meneer.
10 — Dan heeft je vader zich **(7)** zeker vergist. Wat is zijn ber**oe**p ?
11 — Loodgieter, meneer !

---

12 — Piet, wat weet je over de kunstenaars **(N6)** uit **(8)** de 17e (zeventiende) eeuw ?

UITSPRAAK
1 stuud**e**nt
2 hep^j: ... r:lativiE/t**ei**ts/tAYoor**iE**
4 niEt ˘soo m**oei**El:k
5 antwoord˘d:
7 dAYsemb:r, yanuuwa**ari**E, fAYbruuwa**ari**E
8 zoo/iEts
10 ziHG˘s**AY**k:r ... is˘s:n
11 lootHGiEt:r
12 kunst:naars ... **AY**oe

*****

Are you doing the sentence-structure exercises regularly? Also review those found in the previous lessons. This is the best way to become familiar with Dutch word-order.

2 — Have you read Einstein's book "The Theory of Relativity"?

3 — Oh no, the student replies, I'm waiting for the film.

4 — Come, think for a moment, that question isn't so difficult after all.

5 — No, sir, answers the student, but the answer!

6 — Which months are the best of the year?

7 — December, January and February, sir.

8 — But, Jan, who has taught you such a thing?

9 — Father, sir.

10 — Then your father has surely made a mistake. What is his profession?

11 — Plumber, sir.

12 — Pete, what do you know about the artists of the seventeenth century?

OPMERKINGEN
(1) Remember that the **-t** is dropped when *je* comes after a verb as a subject.
(2) *Wachten op*: to wait for. She's waiting for a taxi: *Ze wacht op een taxi*. I'm waiting for my girl friend: *Ik wacht op mijn vriendin*.
(3) *Even* [**AY**v:n]: a little, for a moment. *Wacht even*: Wait a minute. *Komt u even binnen*: Come in for awhile. *Hij deed het even later*: He did it a little later.
(4) *Nadenken*: to think over, to reflect on. *Denk er over na*: Think it over. *Ik denk na over die vraag*: I'm reflecting on that question. *Denken aan*: to think of. *Ik denk aan mijn beste vriend*: I'm thinking of my best friend.
(5) The **-e** is absent only before a singular neuter noun. *Welk boek*: which book.
(6) The months of the year: *januari, februari, maart, april, mei, juni* [**yuu**niE], *juli* [**yuu**liE], *augustus* [ouhg**us**/tus], *september* [sept**em**b:r], *oktober* [okt**oo**b:r], *november* [noov**em**b:r], *december*. Notice that they are not capitalized.
(7) *Zich* is the reflexive pronoun used for the second and third persons, singular and plural: yourself, himself, herself, itself, oneself, yourselves, themselves. Reflexive pronouns are used more in Dutch than in English. *Ze voelt zich moe*: She's feeling tired. *Hij haast zich zeker niet*: He certainly isn't hurrying.

13 — Ze zijn al lang dood, meneer.

OEFENINGEN
A. Vertaal:

1. Ik kan niet antwoorden, ik begrijp niet wat u vraagt. — **2.** Hij denkt dat hij zich nooit vergist. — **3.** Ik wacht nu al ongeveer een maand op antwoord. — **4.** Ik houd niet veel van moderne kunstenaars. — **5.** Hoe kan u zoiets vertellen ? — **6.** De hond van onze oude buurvrouw is dood. — **7.** Ik heb dat boek nog niet gelezen. — **8.** Dat is jammer, want het is erg interessant.

B. Vul de ontbrekende woorden in:

1 *I may be mistaken, but I think that we have not learned that.*

Ik ...... me .... , maar ik denk dat we dat

niet .... hebben.

2 *No one can believe something like that.*

.... kan ...... geloven.

3 *In July and August I don't go to school.*

In .... en .... ga ik niet .... school.

****

13 — They have been dead for a long time, sir.

OPMERKING
(8) As a preposition, *uit* indicates source and is usually translated: 'from' or 'out of'. *Hij drinkt uit een glas*: He drinks from a glas. *Ik lees de krant*: I'm reading the newspaper. *Ik lees uit de krant*: I'm reading from the newspaper.

Neuter nouns: *het antwoord, het jaar, het beroep.*

OPLOSSING A:
1. I can't answer, I don't understand what you are asking. — **2.** He thinks that he never makes a mistake. — **3.** I have already been waiting for an answer for about a month now. — **4.** I don't much like modern artists. — **5.** How can you say (tell) something like that? — **6.** Our old neighbour lady's dog is dead. — **7.** I haven't read that book yet. — **8.** That's too bad, because it's very interesting.

4 *Breugel is an artist from the 16th century.*

Bruegel is een .... uit de zestiende .... .

5 *He has an interesting profession: he's [a] teacher.*

Hij heeft een interessant ...... : hij is ....

OPLOSSING B:
1 vergis - misschien - geleerd. — **2** niemand - zoiets. — **3** juli - augustus - naar. — **4** kunstenaar - eeuw. — **5** beroep - leraar.

★★★★★★★★★★★★★★★★★★★★★★★★★★★★★★★★★★★★★★

20ste LES

ÉÉNENTWINTIGSTE (21ste) LES.

Herhaling en opmerkingen

1. — Spelling — Certain rules govern the spelling of long and short vowel sounds.

(a) Long Vowels. Double vowels are always long. In a closed syllable (one ending in a consonant) a long sound is represented by two letters: *uur, laat, leer/ling, straat*. In an open syllable (one ending in a vowel), a single vowel has a long sound: *a/vond, zo, lo/pen*. Thus, in different forms of a word the same sound might be written with either one or two letters, depending on the type of syllable: *lo/pen* (one **o** in an open syllable); *ik loop, ze loopt* (double **o** in a closed syllable).

(b) Short Vowels. A short vowel-sound is always represented by a single letter which, if emphasized, must be in a closed syllable: *bank, dan, bed, dicht*. Sometimes a consonant must be doubled to keep the previous syllable closed even though only one consonant is heard: *gemak/ kelijk, zeg/gen*. Review Lesson 13, Comment 14.

2. — Compound Nouns — In Dutch, many new words are formed by combining two nouns. *Een oorlogsfilm*: a war movie; *de huisdeur*: the house door; *een taalleraar*: a language teacher; *een meisjesschool*: a girls' school. Compound nouns always have the gender and plural ending of the second word. *De politie, het bureau: het politiebureau. Het dorp, de straat: de dorpsstraat* (the main street of the village). *De wijn, het glas: het wijnglas*.

3. — Singular or Plural — When units of measure and the words *uur* and *jaar* are preceded by a number, the singular form is used except for special emphasis. *Het is*

TWENTY-FIRST LESSON

twintig kilometer ver: It's twenty kilometers (from here). *Geef mij drie liter melk*: Give me three litres of milk. *Het is nu zes uur*: It's now six o'clock. *Ze is achttien jaar*: She's eighteen years [old]. (Review Lesson 15, Comment 2 and Lesson 19, Comment 5).

4. — Names of Languages — The names of languages are always neuter. *Spreekt u Duits? Ja, ik spreek het*. The article is always used after *in*: *in het Engels* (in English), *in het Spaans* (in Spanish). Names of languages are always capitalized. *Spreekt u Engels?*: Do you speak English? *Ik versta geen Pools*: I don't understand any Polish. (Review Lesson 17, Comment 2).

5. — Er+a Preposition — You are familiar with the third person pronouns: *hem, haar, het*. *Kent u die dame? Ja, ik ken haar. Houdt u van die jongen? Nee, ik hou niet van hem. Kent u het adres? Nee, ik ken het niet*. These pronouns are never used with a preposition to replace the name of an inanimate object. Instead, *er* is used with the preposition. *Houdt u van wijn? Ik hou ervan* (I like it). *Wacht u op de bus? Ik wacht erop* (I'm waiting for it). Notice that in a regular main clause, *er* is placed right after the verb and the preposition moves to the end of the clause. *Ik hou ervan. Ik hou er niet van. Ik hou er niet veel van. Ik hou er nu niet veel van. Mee* is used for the preposition *met*. *Komt ze met de bus? Ja, ze komt er soms mee*.

6. — Plurals formed by adding -s — A list of the plural nouns ending in **-s** studied previously was given in Lesson 15, Comment 5. Here are the ones in Lessons 15 through 20: **(a)** *de titels, de dokters* (nouns ending in [:l] and [:r]); **(b)** *de films, de bureaus, de methodes, de kunstenaars*.

7. — **Uitdrukkingen** (expressions). — **1** *Ik ben klaar met dat werk.* — **2** *Er is een film op de televisie.* — **3** *Hoe zegt u dat in het Nederlands?* — **4** *U slaat de eerste straat links in.* — **5** *Het is niet ver lopen.* — **6** *Het is hier dichtbij.* — **7** *Ze verstaat geen Frans.* — **8** *U heeft dat op school geleerd.* — **9** *Ik wou graag een glas water.* — **10** *Ik mag niet van mijn vader.* — **11** *Ze denkt van wel.* — **12** *Hij denkt van niet.* — **13** *Ze wacht op de bus.* — **14** *Het is een huis uit de negentiende eeuw.*

8. — **Vertaling** (translation) — **1** I'm finished with that work. — **2** There's a film on television. — **3** How do you

●●●

TWEEËNTWINTIGSTE (22ste) LES.

Een pakje voor mevrouw

1 — Dag, juffrouw. Ik breng een pakje voor mevrouw De Vos.
2 — Ze rust **(1)** in de tuin ; moet ik haar roepen ?
3 — Nee, het is niet nodig ; ze weet wat **(2)** het is.
4 — Maar ik heb geen geld bij mij **(3)**.
5 — Geen probleem ! Er is niets te **(4)** betalen.
6 — Tot ziens **(5)**, juffrouw.

UITSPRAAK
1 ig^breng :n pa**k**/y:
2 moet ^ik ^haar ^**roep**:n
4 hep^HGAYn hgelt bei mei
6 tot ^siEns

say that in Dutch? — **4** You turn in at the first street to the left. — **5.** It's not far to walk. — **6** It's here, close by. — **7** She doesn't understand any French. — **8** You have learned that at school. — **9** I would like a glass of water. — **10** I may not, [I'm not allowed to] by my father. — **11** She thinks so. — **12** He doesn't think so. — **13** She's waiting for the bus. — **14** It's a house from the nineteenth century.

*****

Review the expressions in Lesson 14.

****

TWENTY-SECOND LESSON

A Package for Madam

1 — Hello, Miss. I have (bring) a package for Mrs. De Vos.
2 — She's resting in the garden; should I call her?
3 — No, it isn't necessary; she knows what it is.
4 — But I don't have any money with me.
5 — No problem! There's nothing to be paid.
6   Good-bye, Miss.

OPMERKINGEN
(1) *Rusten*: to rest. Here the present tense means 'is resting'. The same form is used for all persons in the present singular: *Ik rust, u rust, hij/ze rust.*
(2) *Wat*: what. The various uses of *wat* correspond closely to the uses of 'what' in English.
(3) Notice the use of *bij* where 'with' is used in English. *Heeft u uw papieren bij u?*: Do you have your [identity] papers with you?
(4) Notice that *niets/iets + te +* an infinitive can be either active or passive. *Is er iets te zien?*: Is there anything to be seen? *Hij heeft niets te doen*: He has nothing to do.
(5) One could also say: *Dag, juffrouw.* This is an abbreviation of *goedendag*. *Dag* is also used alone, with the vowel lengthened, as an informal greeting of departure: *dààg* [daˆaHG].

7 — Wat een grote doos ! En niet zwaar. Wat kan dat wel zijn ?
8   Ik ben niet nieuwsgierig,
9   maar ik wou het toch graag weten.
10 Even kijken **(6)** ! Het komt van mevrouw Lemmens.
11 O ja ! nu weet ik het : 't **(7)** is de nieuwe hoed van mevrouw.
12 Een hoed in zo'n **(8)** doos, dat moet wel een schuit zijn !

UITSPRAAK
7 niEt ˆsvwaar
8 igˆben ... niEoesHGiEr:HG
10 **AY**v:(n) k**ei**k:(n) ... komt ˆfan
11 t ˆis d: niEoew: hoet ˆfan
12 zoo:n doos ... sHGuit ˆsein

OEFENINGEN
A. Vertaal:

1. Ik wou graag weten wat ze nu doen. — **2.** Die doos is veel te zwaar voor u. — **3.** Mijn vrouw zegt dat ze een nieuwe hoed nodig heeft. — **4.** Zo'n boek kan ik niet betalen. — **5.** Even wachten, ik heb misschien wel iets voor u. — **6.** Hij is altijd moe, hij neemt niet genoeg rust.— **7.** Ik heb niets bij mij. — **8.** Er is een mooie tuin achter het huis.

B. Vul de ontbrekende woorden in:

1 *I don't know why those children are calling.*

   ik .... niet waarom die kinderen ....

7 — What a large box! And not heavy.
  What can that be?
8 I'm not curious,
9 but I would still like to know.
10 Now, let's see! It comes from Mrs. Lemmens.
11 Oh yes! Now I know: it's the lady's new hat.
12 A hat in a box like that, it (that) must be [as big as] a boat!

OPMERKINGEN
(6) *Even*: a short while. *Even kijken*: now let's see (for a moment look). *Kom even*: come now. *Wacht even*: wait a while.

(7) The unaccented pronunciation of *het* [:t] can be written as: *'t*. The apostrophe comes before the **t** because it replaces the omitted letters. The capitalization is transferred to the following word when *'t* is the first word of a sentence.

(8) Before a plural noun, *zulke* is used. *Zo'n kind*: such a child. *Zulke kinderen*: such children.

Neuter nouns: *het pakje, het bootje* (diminutives), *het geld, het probleem*.

OPLOSSING A:
1. I would like to know what they are doing now. — **2.** That box is much too heavy for you. — **3.** My wife says that she needs a new hat. — **4.** I can't pay for a book like that. — **5.** Wait a moment, I might have something for you after all. — **6.** He's always tired, he doesn't rest enough (take enough rest). — **7.** I don't have anything with me. — **8.** There is a beautiful garden behind the house.

2 *I would like to buy a little boat, but I don't have enough money.*

Ik ... graag een .... , maar ik heb .... geld ....

22ste LES

3 *Now there is nothing more to be paid.*

.. is er niets .... te ....

'T IS DE NIEUWE HOED VAN MEVROUW!!

4 *Will you wait a moment, I'm almost ready.*

Wilt u .... , ik ben ..... klaar.

5 *It's necessary to have your [identity] papers with you at all times.*

Het is ..... uw papieren altijd ... . te ..... .

★★★★★★★★★★★★★★★★★★★★★★★★★★★★★★★★★★★★★★★

DRIEËNTWINTIGSTE (23ste) LES.

Over vakantie

1 — Wanneer gaat u dit **(N1)** jaar **(1)** met vakantie ?
2 — In juli.
3 — Gaat u weer naar de kust ?

UITSPRAAK
oov:r fvakansiE
 1 met ˆfakansiE
 2 yuuliE

OPLOSSING B:

1 weet - roepen. — **2** wou - bootje - kopen - geen - genoeg. — **3** nu - meer - betalen. — **4** even wachten - bijna. — **5** nodig - bij u - hebben.

ZINSBOUW

Ze	moet	misschien	niets	betalen
U	wil	nu	iets	weten
Hij	kan	zeker	alles	vertellen
				zeggen **(324)**

Er is	iets	te	betalen
	veel		vertellen
	niets		leren
	niet veel		zeggen
			eten
			drinken **(24)**

****

TWENTY-THIRD LESSON

About Holidays

1 — When are you going on holiday this year?
2 — In July.
3 — Are you going to the coast again?

OPMERKING
(1) *Het jaar*. Because *jaar* is neuter singular, *dit* (rather than *deze*) is used for 'this'.

23ste **LES**

4 — Nee, er zijn te veel mensen aan zee **(2)**.
5 — Waar gaat u dan naartoe **(3)** ?
6 — Ik weet het nog niet.
7   Misschien naar Italië **(4)**, of naar een ander land, een land met hoge bergen.
8 — En blijft u lang weg ?
9 — Veertien **(5)** dagen **(N2)** of misschien drie weken als het weer **(6)** mooi is,
10 als het niet te druk is,
11 als het niet te duur en niet te snobbistisch is, als ...
12 — Nu weet ik het wel !
13 Ik wens u een prettige vakantie **(7)** !

UITSPRAAK
7 iEt**aa**liE/:
  The final ë [:] is a separate syllable and must be pronounced.
  The same applies to *België* [bel/hgiE/:] and *Azië* [**aa**ziE/:].
7 :n **a**nd:r lant
9 alzˆ:t vwAYr
13 pr**e**tt:/hg:

You only need to understand each sentence and to repeat it correctly. Don't try to memorize the material. Just go over each day's lesson more than once and at different times during the day if possible. That's all!

4 — No, there are too many people at the sea.
 5 — Where are you going then (go you then to)?
 6 — That I don't know yet.
 7   Maybe to Italy, or to another country, a country with high mountains.
 8 — And will you be (stay) away long?
 9 — Fourteen days or maybe three weeks if the weather is good (beautiful),
10   if it isn't too crowded,
11   if it is not too expensive and not too snobbish, if…
12 — Yes, now I know!
            I wish you a pleasant holiday!

OPMERKINGEN
(2) Note the omission of the article. *Ik ga naar zee*: I'm going to the sea. *Ze zijn aan zee*: They are at the sea. *Ze zijn op zee*: They are at sea (in a ship).
(3) The interrogative pronoun *waar* indicates place but not direction. To include direction one asks: *Waar naartoe* (where to?) Notice that *naartoe* is at the end of the clause. Where are you sitting?: *Waar zit u?* Where is she going?: *Waar gaat ze naartoe?*
(4) Remember that two dots above a letter mark the beginning of a new syllable. Here are a few names of countries: *Frankrijk* [fra**ng**/kreik] – France; *Duitsland* [d**ui**tslant] – Germany; *Spanje* [spa**n**/y:] – Spain; *Engeland* [**e**ng/:/lant] – England; *De Sovjetunie* [s**o**v/yet/**uu**/niE] – The Soviet Union; *De Verenigde Staten* [v:r**AY**n:hgd:sta**a**t:n] – The United States.
(5) *We hebben twee weken vakantie*: We have [a] two week holiday.
(6) *Het weer*: the weather. *Weer* can also mean 'again'. *Het weer is weer mooi*: The weather is fine again.
(7) *Mijn vakantie is te kort*: My holiday is too short.

Neuter nouns: *het jaar, het land, het weer*.

23ste **LES**

OEFENINGEN
A. Vertaal:

1. In de maanden juli en augustus is het te druk aan zee. — 2. Het is een mooi land ; veel mensen gaan er in de vakantie naartoe. — 3. We blijven dit jaar maar veertien dagen aan de kust. — 4. Ik weet niet wat die mensen wensen. — 5. Ik houd niet veel van de kust. — 6. Mijn zuster woont in een erg drukke straat. — 7. Er zijn geen hoge bergen in ons land. — 8. Het weer wordt een beetje koud.

B. Vul de ontbrekende woorden in:

1 *Where is he going now? – I don't know, he never says..*

Waar gaat hij nu .... ? — Ik weet ... niet, hij zegt het ..... .

2 *Are they staying away long? – Maybe fourteen days.*

.... ze lang ... ? — Misschien .... dagen.

3 *This year it's crowded at the coast.*

... jaar is het .... aan de .... .

****
VIERENTWINTIGSTE (24ste) LES.

Aan de telefoon

1 — Hallo ! Met de (1) firma De Vos ?

UITSPRAAK
1 halloo

OPLOSSING A:
1. In the months of July and August it's too crowded at the sea. — **2.** It's a beautiful country; many people go there in the holiday [season]. — **3.** This year we are staying only fourteen days at the coast. — **4.** I don't know what those people want. — **5.** I don't much like the coast. — **6.** My sister lives on a very busy street. — **7.** The weather is getting a little cold.

4 *I hope that you are also going on holiday.*

ik .... dat u ook ... . gaat.

5 *Now and then they bring us something.*

.. .. brengen ze ons .... .

OPLOSSING B:

1 naartoe - het - nooit. — **2** Blijven - weg - veertien. — **3** Dit - druk - kust. — **4** hoop - met vakantie. — **5** Af en toe - iets.

ZINSBOUW

Dit jaar	gaat	hij	naar zee
In juli		vader	naar de bergen
Soms		mijn zoon	naar Spanje
Deze week		haar vriendin	naar de kust
		onze broer	naar Nederland **(120)**

****

TWENTY-FOURTH LESSON

On the Telephone

1 — Hello! With the firm, De Vos?

OPMERKING
(1) Notice that 'Am I speaking' is omitted but assumed. This use of *met* is common on the telephone. See also lines 2 and 6.

24ste LES

2 — Ja, met wie heb ik de eer ?
3 — Hier is Jacobs, van de firma Dewaele en Zonen **(2)**
4 — Neemt u me niet kwalijk, meneer, maar ik hoor u slecht.
5 Wilt u wat **(N3)** luider **(3)** spreken, alstublieft.
6 — Met Jacobs, van de firma Dewaele en Zonen.
7 Kan ik de heer De Vos spreken **(4)** ?
8 — Het spijt me, meneer, maar meneer De Vos is afwezig **(5)**.
9 — Wanneer is hij op kantoor ?
10 — Ik kan het moeilijk **(6)** zeggen, maar zeker niet vóór twaalf uur.
11 — En vanmiddag **(7)** ?
12 — Ik weet niet of **(N4)** hij vrij is :
13 hij heeft een afspraak om drie uur en één om vier uur.

(wordt vervolgd)

UITSPRAAK
2 d: AYr
3 yaakops ... d:vwaal: en zoon:n
5 luid:r
8 h:t speit m: ... afvwAYz:HG
10 moeiEl:k ˆsegg:n ... niEt ˆfoor tvwaalf uur
12 of ˆei fvrei is

OEFENINGEN
A. Vertaal:

1. Hij is al een week afwezig. — 2. Ik weet niet waar ze naartoe gaan. — 3. Vanavond ben ik niet vrij, ik kan niet naar de bioscoop gaan. — 4. Wilt u een afspraak maken ? — 5. Het is een grote eer voor mij. — 6. Het spijt me dat het zo duur is. — 7. Hij blijft zeker twee maanden weg. — 8. Ik kan u moeilijk horen, u spreekt niet luid genoeg.

2 — Yes, with whom am I speaking (have I the honour)?
3 — This (here) is Jacobs, of the firm Dewaele and Sons.
4 — Excuse me, sir, but I hear you poorly (badly).
5   Will you speak somewhat louder, please?
6 — [You're speaking] with Jacobs, of the firm Dewaele and Sons.
7   Can I speak [with] Mr. De Vos?
8 — I'm sorry, sir, but Mr. De Vos is not here.
9 — When is he in the office?
10 — That's difficult for me to say, but certainly not before twelve o'clock.
11 — And this afternoon?
12 — I don't know if he's free:
13   he has an appointment at three o'clock and one at four o'clock.

(to be continued)

OPMERKINGEN
(2) *Zoon* (son) has two plural forms: *zonen* and *zoons*. *Zoons* sounds less formal than *zonen*.
(3) One can also say *harder spreken*.
(4) Notice the omission of the preposition in this construction.
(5) *Afwezig*: absent, not here. *Aanwezig*: present, here.
(6) Remember that the adjective and adverb usually have the same form in Dutch. *Natuurlijk*: natural or naturally. *Zwaar*: heavy or heavily.
(7) *Vanmorgen*: this morning; *vanavond*: this evening; *vannacht*: tonight. *Vandaag* (today) is formed the same way, but the **a** is lengthened.

OPLOSSING A:
1. He has been absent a week already. — **2.** I don't know where they are going. — **3.** This evening I'm not free, I can't go to the cinema. — **4.** Do you want to make an appointment? — **5.** It's a great honour for me. — **6.** I'm sorry that it's so expensive. — **7.** He will certainly be away for two months. — **8.** It's difficult for me to hear you, you're not speaking loudly enough.

24ste LES

B. Vul de ontbrekende woorden in:

1 *It's a pleasant evening, but it's lasting a bit long.*

Het is een .... avond, maar hij ..... een beetje .... .

2 *I don't know if anyone is at the office.*

Ik weet niet .. er ...... op .... is.

3 *I'm sorry that that employes is absent to often.*

Het ..... me dat die .... zo dikwijls .... is.

4 *Do you have an appointment? – Yes, at half past two.*

Heeft u een .... ? – Ja, om ....

5 *Can I find that somewhere in the vicinity?*

Kan ik dat ...... in de ..... vinden ?

****

VIJFENTWINTIGSTE (25ste) LES.

Aan de telefoon (vervolg)

1 — Kan de secretaresse mij niet ontvangen ?

UITSPRAAK
1 sek/r:ta/re/s: ... ontfang:n

achtennegentig 98

OPLOSSING B:

1 prettige - duurt - lang. — **2** of - iemand - kantoor. — **3** spijt - bediende - afwezig. — **4** afspraak - half drie. — **5** ergens - buurt.

ZINSBOUW

Het spijt me dat	de directeur	afwezig	is
't Is jammer dat	die bediende [1]	niet op kantoor	
Denkt u dat	de secretaris	niet vrij	
Weet u of	uw vriend	nu met vakantie	**(64)**

*[1] *Bediende* has different meanings in various contexts: servant, waiter, employee, clerk, assistant. Basically, it means 'one who serves'.

****

TWENTY-FIFTH LESSON

On the Telephone (continuation)

1 — Can't the secretary receive me?

99 negenennegentig

2 — Ze is altijd bij de directeur als **(1)** hij bezoekers **(2)** ontvangt.
3 — En bent u misschien niet vrij, juffrouw ?
4 — Ik moet de telefoon bedienen **(3)**, meneer.
5 — Ik bedoel **(4)** vanavond.
6 Ik ben alleen in de stad, we kunnen samen dineren **(5)**.
7 Ik ken een goed restaurant hier in de buurt.
8 — Spot u met mij ?
9 — Helemaal niet. U heeft een heel mooie stem,
10 u bent zeker een aardig **(6)** meisje !
11 — Maar ook een ernstig meisje, meneer.
12 En bovendien ben ik verloofd **(7)**.
13 Dank u wel voor uw uitnodiging **(8)**, en tot ziens, meneer.

UITSPRAAK
2 **a**lteid bei d: ... als ˆei
3 ni**E**t ˆfrei
5 b:d**oe**l
6 s**aa**m:n di**E**n**AY**r:n
10 bent ˆs**AY**k:r :n **aa**r/d:HG
11 **e**rn/st:HG
12 b**oo**v:n/d**IE**n ben ˆik ˆf:rl**oo**ft
13 **ui**tn**oo**d:hging ... tot ˆs**iE**ns

2 — She's always with the director when he receives visitors.
3 — And do you happen to be free, Miss (are you maybe not free)?
4 — I must attend to the telephone, sir.
5 — I mean this evening.
6   I'm alone in the city; we could have dinner together.
7   I know a good restaurant here in the vicinity.
8 — Are you making fun of me?
9 — Not at all. You have a very beautiful voice,
10 you're certainly a nice girl.
11 — But also a serious girl, sir.
12 And moreover, I'm engaged.
13 Thank you for your invitation and goodbye, sir.

OPMERKINGEN
(1) Various Dutch words are translated as 'when'. Here *als* means 'when' (whenever). *Hij is later thuis, als hij met de bus terugkomt*: He is later [getting] home when (whenever) he comes back on the bus. For 'when' as a future or indefinite time designation, *wanneer* is used. *Wanneer komt hij?*: When (at what time) is he coming? *Weet u wanneer hij op kantoor is?*: Do you know when he is at the office?
(2) A designation for someone doing something can usually be formed by adding **-er** to the verb root. *Bezoeken, bezoeker*: visitor. *Roken, roker*: smoker. *Verkopen, verkoper*: salesman. *Lezen, lezer*: reader. *Spreken, spreker*: speaker. The plural is formed by adding **-s**. *Rokers*: smokers.
(3) *Bedienen* means 'to provide service to'. *Mag ik u bedienen?*: May I help you? May I serve you? When *bedienen* is used with equipment or machines it means: 'attend to, take care of, or operate'.
(4) *Betekenen*: mean, signify. *Bedoelen*: mean, refer to. *Wat betekent dat woord?*: What does that word mean (signify)? *Wie bedoelt u?*: To whom do you refer? *Welk boek bedoelt u?*: Which book do you mean?
(5) *Het diner* [diEn**AY**]: formal dinner.
(6) *Aardig*: nice, pleasant. *Een aardige jongen*: a nice boy; *een aardig hondje*: a nice doggy.
(7) *De verloofde*: fiancé, fiancée
(8) Many nouns of action are formed by adding **-ing** to the verb root. *Uitnodigen, een uitnodiging*: an invitation. *Wandelen, een wandeling*: a walk. *De* is always used with such words (they are never neuter).

Neuter nouns: *het vervolg, het diner*.

25ste **LES**

OEFENINGEN
A. Vertaal:

1. De directeur van de firma ontvangt de bezoekers. —
2. Ze is pas zeventien (jaar) en ze is al verloofd. — 3.
Voor haar verjaardag nodigt ze haar vriendinnen uit. —
4. Dat is helemaal niet aardig van u. — 5. Het spijt me
dat hij altijd met de anderen spot. — 6. Niemand begrijpt
wat hij bedoelt. — 7. Vindt u dat niet aardig ? — 8.
We dineren altijd samen als wij naar de schouwburg
gaan.

B. Vul de ontbrekende woorden in:

1 *I thank you for your invitation, but I'm not free.*

 Ik dank u .... uw .... , maar ik ben niet

 .... .

2 *Serve yourself, you must be hungry.*

 ...... u, u .... honger ....

3 *When the director is absent, the secretary doesn't have much work.*

 ... de directeur .... is, heeft de ....

 niet veel werk.

4 *He already has debts and furthermore he is no longer working.*

 Hij heeft al .... en .... werkt hij niet

 .... .

∗∗

honderd en twee **102**

OPLOSSING A:
1. The director of the firm receives the visitors. — 2. She's just seventeen and she's already engaged. — 3. For her birthday she's inviting her girl friends. — 4. That's not at all nice of you. — 5. I'm sorry that he always makes fun of the others. — 6. No one understands what he means. — 7. Don't you think that's nice? — 8. We always have dinner together when we go to the theatre.

5 *Do you hear that voice? Someone is calling you.*

..... u die .... ? Iemand ..... u.

OPLOSSING B:

1 voor - uitnodiging - vrij. — 2 Bedien - moet - hebben. — 3 Als - afwezig - secretaresse. — 4 schulden - bovendien - meer. — 5 Hoort - stem - roept.

ZINSBOUW

Vanavond	moet	ik		klanten	ontvangen
Deze week		de directeur		veel mensen	helpen
Soms		vader		bezoekers	uitnodigen
Vandaag				iemand	
Dikwijls					(180)

These exercises on sentence structure are extremely important. Never neglect them. Also review the exercises in former lessons regularly. Little by little, you will become better at forming sentences correctly.

★★★★★★★★★★★★★★★★★★★★★★★★★★★★★★★★★★★★★

25ste LES

ZESENTWINTIGSTE (26ste) LES.

Even herhalen

1 In de vorige **(1)** lessen hebben wij al veel **w**oorden en **ui**tdrukkingen geleerd.
2 U onthoudt ze natuurlijk niet allem**aa**l **(2)** onmiddellijk ;
3 Daarom m**oe**ten we ze zo dikwijls mogelijk herhalen.
4 Herinnert u zich **(3)** nog wat de volgende **(4)** zinnen betekenen ? Probeer ze maar eens te vertalen.
5 Wat een **aa**rdig meisje ! Jammer dat ze verl**oo**fd is !
6 Als het weer mooi blijft, ga ik **(N5)** vanavond wandelen.
7 Ik vind het niet prettig dat u altijd zoveel tijd verliest **(5)**.
8 Hij is meestal uit zijn hum**eu**r als hij talrijke bezoekers moet ontvangen **(6)**.

UITSPRAAK
1 fv**oo**r/:/hg:
2 all:m**aa**l onmidd:l:k
3 moohg:l:k herh**aa**l:n
4 fvol/hg:n/d: ... b:t**AY**k:n:n ... v:rt**aa**l:n
5 dat ˆse v:rl**oo**ft ˆis
7 **a**lteit ˆsoov**AY**I teit ˆf:rl**iE**st
8 talreik/:

TWENTY-SIXTH LESSON

Let's Review a Little

1   In the former lessons we have already learned many words and expressions.
2   Of course you don't remember all of them right off.
3   That's why we must repeat them as often as possible.
4   Do you still remember what the following sentences mean? Just try to translate them once.
5   What a nice girl! Too bad that she's engaged!
6   If the weather stays nice, I'm going for a walk this evening.
7   I don't like it (find it nice) that you always lose so much time.
8   He's usually in a bad mood if he has to receive a large number of visitors.

OPMERKINGEN
(1) *Vorige week*: last week; *vorige maand*: last month; *vorig jaar*: last year.
(2) *Allemaal* means 'all' emphatically. It enforces the subject but is never used as a subject. *Die mensen zijn allemaal weg*: Those people have all left. *Mijn boeken zijn allemaal weg*: My books are all missing.
(3) Actually, *zich* is the reflexive pronoun for the third person, but it is also used instead of *u* in the second person. Surely you are mistaken: *U vergist u zeker / U vergist zich zeker*.
(4) *Volgende week*: next week; *volgende maand*: next month; *volgend jaar*: next year.
(5) *Hij verspilt veel tijd*: He wastes much time.
(6) In a subordinate clause an auxiliary verb (*kunnen, moeten, willen, mogen*) comes before an infinitive at the very end of the clause. *Ik denk dat ze niets wil vertellen*: I think she doesn't want to say (tell) anything. (In English 'that' is often assumed and omitted at the beginning of a subordinate clause. It must always be included in Dutch).

9 Niemand weet precies of ze nog lang met vakantie blijven.
10 U loopt rechtdoor tot aan het kruispunt en aan uw linkerhand (7) ziet u die winkel vlak vóór u.
11 Het is bijna niet te geloven dat die taal zo eenvoudig is.
12 Spreek luid en langzaam, dan begrijpen de mensen u gemakkelijker.
13 Als we nu beginnen, dan (8) zijn wij nog vóór half negen klaar.
14 Natuurlijk verstaat u alles zonder het minste probleem. U ziet wel dat u vorderingen maakt, en zeker vlugger dan u dacht.
15 Hoe is dat te verklaren ? Eenvoudig maar omdat u een goede methode heeft en die goed gebruikt !!

UITSPRAAK
9 of ˆs: ... met ˆfakansiE
11 AYnvoud:HG
12 luit en langsaam
13 noHGˆfoor
14 all:sˆsond:r :t min/st:
15 hgoet ˆHG:bruikt

OEFENINGEN
A. Vertaal:

1. Als u een goede methode gebruikt, dan maakt u vlugge vorderingen. — 2. Ze probeert ons haar problemen te verklaren. — 3. De bank staat aan uw rechterhand. — 4. Die tekst is helemaal niet eenvoudig. — 5. We hebben veel tijd nodig om die te vertalen. — 6. Ik kan mij niet meer herinneren wat ze nu willen hebben. — 7. Het is niet mogelijk die uitdrukkingen te onthouden. — 8. Ze gaat volgende maand met vakantie.

9 No one knows for sure if they'll be on holiday for a long time yet.
10 You walk straight ahead as far as the intersection and on your left you'll see that shop right in front of you.
11 It's almost unbelievable that that language is so simple.
12 Speak loudly and slowly, then people will understand you more easily.
13 If we start now, (then) we'll still be finished before half past eight.
14 Naturally, you can understand everything without the slightest problem. You certainly can see that you're making progress, and no doubt faster than you thought.
15 How's that to be explained? [It's] simply because you have a good method and are making good use of it!

OPMERKINGEN
(7) My right hand: *mijn rechterhand*.
(8) If a sentence begins with a subordinate clause introduced by *als*, the subsequent main clause usually begins with *dan*. *Als ze het vraagt, dan helpen we haar*: If she requests it, (then) we'll help her.

Neuter noun: *het woord*.

OPLOSSING A:
1. If you use a good method, you make fast progress. — **2.** She's trying to explain her problems to us. — **3.** The bank is to your right. — **4.** That text is not simple at all. — **5.** We need a lot of time to translate it. — **6.** I can no longer recall what they now want to have. — **7.** It's not possible to remember those expressions. — **8.** Next month she's going on holiday.

B. Vul de ontbrekende woorden in:

1 *It's not possible to state (tell) that simply.*

Het is niet . . . . dat . . . . te vertellen.

2 *Last month he sold his old car.*

. . . . . . maand heeft hij zijn oude wagen . . . .

3 *How do you translate that expression? I never remember it.*

Hoe . . . . u die . . . . ? Ik . . . .

die nooit.

4 *I've known him for a long time, but I can't remember his name.*

Ik ken hem . . . . . . , maar ik kan . . zijn naam

niet . . . .

****

ZEVENENTWINTIGSTE (27ste) LES.

Weer eens lachen

Waarom trouwen ?
1   Een Schot **(1)** wil met een beroemde jonge actrice trouwen.

UITSPRAAK
1 sHGot ... b:roem/d: aktri**E**/s: trouw:n

5 *That work takes a long time, we must therefore begin immediately.*

Dat werk ..... lang, ... moeten wij .... beginnen.

OPLOSSING B:

1 mogelijk - eenvoudig. — **2** Vorige - verkocht. — **3** vertaalt - uitdrukking - onthoud. — **4** al lang - me - herinneren. — **5** duurt - daarom - onmiddellijk.

ZINSBOUW

(120)

TWENTY-SEVENTH LESSON

Let's Laugh Again

Why marry?
1   A Scot wants to marry a famous young actrice.

OPMERKING
(1) Names of the citizens of various countries: *een Fransman* (a Frenchman), *een Nederlander* (a Dutchman), *een Engelsman* (an Englishman), *een Belg* (a Belgian), *een Duitser* (a German), *een Italiaan* (an Italian), *een Spanjaard* (a Spaniard).

27ˢᵗᵉ **LES**

109 honderd en negen

2   Hij is met zijn moeder over het meisje aan het **(2)** spreken.
3 — Kan ze koken en kleren **(3)** repareren en het huishouden doen ? vraagt de moeder.
4 — Nee, zegt Jack.
5 — Wat kan ze dan wèl ?
6 — O, moeder, ze zingt prachtig.
7 — Zingen, waaraan **(4)** denk je ? Waarom koop je dan geen kanarievogel ? **(5)**.

Een ogenblikje maar
8   Mevrouw wil zich door meneer laten **(6)** helpen.
9 — Ik hoop dat je vandaag de hele dag vrij bent, zegt ze.
10   Je zou **(7)** me even moeten helpen. Een ogenblikje maar !

Hij kent zichzelf
11   Snap toont zijn fabriek aan zijn vriend Snip.

HIJ PROBEERT ZIJN WAGEN ZELF TE HERSTELLEN

UITSPRAAK
3 rAYpaa/r**AY**r:n
7 kan**aa**riE
9 hoob ˆ dat ... bent ˆseHGt ˆs:
10 **oo**hg:nblik/y:
kent ˆsiHGself
11 toont ˆs:n

2 He's talking with his mother about the girl.
3 — Can she cook and mend clothes and keep house? asks his (the) mother.
4 — No, says Jack.
5 — What can she do then?
6 — Oh, mother, she sings beautifully.
7 — Sings, what are you thinking about? Why don't you buy a canary then?

Only for a moment
8 A lady wants to be helped by her husband (gentleman).
9 — I hope you're free the whole day today, she says.
10 You need to help me a little. Only for a moment!

He knows himself
11 Snap is showing his factory to his friend Snip.

OPMERKINGEN
(2) *Aan het* followed by an infinitive expresses an action in progress. *Ze zijn weer aan het drinken*: They're [busy] drinking again. *Hij is aan het eten*: He's [busy] eating.
(3) The singular form of this word has a different meaning (See Lesson 28, Comment 2).
(4) *Wat* is never used after a preposition. Instead *waar* is combined with the preposition to form one word. *Waarover spreken ze?*: What are they speaking about? *Waarin staat dat?*: Where (in what) is that found? *Waarop wacht ze?*: What is she waiting for? *Waarmee komt hij?*: What is he coming with? (*Met* changes to *mee*).
(5) *De vogel*: the bird. *De kanarie*: the canary.
(6) *Laten* means 'let' or 'have' (causative). *Laten we gaan*: Let's go. *Laat de dokter komen*: Have the doctor come. *Ze laat een nieuwe hoed maken*: She is having a new hat made. *Hij laat weten dat hij niet kan komen*: He has let [us] know that he can't come.
(7) *Zou* with an infinitive indicates uncertainty. *Hij zou het doen*: He was to do it. *Ze zouden het moeten weten*: They should know it. *Zou u mij willen helpen?*: Would you please help me? In this case, it merely expresses a polite request.

12 — Kijk, daar staat mijn nieuwe rekenmachine.
13 Die is zo eenvoudig dat zelfs (8) de grootste idioot ze kan gebruiken.
14 — Echt waar ? Laat mij het dan ook eens proberen.

UITSPRAAK
12 rAYk:n/mashiE/n:
13 is˘soo ... dat˘selfs ... idiEoot

OEFENINGEN
A. Vertaal:

1. Het is niet altijd eenvoudig een rekenmachine te gebruiken. — 2. Ze zingt de hele tijd. — 3. Het is al laat, maar ik hoop dat u nog een ogenblik kan wachten. — 4. Zelfs als het weer slecht is, gaat ze wandelen. — 5. Zijn vrouw kookt niet goed, daarom gaan ze zo dikwijls naar een restaurant. — 6. Hij probeert zijn wagen zelf te repareren. — 7. Waarmee doet u dat ? — 8. Af en toe heeft ze een prachtig idee.

B. Vul de ontbrekende woorden in:

1 *That actress has already been famous for years.*

   Die actrice is ..   jaren ....

2 *What are they talking about? I haven't the slightest idea about it.*

   .... spreken ze ? Ik heb er niet het ...... idee

   ... .

3 *Another moment and I'll be ready.*

   Nog een .... en ik ben ..... .

12 — Look, there's my new calculating machine.
13   It's so simple that even the biggest idiot can use it.
14 — Really (true)? Then let me try it once too.

OPMERKING
(8) Distinguish between the pronoun *zelf* (myself, himself, etc.) and the adverb *zelfs* (even). *Ik zou dat werk zelf kunnen doen*: I could do that work myself. *Dat wordt door de directeur zelf gedaan*: That is done by the director himself. *Hij werkt altijd, zelfs als hij ziek is*: He works all the time, even when he's ill.

Neuter nouns: *het kleed, het ogenblik*.

OPLOSSING A:
1. It isn't always easy (simple) to use a calculating machine. — **2.** She sings the whole time. — **3.** It's already late, but I hope you can still wait a moment. — **4.** Even when the weather is bad, she goes for a walk. — **5.** His wife doesn't cook well, that's why they go to a restaurant so often. — **6.** He's trying to repair his car himself. — **7.** With what are you doing that? — **8.** Now and then she has a splendid idea.

CROSS-REFERENCES
*If during your review of previous lessons you have difficulty understanding the exact meaning of a word or sentence, you can **cross-reference** it. Underline the portion in question so you can find it easily. Then write the page number in the margin of a lesson to be studied later on. When you reach that lesson, return to the former passage. Then you will probably be able to understand it easily.*

4 *It isn't always easy to mend clothes well.*

Het is niet . . . . . . gemakkelijk . . . . . . goed te

. . . .

27ste LES

5 *I would gladly pay, but I have no money with me.*

Ik ... graag .... , maar ik heb .... geld ... mij.

★★★★★★★★★★★★★★★★★★★★★★★★★★★★★★★★★★★★★★

ACHTENTWINTIGSTE (28ste) LES.

Herhaling en opmerkingen

1. — Demonstrative Adjectives — *Deze* (*dit* with neuter singular nouns) points to things close to the speaker; *die* (*dat* with neuter singular nouns) points to things at some distance from the speaker.

de jongen   het huis
deze jongen (this boy)   dit huis (this house)
die jongen (that boy)   dat huis (that house)

Die and *dat* are also used in a general sense without indication of distance from the speaker. Here, they are sometimes translated as 'it', 'he', 'she' or 'they'.

2. — Plural — In certain nouns the short vowel of the singular becomes long in the plural. Sometimes it even changes to another vowel:

de dag [daHG], *de dagen* [daahg:n]
het glas [hglas], *de glazen* [de hgl**aa**z:n]
de oorlog [**oo**rloHG], *de oorlogen* [**oo**rloohg:n]
de weg [vweHG], *de wegen* [vw**AY**hg:n]
de stad [stat], *de steden* [st**AY**d:n].

Remember that the plural of *het kind* is *de kinderen*. Sometimes the plural form of a word has a different meaning than the singular form. Some words have different plural forms depending on the meaning.

The plural of *het kleed* (rug or carpet) is *kleden*. *Het kleed* (singular) can also mean 'dress'.

But *kleren* (a contraction of *klederen*), the other plural form of this word, means 'clothes'. For this meaning there is no singular form; one must say *een kledingstuk* (a piece of clothing).

En (and) is not used between *honderd* and numers larger than twelve.

OPLOSSING B:

1 al - beroemd. — **2** Waarover - minste - van. — **3** ogenblikje - klaar. — **4** altijd - kleren - repareren. — **5** zou - betalen - geen - bij.

★★★★★★★★★★★★★★★★★★★★★★★★★★★★★★★★★★★★★★★

TWENTY-EIGHTH LESSON

Notice these irregular plural forms: *de Fransman, de Fransen; de Engelsman, de Engelsen*. The plural of *de zee* is *de zeeën* [z**AY**:n], a perfectly normal plural except that two dots above the third **e** show where the new syllable begins.

3. — Wat — This word can have different meanings.

(a) What. *Wat wenst u?*: What do you want? *Weet u wat dat woord betekent?*: Do you know what that word means?

(b) Some. *Heeft u nog wat tijd?*: Do you still have some time?

Wat may not be preceded by a preposition. Instead, a word is used consisting of *waar* plus the preposition. *Waaraan denkt u?*: What are you thinking about? *Waarover spreekt ze?*: What is she talking about? *Waarmee komt hij?*: What is he coming with?

4. — Of/Als — *Of* usually means 'or' but can also be used for 'if' in the sense of 'whether'. *Ik weet niet of hij veel vrije tijd heeft*: I don't know if (whether) he has much free time. *Hij vraagt of ze ook komt*: He asks if (whether) she also is coming. For 'if' (stating a condition) *als* is used. *Hij ontvangt u onmiddellijk, als hij vrij is*: He'll see you immediately if he's free. *Als het weer mooi blijft, gaan we morgen wandelen*: If the weather stays nice, we're going for a walk tomorrow.

28ste LES

5. — Inversion — When a sentence starts with an object — which is often done for emphasis — the subject follows the verb. *Nederlands leer ik graag*: I like to learn Dutch. In a sentence which begins with a subordinate clause, the verb comes before the subject in the main clause. A comma separates the verb at the close of the subordinate clause from the verb which starts the main clause. *Als het weer mooi is, gaan we wandelen*: When the weather is nice, we go for a walk. *Omdat u veel werkt, maakt u vlugge vorderingen*: Because you work a lot, you are making fast progress.

6. Uitdrukkingen. — 1 *Ik heb die papieren niet bij mij.* — 2 *We hebben meer tijd nodig.* — 3 *Er is niets meer te drinken.* — 4 *Zijn ze nog met vakantie ?* — 5 *Er is bijna niemand aan zee.* — 6 *Waar gaan die mensen naartoe ?* — 7 *Ik blijf maar veertien dagen.* — 8 *Het is erg druk in de stad.* — 9 *Met wie heb ik de eer ?* — 10 *Moet ik een afspraak maken ?* — 11 *Volgende week ben ik niet vrij.* — 12 *Ik herinner mij niets meer.* — 13

****

NEGENENTWINTIGSTE (29ste) LES.

Klanten voor meneer

1 — Goedemiddag, mevrouw ;
2 we zijn klanten **(1)** van meneer Vervaecke
3 en we hebben een afspraak met hem om half vijf.
4 — Het spijt me, maar mijn man is nog niet **(N1)** terug :

UITSPRAAK
2 v:rfv**aa**/k:
3 vw: hebb:n^:n ... om^ half ^feif
4 noHG niEt ^t:r**u**HG

Hoe is dat te verklaren ? — 14 Ze zijn weer aan het spelen.

7. — Vertaling — 1 I don't have those papers with me. — **2** We need more time. — **3** There's nothing more to drink. — **4** Are they still on holiday? — **5** There is almost no one at the sea. — **6** Where are those people going? — **7** I'm only staying fourteen days. — **8** It's very busy in the city. — **9** With whom am I speaking (do I have the honour)? — **10** Do I need to make an appointment? — **11** Next week I'm not free. — **12** I no longer recall anything. — **13** How can that be explained? — **14** They're busy playing again.

8. — Pronunciation — Remember that the table of phonetic symbols is found on page X.

Go over the expressions in the various review lessons as often as you can.

****

TWENTY-NINTH LESSON

Customers for the Gentleman

1 — Good afternoon, madam;
2 we are customers of Mr. Vervaecke
3 and we have an appointment with him at half past four.
4 — I'm sorry, but my husband is still not back:

OPMERKING
(1) *Klant* is 'customer'. *Cliënt* [kliE/ent] means 'client'.

5 hij is op een vergadering (2) in de stad.
6 — Weet u hoe laat hij thuis (3) komt ?
7 — Ik heb er geen precies idee van (4),
8 maar hij blijft zeker niet lang meer (5) weg.
9 — Mogen we dan op hem wachten ?
10 — Natuurlijk ! Komt u maar binnen (6).
11 — Storen we niet ?
12 — Helemaal niet.
13 U kan me zelfs een handje (7) helpen : ik ben aan het afwassen.

UITSPRAAK
5 v:rhgaa/d:r/ing
7 pr:siEsˆiEdAY
8 bleift ˆsAYk:r
10 natuurl:k
13 :n hant/y: help:n ... aanˆ:t ˆafwass:n

OEFENINGEN
A. Vertaal:

1. Hij is al een week afwezig, maar niemand weet of hij ziek is. — 2. Ik vind dat die vergadering helemaal niet interessant is, ze duurt veel te lang. — 3. Ik wil je nu niet storen, het zou niet vriendelijk zijn. — 4. Als iedereen een handje helpt, dan zijn we heel vlug klaar met dat werk. — 5. Ik hoor aan de deur bellen ; ga eens zien wie het kan zijn. — 6. Ik heb er geen idee van of dat produkt nog op de markt is. — 7. U vergist zich als u denkt dat het in de buurt is.

5   he's at a meeting in the city.
 6 — Do you know what time he'll be coming home?
 7 — I don't have an exact idea (about it),
 8   but he certainly won't be away much longer.
 9 — May we wait for him then?
10 — Naturally! Come inside.
11 — We aren't interrupting?
12 — Not at all.
13   You can even help me a little: I'm washing dishes.

OPMERKINGEN
(2) *Hij is op een vergadering*: He's at a meeting. *Hij gaat naar een vergadering*: He's going to a meeting.
(3) *Ze is thuis*: She's home. *Ze gaan naar huis*: They're going home. *Hij komt thuis*: He's coming home.
(4) The demonstrative pronoun *dat* (like the pronoun *het*) is never used after a preposition but is replaced by *er* plus the preposition (see Lesson 21, Comment 5). Remember that *er* comes right after the verb and the preposition comes at the end of the clause.
(5) When *niet meer* is used with an adverb, *niet* comes before the adverb and *meer* follows it. *Ik zie haar niet dikwijls meer*: I don't see her often anymore. *Dat is niet mogelijk meer*: That's no longer possible.
(6) *Ze komt het huis binnen*: She comes inside the house. *Buiten*: outside.
(7) *Hand* occurs in many expressions. *Ik heb dat niet bij de hand*: I don't have that close at hand. *Ik laat u de vrije hand*: I'm letting you [have] a free hand. *Ze lopen hand in hand*: They're walking hand in hand. *Het ligt voor de hand*: It's obvious.

OPLOSSING A:
1. He has already been absent a week, but no one knows if he is ill. — 2. I find that that meeting is not at all interesting, it is lasting much too long. — 3. I don't want to disturb you now, it wouldn't be friendly. — 4. If everyone helps a little (hand), we'll be finished with that work very quickly. — 5. I hear [someone] ringing at the door; go see who it might be. — 6. I have no idea whether that product is still on the market. — 7. You're mistaken if you think that it's in the vicinity.

B. Vul de ontbrekende woorden in:

1 *For weeks [now], she always comes home late.*

..... weken .... ze altijd laat ..... .

2 *He definitely has problems, but he doesn't like to talk about them.*

Hij heeft ..... problemen, maar hij spreekt .. niet graag .... .

3 *I don't know if he's going to the meeting this evening.*

Ik weet niet .. hij .... naar de .... gaat.

4 *If you wish, I can give you a hand.*

... u het ..... , kan ik u een handje ....

****

DERTIGSTE (30ste) LES.

Het vertrek

1 — Hoe laat is het nu ?
2 — Vijf over half vier (1).

UITSPRAAK
:t ˆf:rtrek
 2 fveif oov:r half ˆfiEr

5 *Come as quickly as possible, I have something for you.*

Kom .. vlug .... , ik heb .... voor u.

OPLOSSING B:

1 Sinds - komt - thuis. — **2** zeker - er - over. — **3** of - vanavond - vergadering. — **4** Als - wenst - helpen. — **5** zo - mogelijk - iets.

ZINSBOUW

Hij spreekt	er	nu	graag	over
Ze vertelt		nooit	lang	
		altijd	veel	
		zeker	meer	
		misschien	een beetje	
		soms		
		dikwijls		(70)

*****

Don't be surprised if certain expressions are repeated from time to time. This repetition is intentional and will help you learn important aspects of Dutch sentence-structure.

THIRTIETH LESSON

The Departure

1 — What time is it now?
2 — Three thirty-five (five past half-past three).

OPMERKING
(1) This unusual time designation may be used from ten minutes before until ten minutes after **the half hour.** It's five twenty-seven: *Het is drie voor half zes*. It's eight thirty-two: *Het is twee over half negen.*

3 — O ! dan moet ik dadelijk weg **(2)**.
4 — Waar**om** ga je zo vr**oeg** ? Je hebt nog tijd gen**oeg** (3).
5 — Nee, mijn trein vertrekt om kwart **over** vier
6   en ik moet meer dan een kwartier **(4)** lopen.
7 — Je k**aa**rtje heb je toch !
8 — Ja, maar het is altijd druk
9   en ik wil een g**oe**de plaats hebben.
10 — Er is een **a**ndere trein om tien v**òò**r zes **(N2)**.
11 — Ik weet het, maar ik heb een **a**fspraak met mijn vriendin
12   en ze wacht niet graag **(5)**.
13 — Ik ga met je m**ee** **(6)** tot aan het stati**o**n.
14 — Het is heel vriendelijk van jou.
15 — Zo kunnen we nog een beetje samen praten **(7)**.

UITSPRAAK
3 d**aa**d:l:k vweHG
4 teit ˆHG:**noe**HG
6 kvwarti**E**r l**oo**p:n
7 k**aa**rt/y:
8 **a**lteidˆdruk
9 :n hg**oe**d: pl**aa**ts
   Informally one often hears: [hg**oe**/i**E**/:].
11 'kˆvw**AY**tˆ:t
   The **i** is often barely audible when *ik* is the first word of a sentence.
12 ni**E**t ˆHGr**aa**HG

3 — Oh! Then I must leave right away.
4 — Why are you going so early? You still have plenty of time (time enough).
5 — No, my train leavens at a quarter past four
6 and I must walk more than a quarter of an hour.
7 — You do have your ticket.
8 — Yes, but it is always crowded
9 and I want to get (have) a good place.
10 — There's another train at ten to six.
11 — I know, but I have a date with my girl friend
12 and she doesn't like to wait.
13 — I'll go with you as far as the station.
14 — That's very friendly of you.
15 — That way we can talk together a little more.

OPMERKINGEN
(2) *Weg* is used here for *weggaan*. *Terug* is used for *terugkomen* or *teruggaan*. *Moet u al terug?*: Must you [go] back already? *Terug!*: [Come] back!
(3) *Ik heb genoeg*: I have enough. When used with a noun *genoeg* comes after the noun. *Heeft u plaats genoeg?*: Do you have enough room? *Er is eten genoeg*: There is enough food.
(4) Don't confuse *kwart* and *kwartier*. *Het is kwart over twee*: It's a quarter past two. *We moeten een kwartier wachten*: We must wait for a quarter of an hour. *Kwart* is used as a time designation. *Kwartier* is used for a period of time.
(5) *Houden van* is used with a noun or a pronoun to mean 'like'. *Ik hou niet van de zee*: I don't like the sea. *Ik hou van jou*: I like you. *Graag* is used with a verb. *Hij werkt niet graag*: He doesn't like to work. *Ik zing graag*: I like to sing.
(6) *Mee* (along) is the adverbial form of the preposition *met* (with). In Dutch, one usually uses both the preposition and the adverb. *Komt u met ons mee?*: Are you coming (along) with us? *Als ik vrij ben, ga ik met u mee*: If I'm free, I'll go (along) with you.
(7) *Praten* (to talk) is more informal than *spreken* (to speak). *Ze spreken over politiek*: They are speaking about politics. *Ze praten over het weer*: They're talking about the wheather.

Neuner nouns: *het vertrek, het kwartier, het kaartje, het eten, het weer*.

OEFENINGEN
A. Vertaal:

1. Waarover praten ze ? — Ik heb er niet het minste idee van. — 2. Ik vind het jammer dat ze altijd zo vroeg vertrekt. — 3. Stoort het u niet, als ik met u meega ? — 4. Op woensdag komt hij thuis om kwart over zes. — 5. Ze moet alleen afwassen, en ze doet dat niet graag. — 6. Er zijn te veel uitnodigingen, u kan niet naar alle vergaderingen gaan. — 7. Het is niet aardig je vriendin zo lang te laten wachten. — 8. Hij ontvangt de bezoekers om kwart over drie.

B. Vul de ontbrekende woorden in:

1 *My train leaves at a quarter past eight.*

   Mijn trein .... om .... acht.

2 *Usually she comes along with us.*

   .... komt ze ... ons ... .

3 *You are talking too much; think a little more about your work!*

   U ..... te veel ; denk ... . meer aan ..

   werk !

****

ÉÉNENDERTIGSTE (31ste) LES.

Een portret

1 — Wat ben je daar weer aan het doen ?

OPLOSSING A:

1. What are they thinking about? — I haven't the slightest idea. — **2.** I find it a pity that she always leaves so early. — **3.** It won't disturb you, if I go along with you? — **4.** On Wednesdays he comes home at a quarter past six. — **5.** She must wash [dishes] alone, and she doesn't like doing that. — **6.** There are too many invitations; you can't go to all [of the] meetings. — **7.** It isn't nice to let your girl friend wait so long. — **8.** He receives the visitors at a quarter past three.

4 *Now I must leave; I still have to buy my ticket.*

Nu moet ik ... ; ik moet nog mijn ....

5 *Our bus is at ten twenty-five.*

.... bus is om .... voor half ... .

OPLOSSING B:

1 vertrekt - kwart over. — **2** Meestal - met - mee. — **3** praat - een beetje - uw. — **4** weg - kaartje kopen. — **5** Onze - vijf - elf.

★★★★★★★★★★★★★★★★★★★★★★★★★★★★★★★★★★★★★★★

THIRTY-FIRST LESSON

A Portrait

1 — What are you doing [over] there now (again)?

31ste LES

2 — Je ziet wel dat ik teken **(1)**.
3 — En wat teken je **(2)** ?
4 — Het portret van mijn zuster.
5 — Waarom geef je haar zulke grote ogen ?
6 — Ze is altijd verbaasd **(3)** over alles.
7 — En waarom die lange oren **(4)** ?
8 — Ze leert niet bijzonder goed :
9   op school **(5)** is ze bij de laatsten **(6)**.
10 — En wat nog ? Een brede mond misschien ?
11   En ook een lange tong ?
12 — Dat is een prachtig idee : ze kan nooit zwijgen !
13 — Arm zustertje **(7)** !
14 — Nee, arme broer !

UITSPRAAK
2 ik t**AY**k:n
4 m:n zust:r
6 alteit ˆf:rb**aa**st ˆ**oo**v:r **a**ll:s
8 bi**E**zond:r
9 isˆs: ... l**aa**tst:n
11 lang/: tong
12 :n pr**a**HGt:HG i**E**d**AY** ... n**oo**iEt ˆsvw**ei**hg:n

2 — You can certainly see that I'm drawing.
3 — And what are you drawing?
4 — A (the) portrait of my sister.
5 — Why do you give her such large eyes?
6 — She's always astonished about everything.
7 — And why those long [donkey] ears?
8 — She doesn't learn particularly well:
9   at school she's among the slowest (last ones).
10 — And what else? A wide mouth maybe?
11   And also a long tongue?
12 — That's a splendid idea: she can never be quiet!
13 — Poor little sister!
14 — No, poor brother!

OPMERKINGEN
(1) This is the first person singular. The infinitive is *tekenen* [tAYk:n:n].
(2) Remember that the ending **-t** is omitted whenever the subject *je* follows the verb: *je tekent, teken je; je doet, doe je*.
(3) *Verbaasd* is the past participle of *verbazen* and is used here as an adjective. *Ze is een beetje verbaasd*: She is a little astonished. *Verbaast* (ending in **-t** rather than **-d**) is the present tense, second and third person singular. *Dat verbaast iedereen*: That amazes everyone. The spelling is different, but the pronunciation is the same. *De verbazing*: the astonishment.
(4) Remember the spelling rule for long vowels: open syllable, one letter; closed syllable, two letters. *Het oor, de oren; breed, een brede straat*.
(5) *De kinderen zijn op school*: The children are at school. *Ze gaat niet meer naar school*: She doesn't go to school anymore.
(6) When *laatste* is used as a pronoun, **-n** is added in the plural with reference to persons, but not with reference to animals or things. *Waar zijn die mensen? De laatsten zijn weg*: Where are those people? The last ones are gone. *Waar zijn die wafels? De laatste zijn weg*: Where are those waffles? The last ones are gone.
(7) To form the diminutive of nouns ending in **-r** one adds **-tje**. *De moeder, het moedertje*. Since *zustertje* is a neuter singular noun, used here without an article, no **-e** is added to *arm*.

Neuter nouns: *het portret, het oog, het oor*.

OEFENINGEN

A. Vertaal:

1. Het verbaast me dat hij afwezig is. — **2.** Ik houd niet bijzonder veel van de laatste portretten van Picasso. — **3.** Ik woon nu in een brede straat, maar ik vind die een beetje te druk, er is te veel lawaai. — **4.** Hij leert niet veel en bovendien praat hij de hele tijd met zijn buren. — **5.** In de vakantie tekent ze graag. — **6.** Mijn directeur nodigt mij uit : we dineren vanavond in een duur restaurant. — **7.** Tot onze grote verbazing zegt hij geen woord meer.

B. Vul de ontbrekende woorden in:

1 *Is it true that he is starting to get famous?*

Is het .... dat hij .... begint te worden ?

2 *If you'll wait a moment, I'll try to tell you everything.*

Als u een .... wil wachten, ... ik u

..... te vertellen.

3 *Her eyes are hurting.*

Ze heeft .... aan haar .... .

4 *It's normal that she has such success: she sings exceptionally well.*

Het is normaal dat ze .... succes heeft : ze .....

.... goed.

★★★★★★★★★★★★★★★★★★★★★★★★★★★★★★★★★★★★★★

OPLOSSING A:

1. It amazes me that he's absent. — **2.** I don't particularly like the last portraits of Picasso. — **3.** Now I live (dwell) on a wide street, but I find it a little too busy; there's too much noise. — **4.** He doesn't study much and besides that, he talks the whole time with his neighbours. — **5.** During the holiday [period] she likes to draw. — **6.** My director is inviting me; we are having dinner this evening in an expensive restaurant. — **7.** To our great amazement, he no longer says a word.

5 *Everything is new for him; that is why he's so amazed.*

..... is nieuw voor hem ; ...... is hij zo ....

OPLOSSING B:

1 waar - beroemd. — **2** ogenblik - probeer - alles. — **3** pijn - ogen. — **4** zo'n - zingt - bijzonder. — **5** Alles - daarom - verbaasd.

ZINSBOUW

Ik hoop	dat	ze	morgen		
Ik denk		iedereen	vanavond		
Ze zegt		u	zondag		
Ik weet					
		met ons	meekomt		
		met de groep	werkt		
			vertrekt		
			blijft		
			dineert	**(360)**	

You can already understand many Dutch sentences as you listen to the recordings, even without following in the book. Did you think this would be possible so soon? This should be encouraging, so keep listening to former lessons whenever you have the opportunity.

✳✳

31ste LES

TWEEËNDERTIGSTE (32ste) LES.

Een huis kopen

1 — Je schijnt zorgen te **(1)** hebben, jongen.
2 — Ja ! Sinds weken zit ik elke **(2)** avond te **(3)** rekenen
3   en 's nachts **(4)** slaap ik bijna niet meer.
4 — Wat is er aan de hand ?
5 — Mijn vrouw heeft een gek idee : ze wil een huis kopen of laten **(N3)** bouwen.
6 — Ik vind dat toch niet zo gek.
7 — Misschien niet ! Maar dat is ons veel te duur.
8 — Vertel mij niet dat je helemaal geen geld hebt !
9 — We bezitten maar zeshonderd **(5)** duizend frank **(6)** ;

UITSPRAAK
1 sHGeint ˆsorhg:n
2 elk: aav:nt ˆt: rAYk:n:n
4 isˆ:r
6 ikˆfindˆdat ... niEt ˆsoo
7 onsˆfAYl
8 niEdˆdat ... hgAYn hgelt
9 zeshond:rdˆduiz:nt

THIRTY-SECOND LESSON

Buying a House

1 — You seem to have worries, [old] boy.
2 — Yes! Each evening for weeks I'm busy calculating,
3   and at night I can hardly sleep anymore.
4 — What's wrong (at the hand)?
5 — My wife has a crazy idea: she wants to buy a house or have one built.
6 — I don't find that so crazy.
7 — Maybe not! But that's much too expensive for us.
8 — Don't tell me you have no money at all!
9 — We have (own) but six hundred thousand francs;

OPMERKINGEN
(1) The infinitive used with *schijnen* is always preceded by *te*. He doesn't seem to hear anything: *Hij schijnt niets te horen*. She seems to have much work: *Ze schijnt veel werk te hebben*.
(2) *Elke* becomes *elk* before a singular neuter noun: *elke dag* (each day); *elk jaar* (each year); *elk huis* (each house).
(3) When one is busy doing something, this is often expressed in Dutch with the words *zitten te, staan te,* or *liggen te,* depending on one's posture. *Hij zit te werken*: He's busy (sitting there) working. *Ze ligt te lezen*: She's busy (lying there) reading. *Ze staan te kijken*: They're busy (standing there) watching.
(4) At night: *'s avonds. 's Avonds kijk ik naar de televisie*: In the evening I watch television. *'s Morgens ben ik om 8 uur op kantoor*: In the morning I'm at the office at 8 o'clock. Notice that the word after *'s* is capitalized at the beginning of a sentence.
(5) Cardinal numbers expressing hundreds and thousands are written as one word. *Driehonderd*: three hundred; *twaalfduizend*: twelve thousand.
(6) Names of currencies remain singular when preceded by a cardinal number. *Twintig frank*: twenty francs; *vijftig pond*: fifty pounds.

32ste LES

10 dat is toch veel te weinig.
11 — Je kan een lening **(7)** vragen.
12 — Een lening ! Je vergeet dat dat ook heel wat geld kost.
13 — De rente van de leningen is nu wat verminderd.
14 — Het verschil is niet zo groot !
15 — Een procent **(8)** minder. Dat is de moeite waard.

(wordt vervolgd)

UITSPRAAK
10 toHG^fAYI
12 v:rhg**AY**d^dat ... hAYI vwat ^HGelt kost
13 vwat ^f:rmind:rt
14 h:t ^f:rsHGil ... niEt ^soo
15 proosent ... d: mo**ei**Et: vwaart

OEFENINGEN
A. Vertaal:

1. Als u contant koopt, kost het natuurlijk wat minder. — **2.** Sinds vanmorgen is de pijn wat verminderd. — **3.** Ik zou een grotere wagen kunnen kopen, maar dat is de moeite niet waard. — **4.** Ze schijnt heel verbaasd te zijn. — **5.** Hij maakt zich zorgen over zijn zoon. — **6.** Ik weet niet of het verschil echt zo groot is. — **7.** Het kost zeker minder een huis te kopen dan er een te laten bouwen. — **8.** Waarom spot u met hem ? Wat hij vertelt is toch niet zo gek.

B. Vul de ontbrekende woorden in:

1 *Don't forget that we have little money.*

.... niet dat we ...... geld ....

10 that's much too little for sure.
11 — You can request a loan.
12 — A loan! You forget that that also costs a whole lot of money.
13 — Interest on loans has now decreased somewhat.
14 — The difference is not so great!
15 — One percent less. That's worth the bother.

(to be continued)

OPMERKINGEN
(7) This noun is from the verb *lenen* which means to lend or to borrow. *Hij leent geld aan zijn vriend*: He lends money to his friend. *Ze lenen geld van de bank*: They borrow money from the bank.
(8) There are two words in Dutch for percent: *percent* and *procent*. Either could be used in this sentence.

*****

Neuter nouns: *het verschil, het percent, het procent.*

OPLOSSING A:
1. If you buy with cash, it naturally costs somewhat less. — **2.** Since this morning, the pain has decreased somewhat. — **3.** I could buy a larger car, but it isn't worth the bother. — **4.** She appears to be very astonished. — **5.** He is worried about his son. — **6.** I don't know if the difference is really so great. — **7.** It certainly costs less to buy a house than to have one built. — **8.** Why do you make fun of him? After all, what he's telling isn't so strange (crazy).

2 *No one knows what is wrong.*

. . . . weet wat er . . . de . . . . is.

32ste LES

3 *In the evening it's always busy in that street.*

.. .. is het altijd .... in die straat.

4 *It's worth the effort to request a loan.*

Het is de .... een ...... te vragen.

★★★★★★★★★★★★★★★★★★★★★★★★★★★★★★★★★★★★★★★

DRIEËNDERTIGSTE (33ste) LES.

Een huis kopen (vervolg)

1 — Je verdient goed je brood **(1)**, en bovendien werkt je vrouw ook.
2 — Het is een feit, maar ik heb twee miljoen nodig.
3   Hoeveel zou ik er per maand voor **(2)** moeten betalen ?
4 — Als ik mij niet vergis : ongeveer zeventien of achttienduizend frank.
5   Dat kan je toch gemakkelijk terugbetalen **(3)**.
6 — Ja zeker, maar dan moet ik het roken **(4)** laten.

UITSPRAAK
1 v:rdiEnt ˜HGoet
3 p:r maant ˜foor
4 als ˜ik m: niEt ˜f:rhgis

5 *Everything is going well. Why does he worry so much?*

. . . . . gaat goed. Waarom maakt hij . . . . zoveel

. . . . . . ?

OPLOSSING B:

1 Vergeet - weinig - bezitten. — **2** Niemand - aan - hand. — **3** 's Avonds - druk.— **4** moeite waard - lening. — **5** Alles - zich - zorgen.

★★

THIRTY-THIRD LESSON

Buying a House (continuation)

1 — You earn good money (your bread), and furthermore, your wife also works.
2 — That's a fact, but I need two million.
3 How much would I have to pay per month for that?
4 — If I'm not mistaken: about seventeen or eighteen thousand francs.
5 Surely you can repay that easily.
6 — Yes, certainly, but then I [would] have to give up smoking.

OPMERKINGEN
(1) White bread: *wit brood*; brown bread: *bruin brood*.
(2) When *er* is combined with a preposition, the latter usually comes at the end of the clause. When verbs come at the end of the clause, the preposition preceeds them. *U moet er meer aan denken*: You need to think about it more. *Ik zou er zeker niet over spreken*: I definitely wouldn't talk about it.
(3) *Terug* (back) is used in many compound verbs. *Teruggeven*: give back; *terugvinden*: find (something which was lost); *terugroepen*: call back; *terugnemen*: take back.
(4) The infinitive form of most verbs can be used as a noun and is always neuter. *Het wandelen kan hem goed doen*: Walking can do him good.

33ste LES

7 — Dat zou goed zijn voor je gezondheid **(5)**.
8 — Ik drink geen cognac meer na het eten,
9   ik koop geen boeken meer,
10   we gaan niet meer **(N4)** op reis ...
11 — Je ziet weer alles te zwart.
12   Ga morgen eens naar de bank, daar krijg je precieze **(N5)** inlichtingen.
13   Kom, we gaan nu een glaasje **(6)** drinken.
14   En ik betaal, hoor **(7)**, want ... jij moet voor je huis sparen **(8)**.

UITSPRAAK
7 dat ˆsou hgoet ˆsein ... hg:zont/heit
8 igˆdrinkˆHGAYn
9 ikˆkoopˆHGAYn
12 pr:si**E**/z:
13 hgl**aa**/sh:
14 y**ei** moet ˆfoor

OEFENINGEN
A. Lectuur

Ik moet sparen. — **1.** Het is nu bijna vakantie, Wim ; waar ga je dit jaar naartoe ? — **2.** Ik denk dat ik dit jaar thuis blijf. — **3.** Ik verlang al weken naar 1 juli : ik voel me bijzonder moe. — **4.** Denk je soms dat ik ook niet moe ben ? Maar. . . vakantie is duur ! — **5.** Je verdient goed je brood, Wim. — **6.** Misschien ; maar nu moet ik sparen : ik heb een nieuwe wagen nodig. — **7.** Voor een wagen kan je geld van de bank lenen. — **8.** Ik vind dat een slechte oplossing : je betaalt dan nog veel meer. — **9.** Meer. . . maar elke maand een beetje. — **10.** Ik betaal contant of ik koop geen wagen. — **11.** Ja, jongen, je betaalt contant en je blijft in ons landje : het weer is er zo mooi ! — **12.** Het spijt me, maar ik kan niets anders doen.

7 — That would be good for your health.
8 — I['ll] no longer drink any cognac after eating.
9   I['ll] no longer buy any books,
10 we['ll] no longer go on a trip...
11 — You're seeing everything too black again.
12 Just go to the bank tomorrow; you'll get exact information there.
13 Come [on], now we're going to have a little drink (to drink a little glass).
14 And I'm paying, [you] hear, because ... you have to save for your house.

OPMERKINGEN
(5) Many abstract nouns are formed by adding **-heid** to an adjective (corresponding to -ty, -ness, -dom, or -hood in English). Such words are always feminine. *Moeilijk, de moeilijkheid* (difficulty); *mogelijk, de mogelijkheid* (possibility); *goed, de goedheid* (goodness).
(6) *Glas* [hglas], *glazen* [hgl**aa**z:n], *glaasje* [hgl**aa**/sh:]. Here the vowel is lengthened in the diminutive as in the plural.
(7) This interjection is used a lot in Holland.
(8) *U kan zich de moeite sparen*: You can save yourself the bother. *Een besparing* is a reduction of expenses (savings) or a measure to reduce expenses.

Neuter nouns: *het brood, het feit, het glaasje*.

OPLOSSING A:
Reading Material
I must save. — **1.** It's almost holiday [time] now, Wim; where are you going this year? — **2.** I think I'll stay home this year. — **3.** For weeks I've been longing for the first of July (one July): I feel exceptionally tired. — **4.** Do you think by any chance (sometimes) that I'm not tired too? But ... [a] holiday is expensive! — **5.** You earn a good living, Wim. — **6.** Maybe, but now I have to save; I need a new car. — **7.** For a car you can borrow money from the bank. — **8.** I find that a bad solution: you then pay even much more. — **9.** More, but each month a little. — **10.** I pay cash or I don't buy a car. — **11.** Yes, [old] boy, you pay cash and you stay in our little country; there the weather is so beautiful! — **12.** I'm sorry, but I can do nothing else.

33ste LES

B. Vul de ontbrekende woorden in:

1 *You're mistaken if you think I earn a hundred thousand francs per month.*

U .... zich ... u denkt dat ik honderdduizend frank ... maand ....

2 *I pay a little back each week.*

Ik .... week een beetje ..... .

3 *It isn't possible for me to help you; I have no information about him.*

Het is mij niet .... u te helpen ; ik ..... geen .... over hem.

4 *There surely must be another possibility.*

Er .... zeker een andere .... zijn.

★★

VIERENDERTIGSTE (34ste) LES.

Humor

In een hotel
  1 *Baas :* Wat zal **(1)** meneer eten ?

UITSPRAAK
 1 vwat ˆsal

5 *He is always travelling; I wonder how he earns his living (bread).*

Hij is altijd .. .... ; ik vraag me af hoe hij zijn ....

OPLOSSING B:

1 vergist - als - per - verdien. — **2** betaal - elke - terug. — **3** mogelijk - bezit - inlichtingen. — **4** moet - mogelijkheid — **5** op reis - brood verdient.

ZINSBOUW

Hij	zou	er	niet veel	voor	betalen
U	kan		bijna niets	mee	krijgen
	moet		alles		hebben
	wil		nooit iets		**(192)**

*****

Read over the neuter nouns of each lesson as often as you can. This only takes two or three minutes, but is extremely helpful.

****

THIRTY-FOURTH LESSON

Humour

In a hotel
1 Patron (boss): What will the gentleman [have to] eat?

OPMERKING
(1) This is the future tense which is formed by *zal* (singular) or *zullen* (plural) followed by an infinitive. *Ik zal het boek lezen*: I shall read the book. *Ze zullen laat komen*: They will be coming late.

34ste LES

2 *Klant* : Geef me wat die heer daar bij het raam **(2)** eet.
3 *Baas* : Dat is onmogelijk **(3)** ; die heer zal het zeker niet willen geven.

Shakespeare
4 In een schouwburg ergens in de provincie.
5 Het Nationaal Toneel van Antwerpen speelt Richard III **(4)**, het bekende drama van Shakespeare.
6 Alles gaat goed, totdat **(5)** men aan de scene van de veldslag **(6)** komt.
7 Richard III is verslagen en wil vluchten. Hij roept :
8 — Een paard ! Mijn koninkrijk voor een paard !
9 Een grappenmaker in de zaal vraagt :
— Is een ezel ook niet goed ?
10 — Toch wel ! Kom maar op het toneel !

Taxi
11 Een heer wil naar het vliegveld **(7)** rijden ; hij telefoneert om **(8)** een taxi.
12 Na tien minuten wachten belt hij opnieuw **(9)**.

UITSPRAAK
3 zal ˆ:t ˆs**AY**k:r
 sh**AY**kspir (as in English)
5 na(t)syoon**aa**l ... rish**aa**r (as in French) ... b:kend: dr**aa**ma
 In Dutch, foreign names are often pronounced as in the original language.
6 **a**ll:s ˆHGaat ˆHGoet ... s**AY**n: van d: fv**e**ltslaHG
7 is ˆf:rsl**aa**hg:n:
8 k**oo**ningkreik ˆfoor
9 **AY**z:l ook ˆniet ˆHGoet
11 :t ˆfli**E**HGfelt
12 belt ˆei opni**E**oe

2 Customer: Give me what that gentleman there by the window is eating.
3 Patron: That's impossible; that gentleman will certainly not want to give it.

Shakespeare
4 In a theatre somewhere in the provinces.
5 The National Theatre of Antwerp is playing Richard III, the well-known drama of Shakespeare.
6 Everything goes well, until they come to the battle scene.
7 Richard III is beaten and wants to flee. He cries:
8 — A horse! My kingdom for a horse!
9 A joker (joke maker) in the auditorium asks:
— Will a donkey do as well?
10 — Yes, of course! Just come up on the stage!

Taxi
11 A gentlemant wants to ride to the airport; he phones for a taxi.
12 After waiting ten minutes he rings again.

OPMERKINGEN
(2) One can also say: *het venster*.
(3) The prefix **on-** indicates negation (as un- in English). *Zeker, onzeker* (uncertain); *bekend, onbekend* (unknown); *waar, onwaar* (untrue).
(4) *Schouwburg*: theatre (the building); *toneel*: theatre (the stage).
(5) *Totdat*: until; *voordat*: before; *nadat*: after. *Ik zal terugkomen voordat u weggaat*: I'll come back before you leave. *Nadat hij zijn lessen heeft geleerd, kijkt hij naar de televisie*: After he has learned his lessons, he watches television.
(6) The battle of Waterloo: *de slag bij Waterloo*.
(7) *Het vliegveld*: the airfield; *de luchthaven*: the airport.
(8) In this context *om* (which can also mean 'around' or 'about') means 'for'. *Hij schrijft om geld*: He is writing [to ask] for money. *Ze vraagt om een dokter*: She is asking for a doctor.
(9) *Weer*: again; *opnieuw*: again, anew.

Neuter nouns: *het hotel, het raam, het venster, het toneel, het drama, het paard, het koninkrijk, het vliegveld, het vliegtuig.*

34ste LES

13 De chauffeur zal dadelijk komen, meneer, antwoordt men hem.
14 Maak u niet ongerust : het vliegtuig vertrekt toch nooit op tijd.
15 — Nee, vandaag zeker niet, roept de klant. Ik ben de piloot !

UITSPRAAK
13 shooffeur
14 :t ˆfli**E**HGtui**HG**ˆ f:rtrekt ... fvand**aa**HGˆ s**AY**k:r

OEFENINGEN
A. Vertaal:

1. Als u het wenst, zal ik u vanavond komen helpen. —
2. Geloof niet wat hij vertelt, hij is een grappenmaker. —
3. Veel mensen denken dat het onmogelijk is een taal alleen te leren, maar dat is niet waar. — **4.** Ik houd niet van die chauffeur, hij rijdt altijd veel te vlug. — **5.** Niemand weet of ze dadelijk vertrekken. — **6.** We zullen blijven totdat u klaar bent. — **7.** Het is bijna niet nodig langer te wachten, ze zullen zeker niet komen. — **8.** Kan u me de weg naar de luchthaven wijzen ?

B. Vul de ontbrekende woorden in:

1 *France is a republic, but Belgium and The Netherlands are kingdoms.*

.... is een republiek, maar België en .... zijn ....

2 *If you leave so late, you'll never be on time.*

... u zo laat .... , ... u nooit op tijd .... .

13 — The driver will come shortly, sir, they answer him.
14   Don't be uneasy: the airplane never leaves on time anyway.
15 — No, today certainly not, cries the customer. I'm the pilot!

OPLOSSING A:
1. If you wish, I'll come this evening to help you. — **2.** Don't believe what he's saying, he's a joker. — **3.** Many people think it's impossible to learn a language alone, but that's not true. — **4.** I don't like that driver, he always drives much too fast. — **5.** No one knows if they are leaving shortly. — **6.** We shall stay until you are ready. — **7.** It's almost not necessary to wait any longer, they will certainly not be coming. — **8.** Can you show me the way to the airport?

3 *I don't think it's nice that she doesn't phone, I've been waiting hours already for an answer.*

Ik vind het niet .... dat ze niet .... , ik .....

al uren .. een antwoord.

34ste LES

4 *Why get yourself so upset, it's bad for the health.*

Waarom ..... u zich zo .... , het is slecht voor de ....

5 *She doesn't want to buy a house before she has enough money.*

Ze wil geen huis ..... , ... ze geld ...... heeft.

★★★★★★★★★★★★★★★★★★★★★★★★★★★★★★★★★★★★★★

VIJFENDERTIGSTE (35ste) LES

Herhaling en opmerkingen

1. — Position of the Negation — As a general rule, *niet* comes at the end of a clause. If, however, the clause already ends in a separable part of a verb (*terug-, weg-, mee-,* etc.) or has one or more infinitives at the end, the negation precedes these words. *Hij is misschien niet terug*: He might not be back. *Ze komt zeker niet mee*: She certainly isn't coming along. *Ze kunnen dat niet begrijpen*: They can't understand that. *Hij kan nu niet gaan wandelen*: He can't go for a walk now.

2. — What time is it? — If the context makes the meaning clear, 'hour' is sometimes omitted in a time designation in English. He's coming at seven. This is less common in

OPLOSSING B:

1 Frankrijk - Nederland - koninkrijken. — **2** Als - vertrekt - zal - zijn. — **3** prettig - belt - wacht - op. — **4** maakt - ongerust - gezondheid. — **5** kopen - voordat - genoeg.

ZINSBOUW

Vader	koopt geen huis	voordat	hij meer geld heeft
Hij	wil geen wagen		hij contant kan betalen
Mijn broer	wenst geen auto		hij geld genoeg bezit
			hij een lening krijgt
			hij een beetje meer verdient **(45)**

****

THIRTY-FIFTH LESSON

Dutch. *Hij komt om zeven uur*. The half hour is indicated by *half*, plus the following hour. *Het is half één*: It's half past twelve. In this case *uur* is not used. *Over* is used to designate time after an hour or half hour. *Voor* is used to designate time before an hour or half hour. *Het is tien over zes*: It's ten past six. *Het is kwart over vijf*: It's a quarter past five. *Het is vijf vóór acht*: It's five to eight. To indicate the time from ten minutes before to ten minutes past the half hour, the half hour is used as the reference point. *Het is drie vóór half zeven*: It's six twenty-seven. *Het is vijf over half acht*: It's twenty-five to eight. The following table shows the various possibilities.

35ste LES

145 honderd vijfenveertig

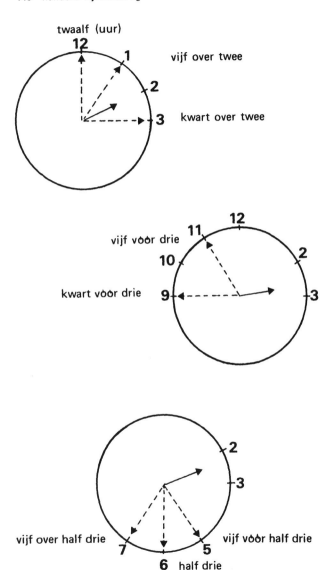

3. — Causative Have — Two words in Dutch are sometimes translated as 'have' in the causative sense: *doen* (do) and *laten* (let). In this case they are followed by an infinitive. *U moet hem doen komen*: You must have him come. *Die leraar laat ons hard werken*: That teacher has us work hard. *Ze wil een huis laten bouwen*: She wants to have a house built.

4. — Niet Meer — In general, *niet meer* takes the same position as *niet*. *Hij werkt al lang niet*. *Hij werkt al lang niet meer*: He hasn't been working for a long time now. *Ik spreek niet met die mensen. Ik spreek niet meer met die mensen*: I don't talk to those people anymore. When *niet meer* is used with an adjective or an adverb, however, then *niet* comes before the word and *meer* follows it. *Dat is niet prettig meer*: That's not nice anymore. *Hij loopt niet snel meer*: He doesn't walk fast anymore.

5. — Spelling — Sometimes consonants change in different forms of the word. **V** and **z** may only be at the beginning of a syllable. Otherwise **v** becomes **f**, and **z** becomes **s**. *Reizen, ik reis, hij reist. Schrij-ven, ik schrijf, ze schrijft. Ze geven precie-ze inlichtingen. Dat is niet heel precies. Ze schrij-ven aan hun vrienden. U schrijft te vlug. Veel mensen le-zen die krant. Wat leest ze?*

6. Uitdrukkingen. — 1 *Ik heb er geen idee van.* — 2 *Ik wacht op een antwoord.* — 3 *Komt u maar binnen.* — 4 *Ik zal u een handje helpen.* — 5 *Komt u met ons mee?* — 6 *Ze is verbaasd over niets.* — 7 *Hij is nu bij de eersten.* — 8 *Hij zit te schrijven.* — 9 *Wat is er aan de hand?* — 10 *Is dat ook de moeite waard?* —11 *Hij verdient goed zijn brood.* — 12 *U zou het roken moeten laten.*

— 13 *Mijn zuster is op reis.* — 14 *Hij vraagt altijd om geld.* — 15 *Ze vragen naar de weg.*

7. — **Vertaling** — **1** I don't have any idea about it. — **2** I'm waiting for an answer. — **3** Just come in. — **4** I'll help you a little (hand). — **5** Are you coming along with us? — **6** She is amazed about nothing. — **7** He's now among the first ones. — **8** He's busy (sitting) writing. — **9** What's wrong? — **10** Is that also worth the bother? — **11** He makes a good living. — **12** You ought to stop smoking. —

****

ZESENDERTIGSTE (36ste) LES.

Slecht weer

1 — Zie je hoe donker de hemel wordt ?
2   We krijgen misschien nog wel regen.
3 — Ik geloof het **(1)** niet : vanmorgen was **(2)** er zon !
4 — Best mogelijk ; maar nu is het weer aan het veranderen :
5   kijk maar naar de vorm en de kleur van de wolken !
6 — Dat betekent helemaal niets.
7 — In ons land is het altijd hetzelfde :
8   je bent van plan te **(3)** gaan wandelen en dan begint het opeens te regenen.
9 — Het is niet zo erg :
10   we blijven thuis in plaats van naar het park te gaan.

UITSPRAAK
1 h**AY**m:l
2 r**AY**hg:n
3 ik ˆHG:loof ... vwas ˆ:r
7 is ˆ:t ... alteit ˆ:t/se**l**v/d:
8 bent ˆfan ... r**AY**hg:n:n
9 niEt ˆsoo erHG
10 in plaats ˆfan

13 My sister is on a trip. — 14 He's always asking for money. — 15 They are asking the way.

*****

Go back over the expressions in previous review lessons regularly. They are important because they illustrate idiomatic characteristics of the language.

****

THIRTY-SIXTH LESSON

Bad Weather

1 — Do you see how dark the sky is becoming?
2   Maybe we will still get rain.
3 — I don't believe so: this morning there was sun!
4 — Quite possibly, but now the weather is changing;
5   just look at the shape and the colour of the clouds!
6 — That means nothing at all.
7 — In our country it's always the same;
8   you are planning to go for a walk and then suddenly it starts to rain.
9 — It's not so bad;
10   we'll stay home instead of going to the park.

OPMERKINGEN
(1) Notice the use of *het* to refer back to something mentioned before. *Ik denk het niet*: I don't think so. *Ik weet het niet*: I don't know about that.
(2) The past tense of *zijn*.
(3) *Ze zijn van plan vroeg te vertrekken*: They intend to leave early.

11 — Het is al vijf uur, ik wou toch graag een paar minuten **(4)** gaan lopen.
12 — Lopen maakt moe ; ik luister liever **(5)** naar platen.
13 — Je laat altijd dezelfde **(6)** draaien.
14 — Nee, ik heb een paar nieuwe die **(7)** je niet kent.
15 — Dan is het wat anders.
16 — Kom, we gaan naar mijn kamer.

UITSPRAAK
13 d:zelvd: draa/y:n

OEFENINGEN
A. Vertaal:

1. Sinds een paar weken heeft ze heel wat zorgen. — **2.** Ik zou willen weten of het de moeite waard is die lange reis te maken. — **3.** Het verschil blijft altijd ongeveer hetzelfde. — **4.** De wolken worden donker, ik denk dat het weer zal veranderen. — **5.** Ik verdien liever een beetje minder. — **6.** Ze is van plan dadelijk na de vergadering te vertrekken. — **7.** Ik vind het niet aardig op de anderen te rekenen, als u het werk alleen kan doen. — **8.** Ze schijnt rijk te zijn.

11 — It's already five o'clock, I would still like to go for a run for few minutes.
12 — Running makes [one] tired; I would rather listen to records.
13 — You always play (let turn) the same ones.
14 — No, I have a couple of new [ones] which you haven't heard (don't know).
15 — Then it's something different.
16 — Come [on], we'll go to my room.

OPMERKINGEN
(4) *Een paar*: a pair, a couple of, a few. *Enige* (as a pronoun) and *enkele* can also mean 'a few'. *Hij heeft enige goede vrienden*: He has a few good friends. *Ik bezit maar enkele boeken*: I own but few books.
(5) As an adverb *liever* means 'rather'. *Ik blijf liever thuis*: I would rather stay home. *Gaat u liever naar de schouwburg?*: Would you rather go to the theatre?
(6) Notice that *dezelfde* (the same) is written as one word. *Hetzelfde* is used before a neuter singular noun. *In dezelfde stad*: in the same city. *Met dezelfde mensen*: with the same people. *Ze wonen in hetzelfde huis*: They live in the same house. *Hetzelfde* can also be used independently meaning 'the same thing'. *Hij vertelt altijd hetzelfde*: He always tells the same thing.
(7) The relative pronoun meaning 'who', 'which' or 'that' is the same as the demonstrative pronoun. Usually it is *die*. *Dat* is used only with a singular neuter noun. *Waar zijn de mensen die hier wonen?*: Where are the people who live here? *Leiden is een stad, die ik goed ken*: Leiden is a city that I know well. *Dit is het boek dat hij leest*: This is the book which he is reading. *Ik heb ook platen, die nieuw zijn*: I also have records which are new.

OPLOSSING A:
1. For a couple of weeks now she has [had] a whole lot of worries. — **2.** I would like to know whether it's worth the bother to make that long trip. — **3.** The difference always remains about the same. — **4.** The clouds are getting darker; I think the weather will change. — **5.** I would rather earn a little less. — **6.** She's planning to leave right after the meeting. — **7.** I don't think it's nice to count on the others, if you can do the work alone. — **8.** She appears to be rich.

36ste **LES**

B. Vul de ontbrekende woorden in:

1 *The weather is often bad in this country; it rains too much, and I like sun.*

Het .... is dikwijls ...... in dit land : het ...... te veel, en ik houd van ... .

2 *It won't bother you if I play a few records?*

...... het u niet, als ik ... . platen laat .... ?

3 *He is busy (sitting) working in his room.*

Hij ... op zijn ..... te werken.

4 *I don't know what that means: suddenly she no longer says a word.*

Ik weet niet wat dat .... : ...... zegt ze geen ..... meer.

****

ZEVENENDERTIGSTE (37ste) LES.

In de oude tijd

1 Tot een paar jaar **(1)** geleden **(2)** was er een kleine fabriek op de hoek van onze straat. Ze fabriceerde **(3)** papier.

UITSPRAAK
1 hg:l**AY**d:n ... fabriE/s**AY**r/d: paapi**E**r

5 *She has already been absent a week; she's sick, but I don't know if it's serious.*

Ze is .. een week .... : ze is .... , maar

ik weet niet .. het ... is.

OPLOSSING B:

1 weer - slecht - regent - zon. — **2** Stoort - een paar - draaien. — **3** zit - kamer. — **4** betekent - opeens - woord. — **5** al - afwezig - ziek - of - erg.

ZINSBOUW

Dat is	een film, een stad, een plaat, een reis, een wagen, een club, een vergadering, een methode, een inlichting	die	ik	interessant *vind*.
	een boek, een huis, een werk een tijdschrift, een cadeau, een idee, een dorp	dat		

* * * * *

Since this is an extremely important exercise, go over it several times, preferably out loud!

****

THIRTY-SEVENTH LESSON
In the Old Days (time)

1 Until a couple of years ago there was a small factory on the corner of our street. It manufactured paper.

OPMERKING
(1) *Uur, jaar* and units of measurement are always singular after *een paar. Een paar uur*: a couple of hours; *een paar kilometer*: a few kilometers; *een paar frank*: a few francs. But *een paar weken*: a few weeks.

37ste LES

2 Mijn vader werkte (**N1**) er tot zijn dood en mijn grootvader had er (**4**) al gewerkt (**5**).
3 In de tijd van grootvader was het anders dan nu.
4 De arbeiders werkten twaalf uur en soms meer per dag.
5 De lonen waren (**6**) veel lager.
6 Maar de arbeiders waren geen nummers :
7 de baas kende iedereen bij zijn naam.
8 De mensen waren arm, maar ze klaagden minder dan nu.
9 Hadden (**7**) ze gelijk ?
10 Soms horen we zeggen, dat ze gelukkiger waren en dat ze minder zorgen hadden.
11 Dat is natuurlijk een andere zaak.
12 Het is een feit dat het leven niet altijd gemakkelijk was, vooral voor de vrouw en de kinderen.

UITSPRAAK
2 tot ˆs:n doot ... hgrootfaad:r
3 teit ˆfan
7 iEd:r**AY**n
9 hg:leik
10 dat ˆs: hg:lukk:hg:r
11 natuurl:k
12 alteit ˆHG:makk:l:k

2 My father worked there until his death and my grandfather had already worked there.
3 In grandfather's time it was different than now.
4 The labourers worked twelve hours a day, and sometimes more.
5 The wages were much lower.
6 But the labourers weren't [just] numbers:
7 The boss knew everyone by (his) name.
8 The people were poor, but they complained less than now.
9 Were they right?
10 Sometimes we hear it said that they were happier and that they had fewer cares.
11 That of course is another matter.
12 It's a fact that life wasn't always easy, especially for the women (woman) and (the) children.

OPMERKINGEN
(2) *Geleden*: ago. *Een uur geleden*: an hour ago; *twee maanden geleden*: two months ago.
(3) The simple past of regular verbs is formed by adding **-de** (singular) or **-den** (plural) to the first person singular of the present tense. *Ik hoor* (I hear) becomes: *Ik hoorde, u hoorde, je hoorde, hij/ze hoorde, we hoorden, ze hoorden*. Notice that all singular forms are the same and all plural forms are the same. Some verbs take **-te** instead of **-de** (see the review lesson).
(4) *Er*: there. *Ik blijf er*: I'm staying there. *Is er al iemand? Ja, Wim is er al*: Is someone already there? Yes, Wim is already there. *Ik was er een maand geleden*: I was there a month ago.
(5) The past participle is formed by prefixing **ge-** to the first person singular and adding **-d** to the end (sometimes **-t**, see review lesson).
The participle comes at the end of the clause. *Waar heeft u die taal geleerd?*: Where did you learn that language? *Ze hebben in die straat gewoond*: They have lived in that street.
(6) *Waren* (were) is the plural of *was* (was).
(7) The simple past of *hebben*. *Ik had* (I had); *we hadden* (we had).

13 Dezen **(8)** moesten de school heel jong verlaten ;
14 soms waren ze met twaalf jaar al aan het
· werk.
15 Was dat werkelijk een gelukkiger leven ?

UITSPRAAK
14 met ˆtvwaalf yaar
15 vwerk:l:k ... hg:lukk:hg:r

OEFENINGEN
A. Vertaal:

1. Heeft de vergadering werkelijk zo lang geduurd ? —
2. Hoe voelen ze zich daar ? Wel, ze schijnen er gelukkig te zijn. — 3. Het leven wordt heel duur en bovendien verminderen de lonen. — 4. Ik weet niet of ze gelijk hebben hem een handje te helpen. — 5. De arbeiders klagen niet alleen over hun werk maar ook over hun loon. — 6. Nu moet ik u verlaten want mijn trein vertrekt over een kwartier. — 7. U zal niet lang moeten wachten, vooral als u een afspraak heeft. — 8. Ze kende bijna iedereen in haar straat : ze woonde er al zo lang !

B. Vul de ontbrekende woorden in:

1 *We have rung for a long time, but no one has answered.*

We hebben lang ...... , maar .... heeft

....

13 They had to leave school very young;
14 sometimes they were already working at twelve years [of age].
15 Was that really a happier life?

OPMERKING
(8) *Dezen* means 'these (people)'. An **-n** is added to *deze* in the plural only when the word is used as an independent personal pronoun.

Neuter nouns: *het loon, het leven*.

OPLOSSING A:
1. Has the meeting really lasted so long? — **2.** How do they feel there? Well, they seem to be happy there. — **3.** Living (the life) is becoming very expensive, and besides that (the) wages are decreasing. — **4.** I don't know if they are right to lend him a hand. — **5.** The labourers are complaining, not only about their work, but also about their wages. — **6.** I must leave you now because my train leaves in a quarter of an hour. — **7.** You will not have to wait very long, especially if you have an appointment. — **8.** She knew just about everyone on her street; she [had] lived there so long already!

2 *Everyone is complaining: living is becoming more expensive each month and the labourers don't earn enough.*

. . . . klaagt : het . . . . . wordt . . . . maand duurder en de . . . . verdienen niet genoeg.

37ste LES

3 *The others played in the garden, but he worked in his room.*

De anderen .... in de .... , maar hij ......

op zijn kamer.

4 *At sixteen years [of age] they were already at work in a factory.*

... zestien jaar ..... ze al aan het werk in een

....

5 *We plan to start a new business if we find enough money.*

We zijn ... . een nieuwe .... te beginnen

... we geld genoeg vinden.

★★★★★★★★★★★★★★★★★★★★★★★★★★★★★★★★★★★★★★★

ACHTENDERTIGSTE (38ste) LES

Aan het loket

1 — Een kaartje voor Rotterdam, alstublieft.
2 — Enkel of retour **(1)** ?
3 — Hoe lang **(2)** is een retour geldig ?
4 — Vier dagen.

UITSPRAAK
aan :t loo/ket
 1 :n kaart/y: ... rott:rdam
 2 eng/k:l of r:toer
 3 hgel/d:HG

OPLOSSING B:

1 gebeld - niemand - geantwoord. — **2** Iedereen - leven - elke- arbeiders. — **3** speelden - tuin - werkte. — **4** Met - waren - fabriek. — **5** van plan - zaak - als.

ZINSBOUW

Ik denk	dat	hij	een beetje meer geld	zal	geven
Ik weet		iedereen	die som		lenen
Ik hoop		iemand			brengen
Ik geloof					verdienen
't Is een feit					**(120)**

****

THIRTY-EIGHTH LESSON

At the Wicket Window

1 — A ticket for Rotterdam, please.
2 — One way (single) or return?
3 — How long is a return (ticket) valid?
4 — Four days.

OPMERKINGEN
(1) *De reis heen en terug*: the trip there and back (the round trip). *De terugreis*: the trip back.
(2) *Hoe lang* is often written as one word: *hoelang*. *Hoe ver ligt dat dorp?*: How far is that village? *Hoe oud is uw dochter?*: How old is your daughter? *Hoe breed is de straat?*: How wide is the street?

38ste LES

5 — En is het goedkoper ?
6 — Vroeger wel, maar nu niet meer.
7 — Geeft u mij toch een retour, 't is gemakkelijker.
8   Van welk spoor vertrekt de trein ?
9 — Van spoor 7 **(3)**, perron 4.
10 — Moet ik in Antwerpen overstappen **(4)** ?
11 — Ja, maar u hoeft daar niet lang te wachten :
12   u komt om 10 uur aan **(5)** en u heeft een aansluiting **(6)** vijf minuten later.
13 — Zal ik die niet missen ?
14 — Nee, u haalt **(7)** die zeker, de trein naar Antwerpen heeft nooit vertraging.
15 — Dank u wel.
16 — Hé ! meneer ! u vergeet uw kaartje !

UITSPRAAK
5 is ˆ:t ˆHGoetkoop:r
9 perron
10 oov:rstapp:n
14 nooiEt ˆf:rtraahging

5 — And is it cheaper?
6 — It used to be, but not any more.
7 — Give me a return [ticket] anyway, it's easier.
8   From which track does the train leave?
9 — From track 7, platform 4.
10 — Must I transfer in Antwerp?
11 — Yes, but you don't have to wait there very long.
12   You arrive at 10 o'clock and you have a connection five minutes later.
13 — Won't I miss it?
14 — No, you'll be sure to get it, the train to Antwerp is never late (never has a slowdown).
15 — Thank you very much.
16 — Hey! Sir! You're forgetting your ticket!

OPMERKINGEN
(3) *Spoor*: track; *spoorweg*: railway; *spoorboekje*: railway timetable.
(4) A compound verb. *We stappen in Rotterdam over*: We transfer (step over) in Rotterdam.
(5) A compound verb: *aankomen* (arrive). *U zal te laat aankomen*: You'll arrive too late. *De aankomst*: the arrival.
(6) *Aansluiting*: connection; *aansluiten*: to connect, to link up.
(7) *Halen* can have several meanings. *Ik moet de kinderen gaan halen*: I must go get the children. *Hij haalde een doosje uit zijn zak*: He took a little box from his pocket. *Kunnen wij de trein van drie uur nog halen?*: Can we still get the three o'clock train?

❋❋❋

Neuter nouns: *het kaartje, het spoor, het perron.*

❋❋❋❋❋

Are you reviewing the 'het' words regularly? You could make a list of neuter words and update it at the end of each lesson. Always keep it handy and read it over whenever you have a moment to spare.

38ste LES

OEFENINGEN
A. Vertaal:

1. Onze trein heeft al een kwartier vertraging. Zullen we de aansluiting niet missen ? — **2.** Weet u hoe laat de volgende trein aankomt ? — **3.** Met de trein van zes uur is het gemakkelijker, u stapt nergens over. — **4.** Een retour is twee maanden geldig en is zeker ook goedkoper. — **5.** Zal de vergadering meer dan één uur duren ? Ik denk van niet, want de vorige heeft maar een half uur geduurd. — **6.** Iedereen was verbaasd over het resultaat. — **7.** Klaag een beetje minder, u stoort de anderen.

B. Vul de ontbrekende woorden in:

1 *Last week I didn't get the train.*

...... week heb ik de trein niet .... ;

2 *You understand that I don't want to miss it today.*

U .... dat ik die .... niet wil ....

3 *You don't know the problem; I think that you should keep silent.*

U .... het .... niet; ik denk dat u ... moeten ....

****

OPLOSSING A:
1. Our train is already fifteen minutes late. Won't we miss the connection? — **2.** Do you know what time the next train arrives? — **3.** With the six o'clock train it's easier, you don't transfer anywhere. — **4.** A round trip is valid for two months and is certainly cheaper as well. — **5.** Will the meeting last more than one hour? I don't think so, because the last one lasted only a half hour. — **6.** Everyone was surprised about the results. — **7.** Complain a little less, you are disturbing the others.

4 *The director can't receive you immediately, he's washing [dishes].*

De directeur kan u niet .... , hij is

aan het ....

5 *Your friendly invitation comes a little late: I'm no longer free.*

Uw .... komt een beetje laat :

ik ben niet .... meer.

OPLOSSING B:

1 Vorige - gehaald. — **2** begrijpt - vandaag - missen. — **3** kent - probleem - zou - zwijgen. — **4** dadelijk - ontvangen - afwassen. — **5** vriendelijke uitnodiging - vrij.

ZINSBOUW

Hij	denkt	het probleem	goed	te	kennen
Wim	schijnt	de zaak	beter		begrijpen
Ze	hoopt	het verschil			
Iedereen	wenst				
	gelooft				**(240)**

✱✱✱✱✱✱✱✱✱✱✱✱✱✱✱✱✱✱✱✱✱✱✱✱✱✱✱✱✱✱✱✱✱✱✱✱✱✱✱
38ste **LES**

NEGENENDERTIGSTE (39ste) LES

Inlichtingen

1 — Neemt u me niet kwalijk, juffrouw,
2   waar kan ik hier inlichtingen over hotels krijgen ?
3 — Bij het reisbureau **(N2)**.
4 — Is het ver hier vandaan ?
5 — Nee, het is hier dichtbij,
6   u kan er te voet heen **(1)** gaan.
7 — Maar ik ken de stad helemaal niet **(2)**.
8 — Ik zal u de weg wijzen en u kan zich niet vergissen.
9   U volgt deze laan tot aan de verkeerslichten **(3)**
10   en u steekt daar over **(4)**.
11   Het bureau is vlak vòòr u op de hoek van de straat.
12 — Dan vind ik het gemakkelijk.
13 — Wees **(5)** voorzichtig als u oversteekt **(6)** :
14   het kruispunt is erg gevaarlijk.

UITSPRAAK
inliHGting:n
3 reisbuuroo
4 is ˆ:t ˆfer hiEr fvandaan
8 ikˆsal ... vweHG ... niEt ˆf:rhgiss:n
9 v:rk**AY**rs/liHGt:n
11 isˆflakˆfoor ... d: hoekˆfan
13 vwAYsˆfoorziHGt:HG
14 isˆerHGˆ HG:vaarl:k

THIRTY-NINTH LESSON

Information*

1 — I beg your pardon, Miss,
2 where can I get some information about hotels [around] here?
3 — At the travel agency.
4 — Is it far away from here?
5 — No, it's (here) close by;
6 you can go there on foot.
7 — But I don't know the city at all.
8 — I'll show you the way and you can't go wrong.
9 You follow this avenue up to the traffic lights
10 and there you cross over.
11 The agency is right in front of you on the corner of the street.
12 — Then I'll find it easily.
13 — Be careful when you cross over:
14 the intersection is very dangerous.

*Note: Inlichtingen (information) is always plural in Dutch.

OPMERKINGEN
(1) *Heen* means the same as *naartoe*. *Waar gaat u heen?*/*Waar gaat u naartoe?*: Where are you going? *Ik ga er ook heen*: I'm also going there.
(2) Don't confuse *helemaal niet* (not at all) with *niet helemaal* (not entirely). *Hij is helemaal niet klaar*: He's not at all ready. *Ze is nog niet helemaal klaar*: She's not yet completely ready.
(3) *Het verkeer*: the traffic. *Het licht*: the light. *Het verkeer is erg druk*: The traffic is very heavy.
(4) *Oversteken* (a compound verb): cross over. The preposition is separated from the root in the simple present or past tenses.
(5) Imperative of *zijn*. *Wees vriendelijk met iedereen*: Be friendly to everyone. The form is the same for singular and plural.
(6) When a compound verb comes at the end of a clause the preposition is not separated from the root. *We zullen hier de straat oversteken*: We'll cross the street here. *Ze komt morgen terug*: She's coming back tomorrow. *Ik weet niet of ze morgen terugkomt*: I don't know if she's coming back tomorrow.

39ste LES

15 — Ik pas altijd op **(7)** en...
16   ik heb een go**e**de levensverzekering **(8)** !

UITSPRAAK
16 lAYv:ns/f:rzAYk:ring

OEFENINGEN
A. Vertaal:

1. U vergist zich als u denkt dat het niet gevaarlijk is. — 2. Het is niet voorzichtig de straat over te steken zonder eerst naar links en dan naar rechts te kijken. — 3. Pas maar op : de inlichtingen die ze geven zijn niet erg precies. — 4. Als de verkeerslichten op rood staan, moet u stoppen en wachten. —5. Ze zijn al lang verloofd ; ik denk dat ze volgende maand trouwen. — 6. Als we niet vrij zijn, zal ik het u laten weten. — 7. Ze hebben gezegd dat ze op de anderen gewacht hebben. — 8. Ik had geen geld bij mij, maar mijn vriend betaalde voor iedereen.

B. Vul de ontbrekende woorden in:

1 *If you had learned more, you would speak much better.*

Als u meer had . . . . , . . . u veel . . . . .

spreken.

15 — I'm always careful and...
16 I have a good life insurance [policy]!

OPMERKINGEN
- **(7)** *Oppassen*: watch out, be careful. This is another compound verb. In compound verbs the stress falls on the preposition.
- **(8)** *Verzekeren*: assure, insure. *Ik verzeker u, dat het zo is*: I assure you that it is so. *U moet uw huis verzekeren*: You must insure your house.

★★★

Neuter nouns: *het reisbureau, het verkeer, het licht, het kruispunt, het leven.*

OPLOSSING A:
1. You're mistaken if you think it's not dangerous. — **2.** It's not prudent to cross the street without looking first to the left and then to the right. — **3.** Just be careful: the information they give isn't very accurate. — **4.** When the traffic lights are red, you must stop and wait. — **5.** They have already been engaged for a long time; I think they are getting married next month. — **6.** If we aren't free, I'll let you know. — **7.** They have said that they have waited for the others. — **8.** I didn't have any money with me, but my friend paid for everyone.

2 *Come inside immediately, the film will start in a couple [of] minutes.*

Kom .... binnen, de film ... over ... . minuten ....

39ste **LES**

3 *Just be careful and then you will be mistaken less.*

   ... maar .. en dan zal u zich ....

4 *He's very careless; he doesn't look when he crosses that dangerous intersection.*

   Hij is erg .... , hij kijkt niet als hij dat

   .... kruispunt ....

5 *I have requested information, but the travel agency has not yet replied.*

   Ik heb inlichtingen .... , maar het ....

   heeft nog niet ....

****

VEERTIGSTE (40ste) LES

In het reisbureau

1 — Ik wou graag een hotelkamer voor één nacht. Kan u me helpen ?
2 — Heeft u een voorkeur ?
3 — Liefst **(1)** in de buurt van het station en vooral niet te duur.

UITSPRAAK
in :t reisbuuroo
 3 d: buurt ˆfan

OPLOSSING B:

1 geleerd - zou - beter. — **2** dadelijk - zal - een paar - beginnen. — **3** Let - op - minder vergissen. — **4** onvoorzichtig - gevaarlijke - oversteekt. — **5** gevraagd - reisbureau - geantwoord.

ZINSBOUW

(200)

***

FORTIETH LESSON

At the Travel Agency

1 — I would like a hotel room for one night. Can you help me?
2 — Do you have a preference?
3 — Preferably in the vicinity of the station and above all not too expensive.

OPMERKING
(1) *De voorkeur*: the preference. *Liefst*, as an adjective, means 'dearest, favourite' (that which one likes most of all). As an adverb, it means 'preferably' or 'by first choice'. *Ik heb helemaal geen voorkeur*: I have no preference whatsoever. *Ik ga liefst in juni met vakantie*: I prefer to go (go preferably) on holiday in June.

40ste LES

4 — In dat geval raad ik u Hotel Terminus aan **(2)**.
5 — Waar ligt het ergens ?
6 — Op het Vondelplein **(3)**.
7 — Is er een bus in die richting ? Of kan ik er **(N3)** te voet heen gaan ?
8 — Het is nogal **(4)** ver : ten minste **(5)** een half uur te voet.
9 Maar zo kan u het stadhuis bewonderen :
10 het is een prachtig gebouw **(6)** uit de zestiende eeuw.
11 — Ik heb jammer genoeg niet veel tijd.
12 — Dan neemt u maar tram 18 (achttien).
13 — Is er een halte hier dichtbij ?
14 — Hier op de hoek ; er is een tram om de tien minuten **(7)**.
15 — Dank u wel, juffrouw.
16 — Tot uw dienst, meneer.

UITSPRAAK
4 dat ˆHG:val raat ˆik
6 :t ˆfond:lplein
8 noHGal
9 b:vwond:r:n
10 :n praHGt:HGˆ HG:bou uidˆd: ... **AY**oe

4 — In that case I recomend Hotel Terminus to you.
5 — Whereabouts is (lies) it?
6 — On the Vondelplein.
7 — Is there a bus in that direction? Or can I go there on foot?
8 — It's fairly far, at least a half hour on foot.
9   But that way you can admire the city hall:
10 it's a magnificent building from the sixteenth century.
11 — Unfortunately, I don't have much time.
12 — Then you [can] just take tram eighteen.
13 — Is there a [tram] stop (here) close by?
14 — Here on the corner; there's a tram every ten minutes.
15 — Thank you very much, Miss.
16 — At your service, sir.

OPMERKINGEN

(2) *Aanraden* (a compound verb): recommend. *Ik wil u niets aanraden*: I don't want to recommend anything to you. *Raad*: advice.

(3) *Het plein*: square, plaza. Notice that 'Vondel Square' is written as one word.

(4) *Nogal* (fairly, rather) is a compound of *nog* and *al*. In such cases the two words usually retain their original pronunciation.

(5) *Minst*: least; *ten minste*: at least; *tenminste*: that is. *Dat kost ten minste duizend frank*: That costs at least one thousand francs. *Hij komt ook mee, tenminste als hij vrij is*: He's also coming along, that is if he's free.

(6) Words consisting of the prefixes **be-, ge-, ver-** plus one other syllable are neuter: *het begin, het geval, het vertrek*.

(7) *Om de drie maanden*: every three months; *om de twee uur*: every two hours; *om de vijf jaar*: every five years. Notice that *uur* and *jaar* remain singular.

Neuter nouns: *het geval, het plein, het gebouw*.

40ste LES

OEFENINGEN
A. Vertaal:

1. Ik raad u aan bijzonder voorzichtig te zijn. — 2. Het kruispunt is nogal gevaarlijk ; daarom moet u oppassen, want er zijn nog geen verkeerslichten. — 3. Ik vraag mij af wat ze in dat geval zouden doen. — 4. Onze trein had ten minste twintig minuten vertraging. — 5. Ik kan niet begrijpen dat hij zo'n voorkeur heeft voor oorlogsfilms. — 6. U gaat in de verkeerde richting. — 7. In de negentiende eeuw verdienden de meeste arbeiders nogal weinig. — 8. Ik wil u vooral niet storen.

B. Vul de ontbrekende woorden in:

1 *There's no tram in that direction; we must go there on foot.*

.. is geen tram in die .... , we moeten .. te voet .... gaan.

2 *It's a fairly old building; it's from the end of the nineteenth century.*

Het is een ..... oud ...... , het is ... het ..... *van de negentiende* .... .

3 *If you have no preference, then I recommend the little restaurant on the square.*

Als u geen .... heeft, dan .... ik u het kleine restaurant op het ....

****

OPLOSSING A:
1. I advise you to be exceptionally careful. — 2. The intersection is rather dangerous; therefore you must watch out because there are no traffic lights yet. — 3. I wonder (ask myself) what they would do in that case. — 4. Our train was at least twenty minutes late. — 5. I can't understand why (that) he has such a preference for war films. — 6. You are going in the wrong direction. — 7. In the nineteenth century most labourers earned fairly little. — 8. Above all I don't want to disturb you.

4 *I'm always at your service.*

   Ik ben altijd ... uw ....

5 *They come every fortnight, at least if they don't have a meeting.*

   Ze komen .. de .... dagen, ... als ze geen .... hebben.

OPLOSSING B:

1 Er - richting - er - heen. — 2 nogal - gebouw - uit - einde - eeuw. — 3 voorkeur - raad - plein - aan. — 4 tot - dienst. — 5 om - veertien - tenminste - vergadering.

*****

Pay special attention to pronunciation. Any sentences in previous lessons which still cause you problems should be reviewed several times.

40ste LES

ÉÉNENVEERTIGSTE (41ste) LES

In het hotel

1 — Goedemiddag, juffrouw. Ik wou graag een kamer voor één nacht.
2 — We hebben nog een éénpersoonskamer **(1)** met bad **(2)**, op de eerste verdieping, aan de voorkant.
3 — Die kamer ziet dus op de straat uit.
4 — Ja, maar het verkeer is niet druk
5 en er is zo goed als geen lawaai.
6 — Hoeveel kost die kamer ?
7 — Tachtig gulden inclusief.
8 — Wat betekent ''inclusief'' ?
9 — Wel, bediening **(3)** en BTW **(4)** inbegrepen.
10 — Akkoord. Ik neem die kamer.
11 — Het is kamer 16, op de eerste etage **(5)**.
12 Wilt u dit formulier (N4) even invullen **(6)** ?

UITSPRAAK
1 AYnˆnaHGt
 Remember that the accents on *één* indicate that it means 'one' (pronounced [AYn]) rather than 'a' (pronounced [:n]).
2 bat
3 ziEdˆdus obˆd:
6 kosdˆdiE kaam:r
7 inkluuz**iE**f
9 b**AY**/t**AY**/vw**AY** inb:hgrAYp:n
11 AY/t**aa**/g:
 Because this word is of French origin, the last syllable is not a usual Dutch sound. The **ge** is pronounced as the last syllable of 'vision' but without the **n**.

FORTY-FIRST LESSON

In the Hotel

1 — Good afternoon, Miss. I would like a room for one night.
2 — We still have a single room with bath, on the first floor, at the front.
3 — That room looks out on the street then.
4 — Yes, but the traffic is not heavy.
5   and there is as good as no noise.
6 — How much does the (that) room cost?
7 — Eighty guilders, [everything] included.
8 — What does "[everything] included" mean?
9 — Well, service and VAT included.
10 — Very well (agreed). I'll take the (that) room.
11 — It's room 16, on the first floor.
12   Will you just fill in this form?

OPMERKINGEN
(1) *Een tweepersoonskamer*: a double room.
(2) *De badkamer*: the bathroom; *het stortbad*: the shower.
(3) *De bediening*: the service, the provision of service; *de dienst*: service, the act or position of service. *De bediening in dat restaurant is goed*: The service in that restaurant is good. *Dank u voor uw vele diensten*: Thank you for your many acts of service. *Vanavond heb ik dienst*: Tonight I'm on duty. *Ze werkt in een nieuwe dienst*: She's working in a new department.
(4) *BTW* is an abbreviation of *Belasting op de Toegevoegde Waarde*: tax on the added value (Value Added Tax).
(5) *Etage*: floor, story. This French word is commonly used in Dutch. *Verdieping* is the Dutch word with a similar meaning. When foreign words are used in Dutch an effort is often made to pronounce them as in the original language.
(6) *Invullen* (a compound verb): fill in. *Ik vulde ten minste tien formulieren in*: I filled in at least ten forms.

41ste LES

13 — Mag ik eerst mijn bagage **(7)** naar boven brengen **(8)** ?
14 — Doet u geen moeite,
15   de liftjongen zal het wel doen.

UITSPRAAK
13 bahg**aa**/g:
The **ge** is pronounced as the last syllable of 'vision' but without the n.

OEFENINGEN
A. Vertaal:

1. Hij geeft zich de moeite niet op onze brieven te antwoorden. — **2.** Weet u dat de bediening niet inbegrepen is ? — **3.** Ik heb een prachtige kamer aan de achterkant die op het stadspark uitziet. — **4.** Wilt u hem vragen of hij de nodige papieren heeft ingevuld ? — **5.** Moeten we alles dadelijk naar beneden brengen ? — **6.** Ze was bijzonder moe : ze had bijna de hele avond afgewassen. — **7.** Hij spotte altijd met de anderen, maar eindelijk heeft hij problemen gehad.

B. Vul de ontbrekende woorden in:

1 *A couple of months ago he worked every other day.*

... . maanden .... werkte hij ... de twee dagen.

2 *That new building is magnificent; everyone admires it.*

Dat nieuwe ...... is prachtig ; .... het.

13 — May I take (bring) my luggage upstairs first?
14 — Don't go to any brother,
15   the liftboy will do it.

OPMERKINGEN
(7) *Haar bagage was niet zwaar*: Her luggage wasn't heavy.
(8) *Boven*: up, upstairs, above. *Beneden*: down, downstairs, below. *Naar beneden* [b:n**AY**d:n] *gaan/komen/brengen*: go/come/bring down(stairs). *Hij komt elke dag om acht uur naar beneden*: Each day he comes down at eight. *We zullen de boeken naar beneden dragen*: We'll carry the books down(stairs).

❊ ❊ ❊

Neuter nouns: *het bad, het formulier*.

OPLOSSING A:
1. He doesn't take (give himself) the trouble to answer our letters. — **2.** Do you know that the service is not included? — **3.** I have a splendid room at the back which looks out on the city park. — **4.** Will you ask him if he has filled in the necessary papers? — **5.** Must we bring everything down immediately? — **6.** She was exceptionally tired: she had washed [dishes] almost the whole evening. — **7.** He always made fun of the others, but in the end he has had problems.

3 *Why did they complain? They had all the necessary information.*

Waarom . . . . ze ? Ze . . . . . . alle nodige

. . . .

41ste LES

4 *You were right, it was a different matter.*

U had ...... , het ... een andere .... .

5 *In the large firms it is usually a winsome girl who receives the visitors.*

In de grote firma's is het .... een ...... meisje

die de bezoekers ....

****

TWEEËNVEERTIGSTE (42ste) LES
Herhaling en opmerkingen

1. — Past Tense — The simple past of regular verbs is formed by adding **-de** or **-den** to the first person singular of the simple present (See Lesson 37, Comment 3). *Kennen, ik ken, ik kende, we kenden. Leren, ik leer, ik leerde, we leerden.* Some regular verbs, however, have **-te** and **-ten** instead of **-de** and **-den**. This applies if the first person singular ends in one of the following unvoiced consonants: **-k**, **-ch**, **-p** or **-t**. *Werken, ik werk, ik werkte, we werkten; lachen* (laugh), *ik lach, ik lachte, we lachten; hopen, ik hoop, ik hoopte, we hoopten; spotten, ik spot, ik spotte, we spotten.*

If the first person singular of the verb ends in **-f** or **-s**, one must notice which consonant appears in the infinitive. If it, too, is **f** or **s**, one adds **-te** instead of **-de**. *Oppassen, ik pas op, ik paste op, we pasten op; blaffen* (bark), *hij blaft, hij blafte, we blaften.* But if there is a **v** or **z** in the infinitive, the simple past is usually formed with **-de**. *Leven, ik leef, ik leefde, we leefden; reizen, ik reis, ik reisde, we reisden.*

If you always start off with the present tense, you will know whether there must be one or two **d**'s or **t**'s: *antwoorden, ik antwoord, ik antwoordde* (**-d** at the end of the present + **de**), *we antwoordden; spotten, ik spot, ik spotte* (**-t** + **te**), *we spotten; praten, ik praat, ik praatte, we praatten.*

OPLOSSING B:

1 Een paar - geleden - om. — **2** gebouw - iedereen - bewondert. **3** klaagden - hadden - inlichtingen. — **4** gelijk - was - zaak. — **5** meestal - aardig - ontvangt.

ZINSBOUW

Vorige zondag	hebben ze	de hele tijd	samen	gewerkt
In de vakantie	hadden ze	een paar uur		gedanst
Misschien		heel veel		gereisd
Natuurlijk				gewandeld
				gepraat (120)

★★★★★★★★★★★★★★★★★★★★★★★★★★★★★★★★★★★★★★★

FORTY-SECOND LESSON

Notice that the past participle usually ends in **-d**. *Leren, ik heb geleerd; kennen, ik heb gekend; storen, ik heb gestoord.*
However, with verbs that end in **-te** in the simple past, the past participle ends in **-t**. *Ik werkte, ik heb gewerkt; ik maakte, ik heb gemaakt.*
If, however, the first person singular of the present tense ends in **-d** or **-t**, it is not doubled in the past participle. *Ik antwoord, ik heb geantwoord; ik wacht, ik heb gewacht.*

2. — Compound Nouns — The number of compound nouns which can be formed in Dutch is virtually unlimited. They are usually written as one word. A life insurance (policy): *een levensverzekering*; a traffic accident: *een verkeersongeval*; the liftboy (elevator boy): *de liftjongen*; a bus stop: *een bushalte*; sky blue: *hemelsblauw*.

3. — Er — This little word has several meanings:

(a) 'There' with 'is' and 'are'. *Er is niemand op straat*: There is no one in the street. *Er zijn veel oude huizen in deze straat*: There are many old houses on this street.

(b) 'Of them'. *Heeft ze kinderen? Ze heeft er twee*: Does she have children? She has two of them.

(c) 'There' (meaning 'present'). *Ik zal er zijn als u me nodig hebt*: I'll be there if you need me.

(d) With a preposition to replace the pronouns *hem*, *ze*, and *het* (for things). *Denkt u aan het probleem? Ik denk eraan*: Are you thinking about the problem? I'm thinking about it. *Houdt u van de zee? Ik hou er veel van*: Do you like the sea? I like it a lot.

4. — **Gender** — Nouns ending in **-ier** are usually neuter when they denote objects. When referring to persons they are not. *Het formulier, het dossier, het portier* (the door of a car). *De officier, de portier* (the porter, doorkeeper).

5. Uitdrukkingen. — 1 *Een maand geleden was ik in Nederland.* — 2 *Ik ga er ook heen.* — 3 *Het was helemaal anders dan nu.* — 4 *Ik ken iedereen bij zijn naam.* — 5 *Hij klaagt nu over alles.* — 6 *Met veertien jaar was hij aan het werk.* — 7 *Ik ben van plan een wagen te kopen.* — 8 *Hij speelt in plaats van te werken.* — 9 *Dat zal u*

****

DRIEËNVEERTIGSTE (43ste) LES

Weer eens humor

De dichter
1   De dichter had moeilijkheden **(1)** met zijn elektriciteitsrekeningen.

UITSPRAAK
1 moeiEl:k/h**AY**d:n ... **AY**lektriEsiEteitsr**AY**k:ning:n

ziek maken. — 10 Wil je een plaat laten draaien. — 11 Is het ver hier vandaan ? — 12 Ze komen misschien te voet. — 13 Dat is een huis uit de negentiende eeuw. — 14 Ik ben altijd tot uw dienst. — 15 De kamer ziet op de straat uit. —16 Er was zo goed als niemand.

6. — Vertaling — 1 A month ago I was in The Netherlands. — **2** I'm going there too. — **3** It was completely different than now. — **4** I know each one by his name. — **5** Now he complains about everything. — **6** At fourteen (years) he was out working. — **7** I intend to buy a car. — **8** He plays instead of working. — **9** That will make you ill. — **10** Do you want to play a record? — **11** Is it far from here? — **12** Maybe they are coming on foot. — **13** That's a house from the nineteenth century. — **14** I'm always at your service. — **15** The room looks out on the street. — **16** There was virtually no one.

*****

We want to impress upon you once more that it is not necessary to memorize the examples we give in both the notes and review lessons. It is much better just to go over them as often as possible. This is the best way to master the language. Trust us!

***

FORTY-THIRD LESSON

Humour Once Again

The Poet
1 The poet had difficulties with his electricity bills.

OPMERKING
(1) For nouns ending in **-heid** (see Lesson 33, Comment 5) the plural ending is **-heden.** *De mogelijkheid, veel mogelijkheden; de vrijheid, onze vrijheden* (our freedoms).

43ste LES

2 Elke maand stuurde hij een cheque om te (2) betalen;
3 maar steeds (3) kreeg (4) hij als antwoord dat het te veel of te weinig was.
4 Na een paar maanden had de maatschappij het begrepen (5).
5 Hij kreeg een brief waarin (6) te lezen stond :
6 — Kijk alstublieft naar het bedrag,
7 U stort telkens de datum.

De machinist had zich vergist
8 In de trein Brussel-Gent zei de conducteur tegen een oude dame:
9 — U hebt een kaartje voor Antwerpen, maar deze trein gaat naar Gent !
10 Toen (7) werd de dame kwaad :

UITSPRAAK
2 maant ... shek
4 b:hgrAYp:n
5 stont
6 b:draHG
mashiEnist hat ˆsiHGˆ f:rhgist

2 Every month he sent a cheque as payment;
3 but he always got the reply that it was too much or too little.
4 After a couple of months the company realized what it was (had discerned it).
5 He received a letter which read:
6 — Please look at the amount.
7 You are remitting the date each time.

The engineer had made a mistake
8 In the train form Brussels to Ghent the conductor said to an elderly lady:
9 You have a ticket for Antwerp, but this train is going to Ghent!
10 Then the lady became angry.

OPMERKINGEN
(2) *Om te*: in order to. In English 'in order' is often assumed and omitted. *Om*, however, may not be omitted. Any objects of the infinitive are placed between *om* and *te*. *Ze neemt de bus om naar huis te gaan*: She takes the bus (in order) to go home. *Ik heb geen geld om een wagen te kopen*: I have no money (in order) to buy a car.
(3) *Steeds*: continually, always; *steeds meer*: increasingly, more and more. *Het leven wordt steeds duurder*: Life gets more and more expensive. *Dat wordt steeds moeilijker*: That's becoming more and more difficult.
(4) Past tense of *krijgen* (get), an irregular verb. The past tense is formed by a vowel change rather than by adding **-de** or **-te.** Since there are no rules for irregular verbs, a few of them will be listed in each lesson.
(5) The past participle of an irregular verb often has a vowel change as well, but not necessarily the same one. This past participle doesn't have a **ge-** prefix because the verb starts with **be-**.
(6) Notice this use of *waar* plus a preposition where 'which' is used preceded by a preposition in English. *De tram waarop ik wacht*: The tram for which I'm waiting. *Het probleem waaraan ik denk*: The problem about which I'm thinking.
(7) *Toen* is only used with the past tense. As an adverb it means 'then' and is used for a single occurance of action. *Dan* may be used with the past tence only for repeated action.

Neuter noun: *het paard*.

43ste LES

11 — Die is goed ! En vergist de machinist zich dikwijls op deze manier ?

Psychologie
12 *Beginneling :* Wel, meneer, ik zou een paard willen huren.
13 Hoelang kan ik het hebben ?
14 *Baas :* Meneer, dat hangt van het paard af !

UITSPRAAK
11 is ˆHGoet
12 ik ˆsou
14 dat hangt ˆfan

OEFENINGEN
A. Vertaal:

1. Gisteren heb ik u het bedrag van de rekening gestuurd. — 2. Met hem is het telkens hetzelfde, je mag niets zeggen, hij wordt dadelijk kwaad. — 3. De maatschappij heeft steeds meer problemen om de arbeiders te betalen. — 4. Beginnelingen verdienen natuurlijk steeds minder dan oudere arbeiders, die al jaren bij de firma zijn. — 5. Het huis waarin we nu wonen, hebben we voor drie jaar gehuurd. — 6. Ik reken erop dat u deze som onmiddellijk stort. — 7. Als u op een betere manier werkte, zou u tijd en geld sparen.

11 — That's a good one! And does the engineer often make a mistake like that?

Psychology
12 Beginner: Well, sir, I would like to rent a horse.
13 How long can I have it?
14 Proprietor (boss): Sir, that depends on the horse (hangs from the horse off)!

Some Irregular Verbs

Present	Past	Past Participle
Zeggen	ik zei (plur. : zeiden)	Ik heb gezegd
worden	ik werd	ik ben geworden
staan	ik stond	ik heb gestaan
krijgen	ik kreeg	ik heb gekregen
begrijpen	ik begreep	ik heb begrepen
rijden	ik reed	ik heb gereden

An irregular verb with **-ij** in the infinitive usually has **ee** [AY] in the simple past singular. The plural and the past participle take the same [AY] sound, but it is spelled with an **e** because the syllable is open.

OPLOSSING A:
1. Yesterday I sent you the amount of the bill. — **2.** With him it's always the same; you may not say anything; he gets angry immediately. — **3.** The company is having more and more problems at paying the labourers. — **4.** Of course beginners always earn less than older workers who have already been with the firm for years. — **5.** The house we now live in, we have rented for three years. — **6.** I'm counting on it, that you'll deposit this sum immediately. — **7.** If you worked in a better way, you would save time and money.

43ste LES

B. Vul de ontbrekende woorden in:

1 *Will you deposit this amount in my postal account.*

Wilt u dit ...... op mijn post........ ....

2 *When he heard that his son answered in that way, he became angry.*

Toen hij ...... dat zijn zoon .. die manier antwoordde, ... hij ..... .

3 *It's too bad it doesn't depend on me, because the trip is worth the effort.*

Het is ...... dat het niet van mij .... , want de .... is de ...... waard.

4 *You have continually learnt more words and expressions and now the difficulties are decreasing.*

U heeft ...... meer woorden en .... geleerd en nu .... de ....

****

VIERENVEERTIGSTE (44ste) LES

Wim is laat

1 *Mia:* Dora, kijk eens naar de klok !

UITSPRAAK
1 keik AYns
In conversation often pronounced: keik ˉ:s

5 *The difference is not very great, but I want to have a correct bill.*

Het .... is niet heel groot, maar ik wil een

.... hebben.

OPLOSSING B:

1 bedrag - rekening - storten. — **2** hoorde - op - werd - kwaad. — **3** jammer - afhangt - reis - moeite. — **4** steeds - uitdrukkingen - verminderen - moeilijkheden. — **5** verschil - precieze - rekening.

ZINSBOUW

Zodra ik	meer op mijn bankrekening	heb, ga ik	met vakantie
	minder werk		naar Nederland
	geld genoeg		op reis
	meer vrije tijd		naar zee
	de inlichtingen		
	wat gespaard		(24)

✦✦

FORTY-FORTH LESSON

Wim is Late

1 Mia: Dora, look at the clock!

44ste LES

187 honderd zevenentachtig

2 *Dora:* Wat is er aan de hand ?
3 Loopt die voor **(1)** ? Of staat hij soms stil ?
4 *Mia:* Nee, maar het is bijna kwart vóór negen en Wim is er **(2)** nog niet.
5 Het is toch zijn gewoonte **(3)** niet zo laat te komen.
6 En hij heeft niet gewaarschuwd.
7 Misschien heeft hij een ongeluk gehad ?
8 *Dora:* Je ziet altijd alles te zwart **(4)**.
9 Het is woensdag, en op woensdag is er altijd meer verkeer **(5)**
10 Er zijn overal opstoppingen.
11 *Mia:* Het verbaast mij toch.
12 *Dora:* Bel dan zijn vrouw maar op.
13 *Mia:* Nee, ik wil haar niet nutteloos **(6)** bang maken **(N1)**.
14 Maar als hij niet binnenkort komt, dan doe ik het toch.

(wordt vervolgd)

UITSPRAAK
3 loob ˆdiE ... staat ˆei
6 niEt ˆHG:vwaarsHGuut
9 vwoenzdaHG
11 :t ˆf:rbaast

2 Dora: What's wrong?
3 Is it (running) fast? Or perhaps it's standing still?
4 Mia: No, but it's almost a quarter to nine and Wim isn't here (there) yet.
5 It's not his habit to come so late.
6 And he hasn't notified [us].
7 Maybe he's had an accident?
8 Dora: You always see everything too black.
9 It's Wednesday, and on Wednesday there's always more traffic.
10 There are [traffic] jams everywhere.
11 Mia: It still surprises me.
12 Dora: Just ring his wife then.
13 Mia: No, I don't want to frighten her needlessly.
14 But if he doesn't come soon, I'll do it anyway.

(to be continued)

OPMERKINGEN
(1) *Uw horloge loopt voor; mijn horloge loopt achter*: Your watch is fast (runs ahead); my watch is slow (runs behind). *Ik ben achter met mijn werk*: I'm behind with my work.
(2) Here *er* means 'there' in the sense of 'present'. *Jan is er altijd, als we een feest hebben, maar als er werk is, dan is hij er niet*: Jan is always there, if we have a party, but if there's work [to be done], he's not there.
(3) *Een gewoonte*: a habit or custom; *gewoon*: customary, ordinary, usual; *gewoon zijn*: to be accustomed. *Hij is gewoon met de bus te komen*: He's used to coming by bus. *Ik ben dat niet gewoon*: I'm not accustomed to that.
(4) *Een wit huis*: a white house; *een groene boom*: a green tree; *de blauwe zee*: the blue sea; *bruin papier*: brown paper; *een gele wagen*: a yellow car; *de grijze hemel*: the grey sky.
(5) *Een verkeersongeval*: a traffic accident; *het verkeersreglement* [rAYhgl:ment]: the traffic code.
(6) *Het nut*: the usefulness; *nuttig*: useful; *nutteloos*: useless, uselessly. The Suffix **-loos** means 'without' as does **-less** in English.
Werkloos: out of work, unemployed; *kinderloos*: childless; *eindeloos*: endless.

Neuter nouns: *het horloge, het ongeval, het papier, het reglement, het nut*.

44ste **LES**

OEFENINGEN
A. Vertaal:

1. Er is een erg ongeval aan het kruispunt gebeurd en er zijn overal opstoppingen. — **2.** In alle restaurants is de BTW in de prijs inbegrepen. - **3.** Hij geeft zich nutteloze moeite : hij kan er niets aan veranderen. — **4.** Ik raad u aan ons te waarschuwen zodra u iets weet . — **5.** In het centrum van de grote steden zal het verkeer binnenkort bijna onmogelijk worden. — **6.** Ik ben zo'n leven niet gewoon. — **7.** Ik heb iedereen over uw plan gesproken maar niemand scheen er akkoord mee te gaan. — **8.** Het is zijn gewoonte niet zo weinig inlichtingen te geven.

B. Vul de ontbrekende woorden in:

1 *He'll warn us if something happens.*

Hij zal ons . . . . als er iets . . . .

2 *It's very careless to drive so fast.*

Het is erg . . . . zo vlug te . . . .

honderd negentig 190

Some Irregular Verbs

Present	Past	Past Participle
zijn	ik was (plur. : waren)	ik ben geweest
hebben	ik had	ik heb gehad
gaan	ik ging	ik ben gegaan
lezen	ik las	ik heb gelezen
spreken	ik sprak	ik heb gesproken

Verbs which have a short **a**-sound in the simple past singular, have a long **aa** in the plural: *Ik las, we lazen* (l**aaz**:n), *Ik sprak, we spraken* (spr**aak**:n)

OPLOSSING A:
1. There has been a serious accident at the intersection and there are [traffic] jams everywhere. — **2.** In all restaurants the VAT is included in the price. — **3.** He is causing himself useless bother: he can't do (change) anything about it. — **4.** I advise you to notify (warn) us as soon as you know something. — **5.** Before long the traffic in the centre of large cities will become almost impossible. — **6.** I'm not used to such a life. — **7.** I have talked to everyone about your plan, but nobody seemed to agree with it. — **8.** It's not his custom to give so little information.

3 *He spoke as slowly as possible and still we understood him [only] with difficulty.*

Hij ..... zo .... mogelijk en toch ....

wij hem met ....

44ste LES

4 *I have pain in my right leg, the old man said, the weather will be changing shortly.*

Ik heb .... in mijn ....been, ... de oude man, het weer zal .... veranderen.

5 *It is a very difficult case, but still you must not become so impatient.*

Het is een heel moeilijk ..... , maar u moet toch niet zo

....

∗∗∗

VIJFENVEERTIGSTE (45ste) LES

Dora droomt

1 *Mia:* Je schijnt te dromen **(1)**, Dora.
2 Heb je zo weinig werk ?
3 *Dora:* Alleen maar een paar korte brieven te typen **(2)**.
4 *Mia:* En waarvan **(N2)** droom je ?
5 *Dora:* Ik droom van mijn **aanstaande (3)** weekend **(4)**.
6 Ik rijd met een vriendin naar Amsterdam **(5)**.

UITSPRAAK
1 sHGeint
3 tiEp:n
5 vwiEk/ent (under English influence)
6 amst:rdam
Notice the emphasis on the last syllable. The names of several Dutch cities have the emphasis on the last syllable (such as Rotterdam and Breda).

OPLOSSING B:

1 waarschuwen - gebeurt. — **2** onvoorzichtig - rijden. — **3** sprak - langzaam - verstonden - moeite. — **4** pijn - rechter - zei - binnenkort. — **5** geval - ongeduldig - worden.

ZINSBOUW

Het is te laat	om	inlichtingen	te	vragen
Is het nog tijd		een antwoord		geven
Ga naar het reisbureau		de nodige papieren		hebben
Ik ga naar het stadhuis		het adres		

(80)

★★★★★★★★★★★★★★★★★★★★★★★★★★★★★★★★★★★★★★

FORTY-FIFTH LESSON

Dora is Dreaming

1 Mia: You seem to be dreaming, Dora.
2   Do you have so little work?
3 Dora: Only a couple of short letters to type.
4 Mia: And what are you dreaming about?
5 Dora: I'm dreaming about my upcoming weekend.
6   I'm riding to Amsterdam with a girl friend.

OPMERKINGEN
(1) *Een mooie droom*: a beautiful dream. The infinitive used with *schijnen* is always preceded by *te*. *Hij schijnt alles te begrijpen*: He seems to understand everything. *Ze schijnt niets te vermoeden*: She doesn't seem to suspect anything.
(2) *Tikken* is also used for *typen*. *Een typist* [tiEpist] is a male typist; *een typiste* [tiEpist:] is a female typist.
(3) *Hij vertrekt aanstaande zondag*: He's leaving next Sunday. *Dit is mijn aanstaande*: This is my wife (or husband) to be.
(4) One can also say: *weekeinde*.
(5) *Amsterdam* is sometimes abbreviated to *A'dam*.

7 *Mia:* Zo! Zo! Wel, hier is de post **(6)**; breng ze naar de baas.
8 Hij heeft een bezoeker om half tien
9 en het is toch normaal, dat hij eerst de brieven opent **(7)**.
10 *Dora:* De post, de baas... Je schijnt aan niets anders **(8)** te denken.
11 Ik denk liever aan mijn weekend, dat is veel leuker.

(wordt vervolgd)

UITSPRAAK
11 is ˈfAYl

OEFENINGEN
A. Vertaal:

1. Ik vraag me af waar ze van plan zijn hun vakantie door te brengen. – 2. Het schijnt dat ze helemaal geen voorkeur hebben. – 3. Als u wat minder droomde, zou u veel gemakkelijker een oplossing vinden. – 4. Aanstaande maandag is er een vergadering van de arbeiders. – 5. Wat u doet is niet voorzichtig, en bovendien is het erg gevaarlijk. – 6. Als u in Rotterdam overstapt, is er niet het minste probleem : u heeft tien minuten op de aansluiting te wachten en de trein uit België heeft zo goed als nooit vertraging.

7	Mia:	So! So! Well, here's the mail; take (bring) it to the boss.
8		He has a visitor at nine thirty
9		and it's only normal that he first open the letters.
10	Dora:	The mail, the boss... You seem to think about nothing else.
11		I prefer to think about my weekend; that's much nicer.

(to be continued)

OPMERKINGEN

(6) *Op zondag is er geen bestelling*: On Sunday there is no delivery. *De postbode*: the postman. *Ik moet deze brieven posten*: Ik have to mail these letters.

(7) *De winkel was niet open*: The shop wasn't open. *Doe de deur eens open*: Open the door.

(8) After *iets* and *niets* an adjective has the ending **-s**. *Iets nieuws*: something new; *niets moois*: nothing beautiful.

Neuter nouns: *het weekend, het weekeinde*.

Some Irregular Verbs

Present	Past	Past Participle
doen	ik deed	ik heb gedaan
helpen	ik hielp	ik heb geholpen
vinden	ik vond	ik heb gevonden
nemen	ik nam	ik heb genomen
	(plur. : namen)	
komen	ik kwam	ik ben gekomen
	(plur. : kwamen)	

OPLOSSING A:

1. I wonder where they are planning to spend their holiday. — **2.** It seems that they have absolutely no preference. — **3.** If you dreamed a bit less, you would find a solution much more easily. — **4.** Next Monday there is a meeting of the labourers. — **5.** What you are doing is not prudent, and furthermore, it's very dangerous. — **6.** If you transfer in Rotterdam, there's not the slightest problem. You have ten minutes to wait for the connection, and the train from Belgium is virtually never late.

45ste LES

B. Vul de ontbrekende woorden in:

1 *I must leave you immediately; I don't want to miss the last train.*

Ik moet u onmiddellijk .... , ik wil de .... trein niet ....

2 *That happened two years ago, at that time we still lived in the vicinity.*

Dat is twee jaar .... ; in die .... woonden we nog in de ..... .

3 *If I told you everything, you would be very astonished about it.*

Als ik u ..... vertelde, zou u er heel .... zijn.

****

ZESENVEERTIGSTE (46ste) LES

Daar komt Wim

1 *Dora:* Kijk eens wie we daar hebben !
2 *Wim:* Dag, meisjes !

4 *We are leaving in a quarter of an hour; do you want to come along with us?*

We .... over een .... , wilt u met ons .... ?

5 *She wanted to become a typist, but it was nothing other than a beautiful dream.*

Ze wilde .... worden, maar het was niets ......
dan een mooie .....

* * * * *

OPLOSSING B:

1 verlaten - laatste - missen. — **2** geleden - gebeurd - tijd - buurt. — **3** alles - verbaasd - over. — **4** vertrekken - kwartier - meekomen — **5** typiste - anders - droom.

Pay special attention to the irregular verbs. *Go over the lists given in each lesson as often as you can and mark them with a special sign in the list of verbs at the end of the book. This will help you find them quickly. Frequent repetition of these verbs is extremely important.*

****

FORTY-SIXTH LESSON

There Comes Wim

1 Dora: Now look who we have here (there)!
2 Wim: Hello, girls!

46ste LES

3 *Dora:* Dag, vriend !
4 *Mia:* Zeg, het is r**uim** (1) negen uur. Waar kom je vand**aan** ?
5 *Dora:* De verklaring is eenv**ou**dig.
6 Men**ee**r gaat 's avonds (2) uit (3) en 's morgens komt hij dan m**oei**lijk uit zijn bed.
7 *Wim:* Laten we (4) ernstig zijn, a.u.b. Mijn schoonmoeder...
8 *Dora:* Ze is zeker weer in het ziekenhuis !
9 Of ligt ze deze keer (5) op sterven ?
10 Vertel ons dat niet meer : dat liedje (6) kennen we al lang.
11 *Wim:* Goed ! Ik ben te laat opgestaan (7).
12 Heeft meneer De Vos iets gemerkt ?
13 *Mia:* Wees (N3) maar niet bang. Hij weet van niets.
14 *Wim:* Gelukkig ! En nu vlug aan het werk !
(wordt vervolgd)

UITSPRAAK
3 daHG ̂ friEnt
5 AYnvoud:HG
6 saav:nts ... smorhg:ns komt ̂ei ... uit ̂s:n bet
8 is ̂sAYk:r ... in :t ̂siEk:nhuis
10 liEty:
12 iEts ̂HG:merkt

3 Dora: Hello, friend!
4 Mia: Say, it's well past nine o'clock. Where have you been (come you from)?
5 Dora: The explanation is simple.
6 The gentleman goes out in the evening and then in the morning it's difficult for him to get out of his bed.
7 Wim: Let's be serious, please. My mother-in-law …
8 Dora: She's in the hospital again for sure!
9 Or is she at the point of death this time?
10 Don't tell us that anymore: we've heard that song before (that song we already know for a long time).
11 Wim: Good! I got up too late.
12 Did Mister De Vos notice anything.
13 Mia: Don't be afraid. He knows nothing about it.
14 Wim: [That's] fortunate! And now quickly to work!
(to be continued)

OPMERKINGEN
(1) *Ruim*: spacious, roomy, ample, wide. *Dat is een ruime kamer*: That's a spacious room. *Er is geen ruime keuze*: There isn't a wide choice. *Hij is ruim twintig jaar*: He's over twenty (years). *Dat is ruim genoeg*: That's more than enough.
(2) *'s Avonds ben ik moe*: In the evening I am tired. Note the position of the apostrophe and of the capitalization. *Die avond*: that evening; *vanavond*: this evening.
(3) *Mijn vrouw en ik gaan niet veel uit*: My wife and I don't go out much. *Ze ging het huis uit*: She went out of the house.
(4) Usually, *laten we* (plus an infinitive) is used in the imperative plural to introduce a proposal or a request. *Laten we dadelijk vertrekken!*: Let's leave right away! *Laten we bidden*: Let us pray. It is also permissable to use *laat ons*, but that is less common. *Laat ons bidden*.
(5) *Keer*: turn, time, instance. *Vandaag ging ik voor de eerste keer*: Today I went for the first time. As with *jaar* and *uur*, *keer* remains singular after a number. *Hij kwam drie keer per maand*: He came three times a month.
(6) *Het lied*: the song. *Vanavond zal het koor drie liederen zingen*: This evening the chorus will sing three songs. *De kinderen zingen liedjes in de klas*: The children sing songs in class.
(7) To form the past participle of a compound verb the separable part is placed before the past participle of the root verb. *Ze is gekomen*: She has come. *Ze is vanavond teruggekomen*: She has come back this evening. *Hebben ze steeds opgepast?*: Have they always been careful?

Neuter nouns: *het ziekenhuis, het lied, het koor*.

OEFENINGEN
A. Vertaal:

1. Het spijt me dat ik geen betere verklaring kan geven, maar ik bezit niet alle nodige gegevens. — 2. Het was een bijzonder erg ongeluk : zes mensen werden naar het ziekenhuis gebracht. — 3. Ik vraag me af of iedereen werkelijk goed op de hoogte van het geval is. — 4. Ik houd niet van die romantische liederen, ze doen me aan het begin van onze eeuw denken. — 5. Vanmorgen had hij misschien geen andere keuze. — 6. Gelooft u niet dat ze te laat beginnen om op tijd klaar te zijn ? — 7. Ik heb de rekening niet betaald omdat ik geen geld bij mij had.

* * *

B. Vul de ontbrekende woorden in:

1 *I don't know where they are going, and they seem not to want to say.*

Ik weet niet waar ze .... gaan, en ze .... het niet .. willen zeggen.

2 *They also found that you spoke exceptionally well.*

Ze ...... ook dat u .... goed ..... .

Some Irregular Verbs

Present	Past	Past Participle
weten	ik wist	ik heb geweten
zien	ik zag (we zagen)	ik heb gezien
verliezen	ik verloor	ik heb verloren
denken	ik dacht	ik heb gedacht
verkopen	ik verkocht	ik heb verkocht

When an irregular verb alreadfy has **ver-** as prefix the customary **ge-** prefix is not added in the past participle.

OPLOSSING A:
1. I'm sorry I can't give a better explanation, but I don't have all the necessary data. — 2. It was an exceptionally serious accident: six people were taken to hospital. — 3. I wonder if everyone is really well informed about the case. — 4. I don't like those romantic songs, they make me think about the beginning of our century. — 5. Maybe he had no other choice this morning. — 6. Don't you believe they are beginning too late to be finished on time? — 7. I didn't pay the bill because I didn't have any money with me.

3 *He said he had sold his car because he lost less time with the train.*

Hij ... dat hij zijn wagen .... had omdat hij met de trein minder tijd ....

46ˢᵗᵉ **LES**

tweehonderd en **één**

4 *I have noticed that no one was informed.*

Ik heb .... dat niemand op de ...... was.

5 *In the morning I always get up at six o'clock.*

.. .. ik altijd .. zes uur .. .

★★★★★

Are you keeping your list of irregular verbs up-to-date?
Be sure to add words to it regularly!

★★

ZEVENENVEERTIGSTE (47ste) LES

Naar Amsterdam

1 *Mia:* Je sprak zoëven **(1)** over je weekend. Wat vertelde je eigenlijk ?
2 *Dora:* Ik zei dat ik naar Amsterdam ging.
3 *Mia:* Alleen ?
4 *Dora:* Hoeveel keer **(2)** moet ik hetzelfde herhalen ? Ik ga met mijn beste **(3)** vriendin.
5 *Mia:* Ik dacht dat ik je beste vriendin was.
6 *Dora:* Hier op kantoor, ja, maar...
7 *Mia:* Hier op kantoor, omdat je mij nodig hebt.

UITSPRAAK
1 sprak ˆsooAYv:n ... vwiEkent ... vwat ˆf:rteld: y:
2 ik ˆsei
4 h:tselvd: ... ik ˆHGaa
5 ig ˆdahg ˆdat

OPLOSSING B:

1 naartoe - schijnen - te. — 2 vonden - bijzonder - sprak. — 3 zei - verkocht - verloor. — 4 gemerkt - hoogte. — 5 's Morgens - sta - om - op.

ZINSBOUW

Ik	geloof	dat ze	ons plan	goed	kent
	hoop		het geval		begrijpt
	denk		het probleem		verklaart
	weet		de tekst		
			de les		

(60)

****

FORTY-SEVENTH LESSON

To Amsterdam

1 Mia: You were talking about your weekend just now. What did you say exactly?
2 Dora: I said I was going to Amsterdam.
3 Mia: Alone?
4 Dora: How many times must I repeat the same thing? I'm going with my best friend.
5 Mia: I thought I was your best friend.
6 Dora: Here at the office, yes, but...
7 Mia: Here at the office, because you need me.

OPMERKINGEN

(1) *Zoëven*: just now, a moment ago. The two dots mark the beginning of the second syllable. This shows that the pronunciation is [zooAYv:n] rather than [zoeven]. *Zoëven was ze nog hier*: A moment ago she was still here. *Pas*: just, just now, not until. *Hij is pas terug*: He is just back. *Ik zal pas vanavond klaar zijn*: I'll not be finished until this evening.

(2) *Uur, jaar* and *keer* remain singular after *hoeveel. Hoeveel uur duurt de reis?*: How many hours does the journay take? *Hoeveel jaar heeft ze in Nederland gewoond?*: How many years has she lived in The Netherlands?

(3) *Goed* (good), *beter* (better), *best* (best). *Deze methode is goed*: This method is good. *Kent u een betere methode?*: Do you know a better method? *Misschien is deze de beste methode*: Maybe this is the best method.

47ste LES

8		Maar zodra het vijf uur is, dan vergeet je me.
9		Wanneer vertrek je ?
10	*Dora:*	Vrijdagavond **(4)** om half zes.
11	*Mia :*	Ga je met de trein ?
12	*Dora :*	Dacht je **(5)**, dat wij zo dom zijn ?
13		We rijden met haar wagen ; op die manier verliezen we minder **(6)** tijd.
14	*Mia :*	Hoelang blijf je er ?
15	*Dora :*	Waarschijnlijk tot zondagavond. Want maandag weer aan het werk !
16	*Mia :*	Aan het werk ! Dat is maar een manier van spreken !

(wordt vervolgd)

UITSPRAAK
 8 :t ˆfeif
10 half ˆses
15 tot ˆsondahg/**aav**:nt

8		But as soon as it's five o'clock you forget me.
9		When are you leaving?
10	Dora:	Friday evening at five-thirty.
11	Mia:	Are you going by train?
12	Dora:	Did you think we were that stupid?
13		We're riding in her car; that way we lose less time.
14	Mia:	How long are you staying there?
15	Dora:	Probably until Sunday evening. Because Monday [it's] back to work!
16	Mia:	Back to work! That's merely a manner of speaking!

(to be continued)

OPMERKINGEN
(4) *Morgenavond*: tommorow evening; *morgenochtend*: tomorrow morning; *de volgende morgen*: the following morning.
(5) To form a question the subject and verb are inverted.
(6) *Weinig*: not much, not many, little. The comparative and superlative are irregular. *Minder*: less; *minst*: least. *Nu heb ik minder problemen*: Now I have less problems. *Wie heeft de minste punten?*: Who has the least points?

Some Irregular Verbs

Present	Past	Past Participle
eten	il at (plur. : aten)	ik heb gegeten
kunnen	ik kon (plur. : konden)	ik heb gekund
lopen	ik liep	ik heb gelopen
verstaan	ik verstond	ik heb verstaan
helpen	ik hielp	ik heb geholpen

OEFENINGEN
A. Vertaal:

1. Ik vraag me af wat ze zich eigenlijk inbeelden. — 2. Ik vind het bijzonder dom tien keer hetzelfde te vragen. — 3. Het is niet heel ernstig op zo'n manier te willen werken. — 4. Ze heeft ons zoëven verteld dat ze helemaal niet op de hoogte was. — 5. Zodra ik de rekening ontvang, stuur ik het geld. — 6. Ze hebben een huis gehuurd omdat ze hun flat te klein vonden. — 7. Dat zijn allemaal brieven waarop ik morgenochtend moet antwoorden. — 8. Het resultaat hangt natuurlijk van uw werk af.

B. Vul de ontbrekende woorden in:

1 *You are probably right to leave immediately because there are traffic jams everywhere.*

U heeft .... dadelijk te vertrekken

..... er ...... opstoppingen zijn.

2 *It's not worth the bother to wait any longer.*

Het is de ...... niet ..... langer te ....

3 *Everyone had imagined that they would find the solution, but the people had all been mistaken.*

Iedereen had zich .... dat ze de ....

zouden vinden, maar de mensen hadden zich ....

....

4 *In most cases beginners have little problems.*

In de .... hebben ....

kleine problemen.

★★★★★★★★★★★★★★★★★★★★★★★★★★★★★★★★★★★

OPLOSSING A:
1. I wonder what they are actually imagining. — **2.** I find it particularly stupid to ask the same thing ten times. — **3.** It's not very serious to want to work in such a manner. — **4.** She has just now told us that she was not at all informed. — **5.** As soon as I receive the bill, I will send the money. — **6.** They have rented a house because they found their flat too small. — **7.** Those are all letters which I must answer tomorrow morning. — **8.** Of course the outcome depends on your work.

5 *He works with an insurance company; he must visit customers every day.*

Hij werkt ... een verzekerings............ ; hij

moet .... dag .... bezoeken.

OPLOSSING B:

1 waarschijnlijk - gelijk - omdat - overal. — **2** moeite - waard - wachten. — **3** ingebeeld - oplossing - allemaal - vergist. — **4** meeste - gevallen - beginnelingen. — **5** bij - maatschappij - elke - klanten.

ZINSBOUW

Ze komt niet mee Ze blijft thuis Ze neemt geen vakantie	omdat ze		
	de reis het hotel het land	weinig interessant te duur	*vindt*
	nu geen	tijd geld werk	*heeft*

(27)

47ste LES

ACHTENVEERTIGSTE (48ste) LES

Over prentkaarten en postzegels

1 *Mia :* Vergeet niet, zodra je in Amsterdam aankomt, mij een prentbriefkaart **(1)** te sturen :
2 ik verzamel ze nu al een paar jaar.
3 *Dora :* Heb je er veel ?
4 *Mia :* Ik kan het zo maar niet zeggen : ik heb ze nooit geteld.
5 *Dora :* Ik zou je graag iets sturen,
6 maar het zal een probleem geven : ik heb geen Nederlandse postzegels,
7 en 's zaterdags **(2)** zijn de postkantoren zeker gesloten.
8 *Mia :* Ik denk van niet **(3)**. In ieder geval is het hoofdkantoor **(4)** in de morgen open.
9 *Dora :* Best mogelijk, maar dan zijn slechts een paar loketten open.
10 Ik voel er niet veel voor een uur in de rij **(5)** te gaan staan : dat is verloren **(N4)** tijd.

UITSPRAAK
2 ikˆf:rzaam:l
4 ikˆkan :tˆsoo ... niEtˆsehg:n ... nooiEt ˆHG:telt
5 ikˆsou ... iEtsˆstuur:n
6 h:tˆsal ... postsAYhg:ls
7 saat:rdaHGs
9 lookett:n
10 ikˆfoel er niEtˆfAYI ... isˆf:rloor:n

FORTY-EIGHTH LESSON

About Picture Postcards and Postage Stamps

1 Mia: Don't forget to send me a picture postcard as soon as you arrive in Amsterdam:
2 I've been collecting them for a couple of years now.
3 Dora: Do you have a lot of them?
4 Mia: I can't say right off: I've never counted them.
5 Dora: I would be glad to send you something,
6 but it will cause (give) a problem; I don't have any Dutch postage stamps
7 and the post offices are surely closed on Saturday.
8 I don't think so. In any case, the main office is open in the morning.
9 Dora: Quite possibly, but then only a couple of wickets are open.
10 I don't feel much like standing in line for an hour; that's just lost time.

OPMERKINGEN
(1) *Een briefkaart*: a postcard.
(2) *'s* is a contraction of *des*, an old second case masculine and neuter singular form of the definite article. It is no longer used except in standard expressions. Here it adds the meaning 'on' to the word which follows (to which an **-s** is also added): *'s zondags* (on Sundays), *'s maandags* (on Mondays), *'s woensdags* (on Wednesdays). The initial *'s* is omitted, however, with *dinsdags* (on Tuesdays), *donderdags* (on Thursdays), and *vrijdags* (on Fridays).
(3) *Ik denk van wel*: I think so.
(4) *Hoofd*: head. In compound nouns it means principal or main. *De hoofdstraat*: the main street; *de hoofdstad*: the capital city. *Hij speelt de hoofdrol*: He plays the leading role. The **-d** in hoofd is pronounced **t**, also in combination with another word.
(5) *De leerlingen staan in de rij*: The pupils are standing in the row. *Een rij auto's*: a line of cars; *een rij bomen*: a row of trees.

11 *Mia :* Frankeer je kaart dan niet.
12 Schrijf er maar op "Port betaald door de geadresseerde" **(6)**.
13 *Dora :* Een prachtig idee ; dan kan je me weer verwijten **(7)** dat ik op mijn centen zit.
14 *Mia :* Er bestaat een andere mogelijkheid :
15 breng enige kaarten mee, dan hoef je **(8)** niets aan postzegels te verspillen.
16 *Dora :* Vriendelijk van jou. Ik zal er aan denken.

UITSPRAAK
12 hg:adress**AY**rd:
13 sent:n
16 ik ´sal

OEFENINGEN
A. Vertaal:

1. Ze hebben iedereen de nodige inlichtingen gegeven. — **2.** Ik zoek iemand om met mij mee te komen ; voelt u er iets voor ? — **3.** Het is altijd voorzichtiger de naam van de afzender op de envelop te schrijven. — **4.** Ik raad u aan de hele waarheid te zeggen. — **5.** Heel wat mensen verzamelen postzegels. — **6.** Ik wist niet of mijn verzameling veel waarde had. — **7.** Er bestonden geen andere mogelijkheden meer. — **8.** Er was een lange rij voor elk loket.

11	Mia:	Don't put postage on your card then.
12		Just write on it "Postage payed by the addressee".
13	Dora:	A splendid idea; then you can accuse me of pinching pennies again (sitting on my cents).
14	Mia:	There's another possibility:
15		bring a few cards with you, then you don't have to waste anything on postage stamps.
16	Dora:	Friendly of you. I'll keep it in mind (think on it).

OPMERKINGEN
(6) *Het adres*: the address; *de afzender*: the sender; *het postnummer*: the postal code.
(7) *Het verwijt*: the reproach.
(8) *Hoeven*: must, ought to. This word is only used in negative or interrogative clauses. *Hij hoeft niet te werken*: He doesn't have to work. *Moet ik hem voor die dienst betalen? Nee, dat hoeft niet*: Must I pay him for that service? No, that isn't required. *Het mag wel, maar het hoeft niet*: It's allowed, but it's not required.

Neuter nouns: *het loket, het verwijt*.

OPLOSSING A:
1. They have given everyone the necessary information. — **2.** I'm looking for someone to come with me; does that interest you at all? — **3.** It's always more cautious to write the name of the sender on the envelope. — **4.** I advise you to tell the whole truth. — **5.** A whole lot of people collect stamps. — **6.** I didn't know if my collection was of much value. — **7.** No other possibilities existed any longer. — **8.** There was a long queue in front of every wicket [window].

48ste LES

B. Vul de ontbrekende woorden in:

1 *Don't forget to put postage on your letters; if you don't (didn't) do it, then the adressee will (would) have to pay extra postage (penalty postage).*

Vergeet niet uw brieven te .... ; als u het niet .... , dan zou de .... strafport moeten ....

2 *I own a beautiful collection of postage stamps.*

Ik ..... een mooie .... post...... .

3 *She always reproaches me for wasting too much money.*

Ze .... me altijd dat ik te veel geld ....

4 *In the morning the busy traffic has caused us a problem more than once.*

In de .... heeft het drukke .... ons meer dan .... een probleem ....

****

NEGENENVEERTIGSTE (49ste) LES

Herhaling en opmerkingen

1. — Maken — *Dat zal hem boos maken*: That will make him angry. *Te veel eten kan u ziek maken*: Too much food can make you sick. *Die verwijten maken hem ongelukkig*: Those reproaches make him unhappy. *De*

5 *If I go on holiday – but it's not yet a certainty – I'll not forget to send you a couple of picture postcards.*

Als ik ... vakantie ga - maar het is nog geen ....

- zal ik niet vergeten u een paar .... te

....

OPLOSSING B:

1 frankeren - deed - geadresseerde - betalen. — **2** bezit - verzameling - zegels. — **3** verwijt - verspil. — **4** morgen - verkeer - eens - gesteld. — **5** met - zekerheid - prentkaarten - sturen.

ZINSBOUW

Het is	nodig	meer inlichtingen	te	bezitten
	belangrijk	wat geld		hebben
	nuttig	iets anders		vragen
	mogelijk	een plattegrond		geven **(80)**

****

FORTY-NINTH LESSON

oorlog heeft hem arm gemaakt: The war has made him poor.
Maken also appears in many expressions. *U heeft daarmee niets te maken*: That's none of your business. *Ik wil er niets meer mee te maken hebben*: I don't want to have anything more to do with it. *Maak dat je wegkomt!*: Get away from here!

2. — Interrogative Adverbial Pronouns — In questions, one never uses *wat* or *welke* and a preposition. Instead, an adverbial pronoun is formed by combining *waar* (where) and the preposition. What are you thinking about?: *Waaraan denkt u?* What are they speaking about?: *Waarover spreken ze?* What are they waiting for?: *Waarop wachten ze?*

The same forms are also used as relative pronouns. *De trein waarop ik wachtte, had vertraging*: The train for which I was waiting, had a delay. *Het geval, waaraan ik denk, is niet hetzelfde*: The case, about which I'm thinking, is not the same.

3. — Imperative — In the second person singular and plural the same form is used as in the first person of the present tense. *Ik help mijn zoon. Help uw vader!*: Help your father! *Ik ga met de anderen mee. Ga met de anderen mee!*: Go with the others! It is not necessary to add **-t** in the plural. If you use the older **-t** plural form, the verb must be followed by the pronoun *u*. *Excuseer me. Excuseert u me. Blijf niet te lang. Blijft u niet te lang.* The Imperative form of *zijn* is *wees*. *Wees niet zo ongeduldig!*: Don't be so impatient! In the first person plural, *laten we* is used. *Laten we dat geld niet verspillen!*: Let's not waste that money. *Laten we een beetje rusten!*: Let's rest a little.

****

VIJFTIGSTE (50ste) LES

Een blik achteruit... en vooruit maar !

1 Dit is nu al onze vijftigste les.

UITSPRAAK
1 fveift:HGst:

4. — Endings of Adjectives — An **-e** is never added to adjectives ending in **-en.** *Hij stond voor de open deur*: He stood in front of the open door. Consequently, when the past participle of an irregular verb is used as an adjective, its ending is always the same. *Dat is verloren tijd*: That's wasted time. *De gegeven inlichtingen*: the given information; *de gelezen teksten*: the texts read.

5. Uitdrukkingen. — 1 *Ik zeg alles tegen mijn vriend.* — 2 *Hoelang duurt de reis ?* — 3 *De klok is stil blijven staan.* — 4 *Mijn horloge loopt voor.* — 5 *Kan u ook zeggen hoe laat het is ?* — 6 *Waarvan droomt u ?* — 7 *Hier is de post.* — 8 *Hij is ruim dertig jaar.* — 9 *Ik ben op de hoogte van alles.* — 10 *Ik kom altijd moeilijk uit mijn bed.* — 11 *Ze gaan aan het werk.* — 12 *Ik heb haar zoëven gezien.* — 13 *Hij werkt op een andere manier.* — 14 *Dat geval zet ons voor een probleem.* — 15 *In ieder geval zal ik u waarschuwen.* — 16 *De mensen gaan in de rij staan.* — 17 *U hoeft niets anders te doen.*

6. — Vertaling — **1** I tell my friend everything. — **2** How long does the trip take? — **3** The clock has stopped. — **4** My watch is running fast. — **5** Can you also say what time it is? — **6** What are you dreaming about? — **7** Here is the mail. — **8** He is past thirty (years). — **9** I am informed about everything. — **10** I always have difficulty getting out of my bed. — **11** They are starting with the work. — **12** I have just now seen her. — **13** He works in a different manner. — **14** That case presents us with a problem. — **15** In any case I will warn you. — **16** The people are going to stand in the queue. — **17** You don't have to do anything else.

❋❋❋❋❋❋❋❋❋❋❋❋❋❋❋❋❋❋❋❋❋❋❋❋❋❋❋❋❋❋❋❋❋❋❋❋❋❋❋

FIFTIETH LESSON

A Backward Glance ... and then Onward!

1   Now this is already our fiftieth lesson.

2 Denk eens even na **(1)** : een paar weken geleden kende u niets of bijna niets.
3 Toen **(2)**.dacht u dat Nederlands bijzonder moeilijk was.
4 In korte tijd heeft u heel wat **wo**orden en **u**itdrukkingen geleerd.
5 Het spreekt vanzelf dat u ze niet allemaal onthouden **(3)** heeft.
6 Maar we hebben ze meer dan eens herhaald **(N1)** en. . . iedereen weet het : herhaling maakt de meester.
7 Dank zij de dikwijls talrijke **(4)** herhalingen beschikt **(5)** u nu al over een uitgebreide **wo**ordenschat.
8 U bent al in staat over een hele reeks onderwerpen te praten.
9 U hanteert de taal nog niet helemaal vlot en zonder aarzeling **(6)**.
10 Dit is normaal : Rome werd niet in één dag gebouwd.
11 In de volgende lessen zullen we onze woordenschat blijven **(7)** uitbreiden.
12 We zullen oefeningen blijven maken.

UITSPRAAK
2 denk^:s **AY**v:n^naa
3 biEzond:r
5 sprAYkt ^fanzelf
6 herh**aa**lt
7 dank^sei ... **uit**HG:breid: vwoord:nsHGat
9 h**AY**l:maal

2 Think about it: a few weeks ago you knew nothing, or just about nothing.
3 Then you thought Dutch was exceptionally difficult.
4 In a short time you have learned quite a number of words and expressions.
5 It goes without saying that you have not retained all of them.
6 But we have repeated them more than once and ... as everyone knows, repetition makes the master.
7 Thanks to frequent [and] numerous repetitions you already have an extensive vocabulary at your disposal.
8 You are already able to talk about a whole series of subjects.
9 Your use of the language is not yet fluent and without hesitation.
10 This is normal: Rome was not built in one day.
11 In the following lessons we shall continue to expand our vocabulary.
12 We shall continue to do exercises.

OPMERKINGEN
(1) *Ik denk aan het probleem*: I'm thinking of the problem. *Ik denk over het probleem na*: I'm thinking about (reflecting on) the problem.
(2) If an action took place only once in the past, *toen* is used instead of *dan*. *Hij stond even stil; toen ging hij verder*: He stood still for a moment; then he went on.
(3) Verbs starting with **ont-** do not have a **ge-** prefix in the past participle.
(4) The suffix **-rijk** (meaning 'rich' often in the sense of 'plentiful') occurs in many compound words: *bosrijk*, heavily wooded; *beeldrijk*, rich in imagery; *belangrijk*, important (rich in importance).
(5) *Beschikken over*: have at one's disposal. *Ik beschik niet over veel tijd*: I don't have much time at my disposal. *Ze heeft alles tot haar beschikking*: She has everything at her disposal.
(6) *Hij antwoordde zonder te aarzelen*: He answered without hesitating.
(7) *Blijven* coupled with an infinitive means 'continue to'. *Ze blijven werken*: They continue to work.

13 Op die manier zal u gauw (8) het stadium van de actieve kennis bereiken.
14 Verlies de moed nooit : elke dag komt u het doel dichterbij.

UITSPRAAK
13 hgou ... sta**a**diEum ... b:r**ei**k:n
14 v:rl**iE**s ... nooiEt

OEFENINGEN
A. Vertaal:

1. Ik heb over een mogelijke oplossing nagedacht, maar ik beschik niet over alle nodige gegevens. — **2.** Het spreekt vanzelf dat ze niet in staat zijn dat doel te bereiken. — **3.** Dank zij onze talrijke oefeningen heeft u heel wat uitdrukkingen onthouden. — **4.** Mijn woordenschat is nog niet uitgebreid genoeg om over zo'n moeilijk onderwerp te kunnen spreken. — **5.** Ze beeldden zich waarschijnlijk in, dat ik veel vlotter sprak. — **6.** Zodra hij een eenvoudige verklaring gevonden had, bracht hij ons op de hoogte van het geval.

13 In this manner you will soon reach the level of active knowledge.
14 Do not lose heart: each day you are getting closer to the goal.

OPMERKING
(8) *Gauw*: quick, quickly, soon. *Ik ben gauw klaar*: I'll be ready soon. *Vlug*: quick, quickly, fast. *Ze is vlug klaar*: She gets ready quickly. *Hij tekent vlug maar zijn tekeningen zijn niet altijd fatsoenlijk*: He draws quickly but his drawings are not always decent.

Neuter nouns: *het onderwerp, het stadium*.

Some Irregular Verbs

Present	*Past*	*Past Participle*
drinken	ik dronk	ik heb gedronken
houden van	ik hield van	ik heb van gehouden
liggen	het lag (plur. : lagen)	het heeft gelegen
beginnen	ik begon	ik ben begonnen
brengen	ik bracht	ik heb gebracht
moeten	ik moest	

OPLOSSING A:
1. I have been thinking about a possible solution, but I do not have all the necessary data at my disposal. — **2.** It speaks for itself, that they are not in a position to achieve that goal. — **3.** Thanks to our numerous exercises you have retained a considerable number of expressions. — **4.** My vocabulary is not yet extensive enough to be able to speak about such a difficult subject. — **5.** They probably imagined that I spoke much more fluently. — **6.** As soon as he had found a simple explanation, he informed us about the matter.

B. Vul de ontbrekende woorden in:

1 There were numerous difficulties, but he has never been willing to lose heart.

Er waren .... moeilijkheden, maar nooit heeft hij de .... willen ....

2 Next Sunday I'm having my birthday; I have a number (series) of friends who will send me cards and gifts.

Zondag .... heb ik mijn .... ; ik heb een ..... vrienden die me kaarten en cadeaus zullen ....

3 She uses the language without the slightest hesitation.

Ze .... de taal zonder de minste ....

4 You must continue to study in order to expand your vocabulary.

U moet .... studeren om uw .... uit te ....

5 On the square you can admire splendid old buildings.

Op het ..... kan u prachtige oude ....

****

OPLOSSING B:

1 talrijke - moed - verliezen. — **2** aanstaande - verjaardag - reeks - sturen. — **3** hanteert - aarzeling . — **4** blijven - woordenschat - breiden. — **5** plein - gebouwen - bewonderen.

* * * * *

Now you begin the *active phase* **of your study.**

Learn each new lesson as you have done until now. (Review the method recommended on page VII to be sure you are still following it correctly).

In each new lesson you will be reminded to go back and review one of the earlier lessons, starting with Lesson One. Your general knowledge of Dutch will now allow you to master the earlier lessons with ease!

Use the following procedure in the *second wave* of your study:
1. Read the lesson, repeating each sentence once. If you have the recordings, listen to them carefully.
2. Cover the Dutch text and try to reconstruct it, looking only at the English sentences. Make an effort to do this both out loud and in writing. This is the most important part of the second wave!
3. After you are finished, uncover the Dutch text and carefully correct any errors you have made.

After each new lesson, you will be told which earlier lesson you are to review in this precise way. This *second wave* of your study will lead to an active and, in a very short time, spontaneous knowledge of Dutch.

So, here we go!

Second Wave: Lesson 1

****

50ste **LES**

ÉÉNENVIJFTIGSTE (51ste) LES

Naar de vergadering

1 *Mia:* O ! Ik vergat het je te zeggen:
2 vanmiddag ben ik niet op kantoor.
3 *Dora:* Heb je een halve dag vrij **(1)** ?
4 Ga je boodschappen **(2)** doen ?
5 *Mia:* Nee, ik ga niet winkelen.
6 De baas heeft een belangrijke vergadering en ik moet met hem meegaan:
7 hij heeft me gevraagd het verslag **(3)** te schrijven.
8 *Dora:* De vorige keren deed Piet het altijd.
9 *Mia:* Ja, maar hij moet een collega vervangen, die sinds gisteren **(4)** afwezig is.
10 *Dora:* Wat voor een **(5)** vergadering is het ?
11 *Mia:* Met de leiders van de vakbond **(6)**, naar ik gehoord heb.
12 *Dora:* Ik heb de indruk dat er sprake zal zijn van onze wedden **(7)**.

UITSPRAAK
v:rhgaad:ring
1 ik^f:rhgat
3 hep y: ... daHG^frei
4 bootsHGapp:n
5 vwingk:l:n
7 hg:vraaHGt :t ^f:rslaHG
9 kollAYhgaa ... sints^HGist:r:n
10 vwat ^foor :n
11 leid:rs^fan d: fvakbont ... hep

FIFTY-FIRST LESSON

To the Meeting

1 Mia: Oh! I forgot to tell you:
2   This afternoon I won't be at the office.
3 Dora: Do you have a half day off?
4   Are you going to do some shopping?
5 Mia: No, I am not going shopping.
      The boss has an important meeting, and I must go with him.
7   He has asked me to write the report.
8 Dora: On previous occasions Piet always did it.
9 Mia: Yes, but he must replace a colleague who has been absent since yesterday.
10 Dora: What kind of a meeting is it?
11 Mia: With the leaders of the trade union, from what I've heard.
12 Dora: I have the impression that our wages will be under discussion.

OPMERKINGEN

(1) *'s Zaterdags hebben we vrijaf*: On Saturdays we are off work. *Die beambte heeft acht dagen ziekteverlof gekregen*: That employee has received eight days of sick leave. *Nu hebben de arbeiders betaald verlof*: Now the labourers have time off with pay (paid leave).

(2) *Boodschappen doen* means 'to do some shopping'. This is an idiomatic use of *boodschap* which means 'message'. *Geef a.u.b. mijn boodschap aan de directeur*: Please give my message to the director.

(3) The minutes of a meeting: *de notulen van een vergadering*.

(4) The day before yesterday: *eergisteren*. Yesterday evening: *gisteravond* or *gisterenavond*.

(5) Don't confuse *wat voor een* (what kind of) and *welk* (which, implication of choice). *Wat voor een boek is dat? Een roman?*: What kind of book is that? A novel? *Welk boek gebruik je om die taal te leren?*: Which book do you use to learn that language?

(6) *Vak*: profession, line of business, trade. *Bond*: alliance, association, union. *De vakbond* is sometimes called *het syndicaat* [sindiEkaat] in Belgium.

(7) *Wedde* (singular), *wedden* (plural): wage, wages (usually a fixed amount). *Het loon*: pay, wage, reward. *De arbeiders vragen hoger loon*: The workers are asking for higher pay. *Het salaris*: salary.

51ste LES

| 13 | Het wordt tijd dat we opslag **(8)** krijgen: |
| 14 | ik heb een paar **nieuwe rokken** nodig. |

UITSPRAAK
13 vwort ^teit
14 niEoew:

OEFENINGEN
A. Vertaal:

1. Ik vraag me af waarvan er op de vergadering sprake zal zijn. — **2.** Eergisteren had hij een afspraak met de leiders van een belangrijke firma. — **3.** Ze heeft altijd een hele reeks boodschappen te doen, maar... ze winkelt toch zo graag. — **4.** Ik ben eigenlijk niet in staat op uw vragen te antwoorden : ik heb het verslag van de vergadering nog niet gelezen. — **5.** Iedereen had de indruk dat de spreker niet bijzonder goed op de hoogte van het onderwerp was. — **6.** Als iemand hem een vraag stelde, aarzelde hij steeds lang voordat hij antwoordde. — **7.** Ik zou veel meer verdienen als ik de baas kon vervangen.

B. Vul de ontbrekende woorden in:

1 *He's very ill, he has already been on leave for weeks.*

   Hij is   ...   ziek, hij is   ..   weken met   ....

13 It's time we got a raise.
14 I need a couple of new skirts.

OPMERKING
(8) Or: *de loonsverhoging*.

Neuter nouns: *het verslag, het syndicaat*.

Some Irregular Verbs

Present	Past	Past Participle
roepen	ik riep	ik heb geroepen
ontvangen	ik ontving	ik heb ontvangen
mogen	ik mocht	–
vertrekken	ik vertrok	ik ben vertrokken

OPLOSSING A:
1. I wonder what will be under discussion at the meeting. – **2.** The day before yesterday he had an appointment with the leaders of an important firm. – **3.** She always has a whole series of errands to do, but ... she really does like to shop. – **4.** I'm not actually able to answer your questions; I have not yet read the report of the meeting. – **5.** Everyone had the impression that the speaker was not well informed about the subject. – **6.** If someone asked him a question, he always hesitated a long time before he answered. – **7.** I would earn much more if I could replace the boss.

2 *If she continues to work like that, she'll be speaking fluently shortly.*

Als ze zo ...... werken, zal ze ....

spreken.

3 *It is self-evident that I must first get accurate information.*

Het spreekt .... dat ik ..... precieze

.... moet krijgen.

4 *The trade union is requesting higher wages for the labourers; maybe they will get a raise.*

De .... vraagt hoger .... voor de .... ;

misschien krijgen ze ....

5 *I have the impression that she wastes her money; almost every week she buys something new.*

Ik heb de ...... dat ze haar geld .... : .....

elke week koopt ze iets ....

OPLOSSING B:

1 erg - al - verlof. — **2** blijft - binnenkort - vlot. — **3** vanzelf - eerst - inlichtingen. — **4** vakbond - loon - arbeiders - opslag. — **5** indruk - verspilt - bijna - nieuws.

****

TWEEËNVIJFTIGSTE (52ste) LES

Brieven sorteren

1 *Dora:* Eindelijk klaar voor vanmorgen. Ik begon er genoeg van te krijgen.

UITSPRAAK
sort**AY**r:n
1 hg:noeHG˜ fan

ZINSBOUW

Ik hoop	DAT
Ik heb de indruk	
Het spreekt vanzelf	
Hij denkt	
't Is mogelijk	
Ik ben er zeker van	

ze (nu) een (andere) oplossing hebben
(bijna) niemand het probleem (goed) kent
ze er (nog) geen (precies) idee van hebben
ze (ons) hun (nieuwe) plan zullen verklaren
ze (meer) verklaringen (nodig) hebben
ze (in dit geval) niets (anders) kunnen doen **(144)**

First form the sentences without using the words in parentheses. Then use one set of words, then the other. Finally, use all the words in parentheses.

*****

Second Wave: Lesson 2

****

FIFTY-SECOND LESSON

Sorting Letters

1 Dora: Finally finished for the morning. I was beginning to have enough of it.

2 *Mia:* Wat ga je nu doen? Ben je misschien van plan te **(N2)** slapen? Of te breien?
3 *Dora:* En waarom niet ? Zou het je hinderen?
4 *Mia:* Mij niet, maar de baas wel.
5 Kijk, ik heb hier een hele reeks brieven, die **(N3)** ik moet sorteren en rangschikken.
6 Wil je me niet helpen ?
7 *Dora:* Akkoord! Hoe moet ik ze rangschikken?
8 *Mia:* Zoals gewoonlijk. Er is een map voor elke klant;
9 je legt de jongste **(1)** brieven boven.
10 Kijk telkens goed naar de datum.
11 *Dora:* Dat noem **(2)** ik een leuk werk !
12 *Mia:* Het is waarschijnlijk niet bijzonder leuk, maar het moet toch gedaan **(3)**.
13 *Dora:* Hoe komt het dat er zoveel brieven zijn ?
14 *Mia :* Ik weet niet wat er gebeurt :
15 honderden **(4)** mensen hebben om onze jongste catalogus gevraagd **(5)**.

HIJ HEEFT ZIJN ZAKEN UITGEBREID

52

UITSPRAAK
7 moet ˆikˆs:
15 kataalohgus
Mind the stress on the second syllable.

2 Mia: What are you going to do now? Might you be planning to sleep? or knit?
3 Dora: And why not? Would it bother you?
4 Mia: Not me, but it would the boss.
5 Look, I have a whole series of letters here which I must sort and arrange.
6 Won't you help me?
7 Dora: Agreed! How must I arrange them?
8 Mia: As usual. There's a folder for each customer.
9 You lay the most recent letters on top.
10 Each time look carefully at the date.
11 Dora: That's what I call a fun job!
12 Mia: It's probably not especially fun, but it still has to be done.
13 Dora: How come there are so many letters?
14 Mia: I don't know what's happening;
15 hundreds of people have asked for our latest catalogue.

OPMERKINGEN
(1) *Jongste*: youngest. Here it means 'most recent, latest'. *Laatste*: last. *Heeft u de jongste roman van die schrijver gelezen?*: Have you read the latest novel of that writer? *Dat is de laatste roman van Elsschot*: That's Elsschot's last novel (the last one he wrote before his death).
(2) *Noemen*: name, call (give a name); *roepen*: cry, summon, call (to have someone come); *heten*: be called. *Hoe noemt u die boom?*: What do you call that tree? *Ze heeft de dokter geroepen*: She has called the doctor. *Hoe heet hij?*: What is he called? (or) What is his name?
(3) Here the auxiliary *worden* is understood but omitted. *Het moet toch gedaan worden*. This idiom is more common in conversation than in writing and is used for special effect.
(4) The plural forms of *honderd* and *duizend* are often used alone as nouns. *Honderden waren aanwezig*: Hundreds were present. *Met gokken verloor hij duizenden*: By gambling he lost thousands.
(5) *Hij vroeg om geld*: He asked for money. *Ze vraagt naar de weg*: She is asking for directions (the way).

52ste LES

16 *Dora:* Als al die mensen iets bestellen, dan betekent het weer een hele boel **(6)** werk !

17 *Mia :* En als **(N4)** ze niets bestellen, dan ben je werkloos ! Heb je dat misschien liever ?

(wordt vervolgd)

UITSPRAAK
16 b:tAYk:nt

OEFENINGEN
A. Vertaal:

1. Zijn werk is niet bijzonder leuk : gewoonlijk doet hij de hele dag niets anders dan documenten invullen en rangschikken.— **2.** Ik weet niet wat ze van plan zijn : het is negen uur en ze hebben nog niet opgebeld. — **3.** Ik heb de indruk dat de bestellingen deze maand bijzonder talrijk zijn. — **4.** Hoe komt het dat ze hun doel niet bereikt hebben ? Waarschijnlijk verbeeldden ze zich dat het nogal gemakkelijk was. — **5.** Betekent dit dat ze helemaal geen voorkeur hebben ? — **6.** Dank zij de nieuwe werkmogelijkheden zijn er nu veel minder werklozen. — **7.** Ik heb de verklaring alleen moeten vinden. — **8.** Het hindert mij niet dat ze vooral aan haar problemen denkt, maar ze spreekt er een beetje te veel over.

B. Vul de ontbrekende woorden in:

1 *The previous times they have always given me a room which looked out on the garden.*

De ...... keren hebben ze me .... een kamer gegeven, ... op de tuin ....

2 *They go to a lot of bother; therefore I have the impression that they are able to reach their goal.*

Ze geven zich veel ...... ; ...... heb ik de ...... dat ze in ..... zijn hun doel te ....

16 Dora: If all those people order something, then that means a whole lot of work again!
17 Mia: And if they order nothing, you'll be unemployed! Maybe you would rather have that?
(to be continued)

OPMERKING
(6) *Een hele boel*: a whole lot of; *een hele boel mensen*: a whole lot of people; *een hele boel boeken*: a whole lot of books.

Some Irregular Verbs

Present	*Past*	*Past Participle*
Slapen	ik sliep	ik heb geslapen
vragen	ik vroeg	ik heb gevraagd
laten	ik liet	ik heb gelaten
bezitten	ik bezat (plur. : bezaten)	ik heb bezeten

Remember that irregular verbs with a short **a** in the singular of the simple past, have a long **aa** sound in the plural.

OPLOSSING A:
1. His work is not particularly pleasant: normally all day he does nothing but fill in documents and classify them. — **2.** I don't know what their plans are: it's nine o'clock and they haven't phoned yet. — **3.** I have the impression that the orders are exceptionally numerous this month. — **4.** How does it come about that they haven't reached their goal? Probably they imagined that it was rather easy. — **5.** Does this mean that they have absolutely no preference? — **6.** Thanks to the new work possibilities, there are now far less unemployed. — **7.** I had to find the explanation by myself. — **8.** It doesn't bother me that she mainly thinks about her problems, but she talks about them a little too much.

52ste **LES**

3 *Before you pay, you must ask if the service is included in the price.*

.... u betaalt, moet u vragen of de .... in de prijs is ....

4 *The last while he has continually expanded his business; now he is at the head of an important firm.*

De laatste tijd heeft hij zijn .... meer .... ; hij staat nu aan het hoofd van een .... firma.

5 *It appeared to be a beautiful dream; but sadly enough it was nothing else.*

Het ...... een mooie ..... te zijn ; maar .... was het niets anders.

****

DRIEËNVIJFTIGSTE (53 ste) LES

Een brief schrijven

1 *Dora:* Het is nu al kwart over tien en ik heb nog niet **(1)** al mijn brieven getypt.

UITSPRAAK
1 hg:tiEpt

OPLOSSING B:

1 vorige - telkens - die - uitzag. — **2** moeite - daarom - indruk - staat - bereiken. — **3** voordat - bediening - inbegrepen. — **4** zaken - steeds - uitgebreid - belangrijke. — **5** scheen - droom - jammer genoeg.

ZINSBOUW

| Dat | is
schijnt
wordt
blijft | (nu) niet | erg
bijzonder
te
heel | duur
interessant
nieuw
goedkoop
ver
moeilijk
gevaarlijk
prettig
gemakkelijk
leuk | meer

(320) |

*****

Second Wave: Lesson 3

FIFTY-THIRD LESSON

Writing a Letter

1   Dora: It's already a quarter past ten and I haven't typed all my letters yet.

OPMERKING
(1) *Is hij nog niet terug?*: Is he not yet back? *Is hij nog steeds niet terug?*: Is he still not back?

2 *Mia:* Wel, waar wacht je dan op **(2)** ?
3 *Dora:* Denk je dat het leuk is altijd hetzelfde te typen ?
4 *Mia:* Een beetje moed **(3)**, meisje, en aan het werk !
5 *Dora:* Houd je kalm, ik begin dadelijk.
6 '' Geachte Heer Lemmens,
7 In antwoord op Uw schrijven **(4)** van 10 dezer **(5)** heb ik het genoegen U hierbij **(6)** de gevraagde inlichtingen te doen toekomen **(7)**.
8 Gisteren ontmoette onze directeur ... **(N4)**
9 Zeg, hoe schrijf je ''ontmoette'' ?
10 *Mia:* Ik denk dat je nu overdrijft :
11 een kind van tien jaar zou het zonder fout schrijven.
12 *Dora:* Ik ben geen **(8)** tien jaar. Schrijf je dat me twee t's ?
13 *Mia:* Kijk maar in het woordenboek !

UITSPRAAK
3 h:tselvd:
6 gh:aHGt:
7 tiEn dAYz:r ... :t ˆHG:noehg:n
11 :n kint ˆfan ... zou :t ˆsond:r

2	Mia:	Well, what are you waiting for then?
3	Dora:	Do you think it's fun to always type the same thing?
4	Mia:	A little courage, girl, and get to work!
5	Dora:	Keep calm, I'm starting right away.
6		"Dear Mr. Lemmens,
7		In answer to your letter (writing) of the 10th of this [month] I have the pleasure to send you herewith the requested information.
8		Yesterday our director met...
9		Say, how do you write "met"?
10	Mia:	I think you're exaggerating now:
11		a child of ten (years) would write it without error.
12	Dora:	I'm not ten (years). Do you write that with two t's?
13	Mia:	Just look in the dictionary!

OPMERKINGEN

(2) The adverbs used as interrogative pronouns consisting of *waar* plus a preposition are often separated. The preposition then comes at the end of the clause. *Waaraan denken ze nu?/Waar denken ze nu aan?*: What are they thinking about now? *Waarover is ze zo verbaasd?/Waar is ze zo verbaasd over?*: What is she so astonished about?

(3) *Moed*: courage. *Verlies de moed niet*: Don't lose heart. *Hij is niet moedig*: He's not courageous.

(4) *Uw brief*: your letter. *Uw schrijven* (your writing) is seldom used except in formal letters which often contain such standard expressions. *U* and *Uw* are sometimes capitalized in such letters.

(5) *De 10de dezer*: the 10th of this [month]. Two similar expressions are usually abbreviated. *10 juni ll. (laatstleden)*: last June the 10th. *5 maart a.s. (aanstaande)*: next March the 5th.

(6) *Hierbij ingesloten*: enclosed herewith.

(7) *Toekomen*: arrive, get to, reach. *Doen toekomen*: have delivered. *Wilt u mij de nodige documenten doen toekomen?*: Will you have the necessary documents delivered to me?

(8) *Geen* before a number can mean 'not even'. *Dat kost geen tweeduizend frank*: That costs not even two thousand francs. *Hij kan geen één minuut zwijgen*: He can't be quiet even for one minute.

***

Neuter nouns: *het schrijven, het genoegen, het woordenboek*.

*****

No new irregular verbs are given in this lesson. We suggest that you review the ones in earlier lessons.

14 *Dora:* Goed, als je me niet wilt helpen, dan moet ik het wel opzoeken.
15 *Mia:* Dat is een goede oefening voor jou.
16 *Dora:* En dat is niet vriendelijk van jou.
17 Straks zal je weer zeggen dat ik mijn tijd verlies.

UITSPRAAK
14 opsoek:n
16 niEt ˆfriEnd:l:kˆfan
17 straksˆsal ... teit ˆf:rliEs

OEFENINGEN
A. Vertaal:

1. Geachte Mevrouw, In antwoord op Uw schrijven van 28 september ll. doe ik U hierbij de nodige documenten toekomen. — **2.** Het spijt me U te moeten laten weten dat wij de inlichtingen, die U gevraagd heeft, niet bezitten. — **3.** Niemand wil hem nog geloven omdat hij altijd overdrijft. — **4.** Ik heb de hele tekst gelezen zonder één enkel woord in het woordenboek te moeten opzoeken. — **5.** Als u meer oppaste, zou u misschien zonder fout schrijven ; u zou er tenminste veel minder maken. — **6.** Morgenochtend moet ik heel wat oude papieren sorteren. — **7.** Er is sprake van een belangrijke verandering, maar niemand is er op de hoogte van wanneer die zal plaatshebben.

B. Vul de ontbrekende woorden in:

1 *If you're free the day after tomorrow, we can go shopping together.*

Als u .... vrij bent, kunnen we samen

.... gaan doen.

14 Dora:	Good, if you don't want to help me, then I'll have to look it up.
15 Mia:	That's a good exercise for you.
16 Dora:	And that's not friendly of you.
17	After a while you'll be saying again that I'm wasting my time.

OPLOSSING A:
1. Dear Madam, In answer to your letter of 28 September last, I am sending you herewith the necessary documents. — **2.** I am sorry to have to inform you that we do not possess the information you requested. — **3.** Nobody will believe him anymore because he always exaggerates. — **4.** I have read the whole text without having to look up one single word in the dictionary. — **5.** If you were more careful, you might write without error; you would at least make far fewer [mistakes]. — **6.** Tomorrow morning I must sort a whole lot of old papers. — **7.** There has been some talk of an important change, but no one is informed about when it will take place.

2 *I have the impression that the weather will change shortly because the sky is getting rather dark.*

Ik heb de indruk dat het . . . . binnenkort zal

. . . . , want de . . . . . wordt nogal . . . .

3 *I still need about half a day to get that work finished.*

Ik heb nog . . . . een . . . . . dag nodig om dat

werk . . . . . te krijgen.

53ste LES

4 *I hope the prices will decrease, because it's becoming almost*

impossible to buy a new car.

Ik .... dat de prijzen zullen .... , want het

wordt bijna .... een nieuwe wagen te kopen.

5 *The difference between the wages is now becoming some-*

what smaller.

Het .... tussen de ..... wordt nu ...

kleiner.

****

VIERENVIJFTIGSTE (54ste) LES

't Is middag

1 *Dora:* Twaalf uur ! Eindelijk **(1)** tijd om te eten !
2 *Mia:* Ik heb geen erge honger.
3 *Dora:* Ik heb geen honger, ik heb geen dorst!
4   Ik krijg **(2)** nooit iets anders te horen.
5   Op den **(3)** duur wordt het vervelend **(4)**.
6 *Mia:* Ik leef niet om te eten ...

UITSPRAAK
2 hep ˆHGAYn
5 vwort :t ˆf:rv**AY**l:nt

OPLOSSING B:

1 overmorgen - boodschappen. — **2** weer - veranderen - hemel - donker. — **3** ongeveer - halve - klaar. — **4** hoop - verminderen - onmogelijk. — **5** verschil - lonen - wat.

*****

Don't forget to do the second wave each day! The first wave helps you learn to understand what you hear and read. The second wave helps you learn to speak and write the language yourself.

*****

Second Wave: Lesson 4

FIFTY-FOURTH LESSON

It's Noon

1 Dora: Twelve o'clock! At last, time to eat!
2 Mia: I'm not really hungry.
3 Dora: I'm not hungry, I'm not thirsty!
4   I never hear anything else.
5   After a while it becomes annoying.
6 Mia: I don't live to eat...

OPMERKINGEN
(1) The end: *het einde*. *Het horloge* and *het einde* are two nouns ending in **-e** which are neuter.
(2) *Krijgen* (to get) has many idiomatic uses. *Hij heeft gelijk gekregen*: He was acknowledged to be right. *Ik kan die doos niet toe krijgen*: I can't get that box closed. *Ik krijg hem nooit te spreken*: I never get to talk with him.
(3) *Op den duur*: in the long run, in the end. *Den* — an old inflection of *de* — is now used only in standard expressions. *Van korte duur*: of short duration.
(4) *Vervelen*: to bore, to weary, to irk, to annoy; *zich vervelen*: to be bored; *vervelend*: boring, dull, tiresome, irksome, annoying. *Wat is hij vervelend!*: He sure is irksome! *Hij verveelt zich overal*: He's bored everywhere. *Die jongen verveelt me*: That boy bores me.

54ste LES

7 *Dora:* Wat heb je dan als **doel** ? Brieven en documenten in orde brengen ?
8 *Mia:* Ik interesseer me voor mijn werk ...
9 *Dora:* Kom ! Ik heb geen zin **(5)** om te lachen.
10 Laten we over iets anders praten !
11 Neem deze appel en schenk **(6)** me maar wat koffie in.
12 *Mia:* Het spijt me, maar er is er geen meer.
13 *Dora:* 't Is niet erg, ik zal nieuwe zetten.
14 Wees vooral niet kwaad :
15 ik zal de radio aanzetten **(7)**, wat muziek zal je goed doen.

HIJ HEEFT HET ERG DRUK

UITSPRAAK
7 dookuument:n in ord:
8 int:ressAYr m: ... m:n vwerk
13 ik ˆsal ... niEoew:
14 vwAYsˆfooral
15 ikˆsal ... muuziEkˆsal

7	Dora:	What then is your purpose? Writing letters and putting documents in order.
8	Mia:	I'm interested in my work...
9	Dora:	Come on! I don't feel like laughing.
10		Let's talk about something else!
11		Take this apple and pour me some coffee.
12	Mia:	I'm sorry, but there isn't any more.
13	Dora:	It doesn't matter, I'll make new [coffee].
14		Above all, don't be angry.
15		I'll turn on the radio, some music will do you good.

OPMERKINGEN

(5) *Zin*: sense, meaning, mind, feeling, attitude, mood, will, desire, purpose, sentence. This word has a wide range of uses depending on the context. *Zin in iets hebben*: to want something, to be in the mood for something. *Heeft u zin in een kopje koffie?*: Are you in the mood for a cup of coffee?

(6) *Schenken*: to pour or to give. *Wie zal koffie schenken?*: Who will pour coffee? *Voor mijn verjaardag heeft ze me een boek geschonken*: For my birthday she has given me a book. *Inschenken*: to pour in; *iemand iets inschenken*: to pour someone something.

(7) *Wilt u de radio afzetten?*: Would you turn the radio off?

Some Irregular Verbs

Present	Past	Past Participle
aanraden	ik raadde aan	ik heb aangeraden
geven	ik gaf (plur. : gaven)	ik heb gegeven
vergeten	ik vergat (plur. : vergaten)	ik heb vergeten
oversteken	ik stak over (plur. : staken)	ik heb overgestoken

In the past participle of compound verbs, **ge-** comes between the separable part and the simple verb.

54ste LES

OEFENINGEN
A. Vertaal:

1. Ik weet niet wat er gebeurt : ik voel me altijd moe en ik heb geen zin om te werken. — **2.** Ik denk dat hij het erg druk heeft, ik krijg hem nooit te zien. — **3.** De vraag is of ze zich voor iets interesseren. — **4.** Er is te veel lawaai, zet die radio maar af. — **5.** Als ik een paar uur ga wandelen, krijg ik telkens honger. — **6.** De vorige keren dacht ik dat hij overdreef, maar ik heb eindelijk begrepen dat het toch waar was. — **7.** Ik vind het vervelend dat ze over zo weinig tijd beschikken om alles in orde te brengen. — **8.** Ik heb die tekst ten minste tien keer herhaald, maar ik kan die niet onthouden.

B. Vul de ontbrekende woorden in:

1 *In the end, I had enough of it.*

Op den .... ik er genoeg ... .

2 *I am so thirsty, I feel like having a cup of coffee.*

Ik heb zo'n ..... , ik heb ... in een ..... koffie.

3 *I've just now met her; she said she would phone us next Wednesday.*

Ik heb haar ...... ontmoet ; ze heeft gezegd dat ze ons woensdag .... zou ....

4 *It's not my practice to disturb people, but in some cases it just can't be avoided (otherwise).*

Het is mijn .... niet de mensen te ...... , maar in sommige .... kan het toch niet anders.

****

OPLOSSING A:

1. I don't know what's going on; I always feel tired and I don't feel like working. — **2.** I think he's very busy; I never get to see him. — **3.** The question is whether they are interested in anything. — **4.** There's too much noise; just turn that radio off. — **5.** If I go walking for a couple of hours, I always get hungry. — **6.** The previous times, I thought he was exaggerating, but finally I realized it was true after all. — **7.** I find it annoying that they have so little time available to get everything arranged. — **8.** I've repeated that text at least ten times, but I'm not able to remember it.

5 *It annoys everyone that he always exaggerates so much.*

Het .... iedereen dat hij altijd zo ....

OPLOSSING B:

1 duur - kreeg - van. — **2** dorst - zin - kopje — **3** zoëven - aanstaande - opbellen. — **4** gewoonte - storen - gevallen. — **5** verveelt - overdrijft.

ZINSBOUW

Ik denk	dat	ze (morgen) met de bus (van vijf uur) komt
Ik geloof		hij (op woensdag) (meer) tijd heeft
Ik weet		ze (in juli) naar het zuiden (van Frankrijk) gaat
Ze zegt		
Ik hoop		ze de stad (nu) (goed) kent
		ze (soms) (wat) vriendelijker zijn **(100)**

* * * * *

Second Wave: Lesson 5

54ste LES

VIJFENVIJFTIGSTE (55ste) LES

Levensfilosofie

1 Architecten bedekken hun fouten met klimop (1), de dokters met aarde
2 en pas getrouwde vrouwen met mayonaise.

---

3 Een man die het leven kende en het niet zo onaangenaam vond, zei op een dag :
4 "Als ik mijn leven opnieuw kon beginnen, zou ik dezelfde dwaasheden (2) doen, maar veel vroeger."

---

5 Toen (3) men aan een jonge vrouw vroeg waarom ze filmactrice wilde worden, antwoordde ze :
6 "Omdat ik niet stenograferen kan".

---

7 Een moeder zei tot haar zoon :
8 — Tot nu toe heb je nog niet veel goeds (4) gedaan.
9 Probeer het eens met de film.

UITSPRAAK
lAYv:nsfiEloosoofiE
1 arHGiEtekt:n (or) arshiEtekt:n
2 pas ˆHG:troud: ... maayoonez:
3 niEt ˆsoo
4 d:zelvd: dvwaashAYd:n
5 film/aktriEs:
6 stAYnoohgrafAYr:n
8 niEt ˆfAYI hgoets ˆHG:daan
9 proobAYr

FIFTY-FIFTH LESSON

Philosophy of Life

1   Architects cover their mistakes with ivy, doctors [cover theirs] with earth
2   and newlywed women [cover theirs] with mayonnaise.

* * * * *

3   A man who knew [about] life and didn't find it particularly unpleasant, said one day:
4   "If I could start my life over again, I would do the same foolish things, but much sooner."

* * * * *

5   When they asked a young woman why she wanted to become a film actress, she answered:
6   "Because I can't write shorthand."

* * * * *

7   A mother said to her son:
8   — As yet you haven't done much that was good.
9   Give it a try with the movies.

OPMERKINGEN
(1) From *klimmen*: to climb. *Kinderen klimmen graag in de bomen*: Children like to climb in trees.
(2) Remember that nouns ending in *-heid* take *-heden* in the plural.
(3) 'When' is translated by *toen* for action that took place only once in the past. *Toen ze de school verliet, kreeg ze een diploma*: When she left school she received a diploma. *Als* is used for customary or repeated action in the past. *Als ik mijn oom zag, kreeg ik telkens twintig frank*: When (whenever) I saw my uncle, I always received twenty francs.
(4) After *veel* (just like after *iets* and *niets*) the adjective takes the ending **-s**. *Ik heb veel beters gezien*: I've seen far better.

55ste LES

10 Als andere gekken **(5)** daarmee hun brood verdienen, waarom zou het jou dan niet lukken **(6)** ?

---

11 Veel mensen kopen moderne meubels op krediet **(7)**.
12 Als ze voor de laatste keer betalen, zijn hun meubels antiek geworden.

UITSPRAAK
10 broot ˆf:rdiEn:n
12 alsˆs:

OEFENINGEN
A. Vertaal:

1. Ze heeft het vele keren geprobeerd, maar het is haar niet gelukt de oplossing te vinden. — 2. Toen hij de hele zaak vervelend begon te vinden, zei hij dat die hem niet meer interesseerde. — 3. Tot nu toe heeft ze nooit iets op afbetaling gekocht, maar sinds enige tijd denkt ze er ernstig over. — 4. Het was een echte dwaasheid alles in orde te willen brengen voordat u vertrok — 5. Als je dorst hebt en zin hebt in een goed kopje koffie, dan zal ik er dadelijk zetten. — 6. Ik denk dat die winkel ergens in de buurt van het Bruegelplein moet zijn, maar ik weet niet precies waar. — 7. Wie kan nu zeggen wat dat eigenlijk betekent ? — 8. Niemand schijnt de moed te hebben haar verwijten te doen.

10 If other loonies earn their living (bread) that way, why shouldn't it work for you?

*****

11 Many people buy modern furniture on credit.
12 By the time (when) they make their last payment, their furniture has become antique.

OPMERKINGEN
(5) *Gek*: crazy; *een gekke*: one who is crazy. *Ze hebben ons voor de gek gehouden*: They have made a fool of us. *Een gekke hoed*: a queer hat.
(6) *Lukken* (an intransitive impersonal verb) is used only in the third person. *Het is mij niet gelukt de directeur te ontmoeten*: I didn't succeed at meeting the director. *Het is hem niet gelukt een lening te krijgen*: He didn't manage to get a loan. *Mijn tekening is niet gelukt*: My drawing didn't turn out.
(7) Also: *op afbetaling* (on payment).

Some Irregular Verbs

Present	Past	Past Participle
sterven	hij stierf	hij is gestorven
lachen	ik lachte	ik heb gelachen
onthouden	ik onthield	ik heb onthouden
opstaan	ik stond op	ik ben opgestaan

OPLOSSING A:
1. She has tried it many times, but she has not managed to find the solution. — **2.** When he began to find the whole business boring, he said it no longer interested him. — **3.** So far she has never bought anything on installment, but the last while she has been thinking seriously about it. — **4.** It was a real foolish thing to want to get everything in order before you left. — **5.** If you're thirsty and are in the mood for a good cup of coffee, then I'll put some on right away. — **6.** I think that store must be somewhere in the vicinity of Breugel Square, but I don't know exactly where. — **7.** Now who can say what that actually means? — **8.** No one seems to have the courage to reproach her.

55ste LES

B. Vul de ontbrekende woorden in:

1 *If you wish to write without error, then we advise you to use your dictionary often.*

Als u ...... fout ..... te schrijven, dan ..... we u ... uw woordenboek dikwijls te ....

2 *A letter usually begins with "Dear Sir".*

Een brief begint .... met "....... Heer".

3 *I have ordered the latest novel of that writer, but I haven't read it yet.*

Ik heb de .... roman van die schrijver .... , maar ik heb hem nog niet ....

4 *I don't know at all what will be under discussion this time.*

Ik weet .... niet .... er deze keer ..... zal zijn.

5 *Don't hesitate too long, because they wish to be informed as soon as possible.*

...... niet te lang, want ze wensen zo .... mogelijk op de ...... te zijn.

****

OPLOSSING B:

1 zonder - wenst - raden - aan - gebruiken. — **2** gewoonlijk - Geachte. — **3** jongste - besteld - gelezen. — **4** helemaal - waarvan - sprake. — **5** Aarzel - gauw - hoogte.

ZINSBOUW

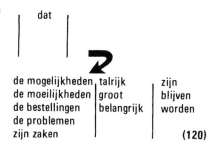

Het spreekt vanzelf | dat
Het is zeker |
Het is normaal |
Denkt u |

de mogelijkheden	talrijk	zijn
de moeilijkheden	groot	blijven
de bestellingen	belangrijk	worden
de problemen		
zijn zaken		(120)

* * * * *

Second Wave: Lesson 6

Surely, the second wave isn't causing you any major problems. It should be helping you realise just how much progress you are making, so keep up the good work!

55ste LES

Herhaling en opmerkingen

1. — Past Participles — The prefix **ge-** is usually, but not always, added in the formation of a past participle. If the word already has one of the following prefixes, no additional prefix is added: **be-, ge-, her-, ont-** or **ver-**. *Ik heb niets begrepen*: I have understood nothing. *Wat heeft u gebruikt?*: What have you used? *Ik had hem niet herkend*: I hadn't recognised him. *Heeft u iemand ontmoet?*: Have you met anyone? *Ze hebben ons alles verteld*: They have told us everything.

In the formation of the past participle of compound verbs the **ge-** is inserted between the separable part and the simple verb form. *Ze zijn laat teruggekomen*: They came back late. *Wat hebben ze u aangeraden?*: What have they recommended to you?

2. — TE — In most cases the use of *te* before an infinitive is parallel to the use of "to" in English. It's impossible to answer: *Het is niet mogelijk te antwoorden*. I have nothing more to say: *Ik heb niets meer te zeggen*.

This does not hold true, however, before infinitives which follow *leren, helpen* or *blijven* (continue to). I am teaching him to speak Dutch: *Ik leer hem Nederlands spreken*. I help her explain the text: *Ik help haar de tekst verklaren*. We continue to work: *We blijven werken*.

On the other hand, *te* always precedes an infinitive which comes after the following verbs: *denken, wensen, schijnen, geloven* or *hopen*. Usually, this corresponds with English usage, but not always. They think [they will] come tomorrow: *Ze denken morgen te komen*. She seems to have little time: *Ze schijnt weinig tijd te hebben*. I hope to be able to help you: *Ik hoop u te kunnen helpen*.

3. — Relative Pronouns — The relative pronoun not preceded by a preposition is usually *die* (*dat* only for neuter singular). *Het is een stad die ik goed ken*: It's a

FIFTY-SIXTH LESSON

city that I know well. *Het is een land dat erg duur is*: It's a country that's very expensive. *Het zijn huizen die heel oud zijn*: They are houses which are very old.

After a preposition, *wie* is used instead of *die*. *Kent u de mensen met wie ze gekomen zijn?*: Do you know the people they came with? *De baas voor wie ze werkt is altijd vriendelijk*: The boss she works for is always friendly.

But when the antecedent is a thing, one uses *waar* plus a preposition. *De reis waarover ze nu spreken, was heel mooi*: The trip they are talking about now was very beautiful. *Het boek waaraan ik denk, is nogal duur*: The book I'm thinking about is rather expensive.

4. — Writing Letters — The date is written: *4 januari 1999*. The place may also be included: *Rotterdam, 6 juli 1999*. In formal letter the addressee is indicated at the top:

Aan de Heer Van der Meulen
Vondelplein 17
Amsterdam, Nederland

Notice that the house number follows the name of the street. The form of address for a married woman is, for example: *Aan Mevrouw De Vos*; for an unmarried woman: *Aan Mejuffrouw Janssens*.

In a formal letter, the following salutations are used: *Geachte Heer (De Vos), Geachte Mevrouw, Mijnheer de Directeur, Mijnheer de Minister*. In a commercial letter, one sometimes sees *Mijnheer* or *Mijne Heren*. Traditionally, especially in Holland, various salutations are used depending on the rank and profession of the person addressed. Most Dutch dictionaries contain a catalogue of appropriate salutations for persons of various rank. In present-day Dutch it is becoming more common to use such special salutations only for persons of high rank. The signature on a formal letter is usually preceded by *Hoogachtend* (with much respect).

Beste followed by the addressee's first name is the usual salutation in a personal letter. *Met vriendelijke groeten* (with friendly greetings) is a common closing at the end.

5. Belangrijke uitdrukkingen. — **1** *Dat gebeurde een paar dagen geleden.* — **2** *Het spreekt vanzelf dat dit niet duur is.* — **3** *Ik beschik niet over veel tijd.* — **4** *Ik had niets tot mijn beschikking.* — **5** *Ik ben niet in staat u te helpen.* — **6** *Hij verliest de moed nooit.* — **7** *Ik heb een halve dag vrij.* — **8** *Naar ik gehoord heb, is ze ziek.* — **9** *Er is sprake van een ander plan.* — **10** *We zullen zeker opslag krijgen.* — **11** *Hij is van plan op reis te gaan.* — **12** *Het moet toch gedaan.* — **13** *Ik heb een hele boel werk.* — **14** *In antwoord op uw brief van. . .* — **15** *Ik doe u de formulieren toekomen/geworden.* — **16** *Ze heeft geen honger.* — **17** *Hij interesseert zich voor niets.* — **18** *Moet ik koffie zetten ?* — **19** *Tot nu toe gaat het goed.* — **20** *Het is hem gelukt het antwoord te vinden.*

6. — Vertaling — 1 That happened a couple of days ago. — **2** It goes without saying that this is not expensive. — **3** I don't have much time available. — **4** I had nothing at my

★★★★★★★★★★★★★★★★★★★★★★★★★★★★★★★★★★★★★★

ZEVENENVIJFTIGSTE (57ste) LES

Wim leert Engels

1 *Mia:* Wat is er met jou, Wim ? Sinds vanmorgen zeg je geen woord.
2 En nu kijk je niet eens op **(1)**. Ben je kwaad op ons ?
3 *Dora:* Misschien voelt **(2)** die arme jongen zich onwel.
4 Als je niet genoeg slaapt . . .

UITSPRAAK
1 sints ˆfanmorhg:n
2 kvwaat
4 niEt ˆHG:noeHG

disposal. — **5** I'm not able to help you. — **6** He never loses heart. — **7** I have a half day off (free). — **8** According to what I've heard, she's sick. — **9** There is talk about another plan. — **10** We shall certainly get a raise. — **11** He is planning to go on a trip. — **12** It does have to be done. — **13** I have a whole lot of work. — **14** In answer to your letter of ... — **15** I'll have the forms sent to you. — **16** She isn't hungry. — **17** He is interested in nothing. — **18** Do I need to make coffee? — **19** Until now, it's going well. — **20** He has managed to find the answer.

*****

Second Wave: Lesson 7

****

FIFTY-SEVENTH LESSON

Wim Learns English

1 Mia: What's [wrong] with you, Wim? Since this morning you have not said (say not) a word.
2 And now you don't even look up. Are you mad at us?
3 Dora: Maybe the poor boy isn't feeling well.
4 If you don't sleep enough...

OPMERKINGEN
(1) Many compound verbs are formed with *kijken*. *Aankijken*: to look at. *Hij keek ons lang aan*: He looked at us for a long time. *Wilt u mijn oefening eens bekijken?*: Will you have a look at my exercise? *Ik moet de les nog eens overkijken*: I must look over the lesson once more.
(2) *Voelen*: to feel (transitive); *zich voelen*: to feel (refelexive). *Daar voel ik niets voor*: That doesn't appeal to me. *Ik voel niets voor dat werk*: That job doesn't appeal to me at all.

5 *Mia:* Stoor hem niet. Hij heeft zeker problemen.
6 *Dora:* Liefdesproblemen, misschien ?
7 *Wim:* Houd nu op **(3)** met babbelen. Je ziet toch wel dat ik studeer.
8 *Dora:* En wat studeer je, alsjeblieft ? Laat me je boek eens zien.
9 *Wim:* Ik leer Engels.
10 *Mia.* Alleen ? Dat moet bijzonder moeilijk zijn.
11 *Dora:* En waartoe kan het dienen **(4)** ?
12 *Wim:* In onze tijd is het erg nuttig vreemde **(5)** talen te kennen.
13 *Dora.* Waarom ? Om de baas te vervangen ?
14 *Wim:* Denk je dat ik daar niet verstandig genoeg voor **(6)** ben ?
15 Je zou wel eens verbaasd kunnen zijn !

UITSPRAAK
5 hAYft ˆs**AY**k:r
7 ziEt ˆtoHG
8 ash:bli**E**ft ... AYnsˆsiEn
10 biEzond:r moei**E**l:kˆsein
14 niEt ˆf:rst**a**nd:HGˆ HG:noeHGˆfoor
15 vwel AYnsˆf:rb**aa**st

5	Mia:	Don't disturb him. He no doubt (certainly) has problems.
6	Dora:	Lovelife problems, maybe?
7	Wim:	Now quit chattering. Surely you can see that I'm studying.
8	Mia:	And what are you studying, if I may ask (please)?
		Let me have a look at your book.
9	Wim:	I'm learning English.
10	Mia:	Alone? That must be particularly difficult.
11	Dora:	And what [purpose] can it serve?
12	Wim:	In our time it's extremely useful to know foreign languages.
13	Dora:	Why? In order to replace the boss?
14	Wim:	Do you think I'm not clever enough for that?
15		You just might be surprised!

OPMERKINGEN

(3) When *ophouden* is intransitive it means quit or stop (doing something). When transitive it can mean hold up or detain. *Hij kon zijn hoofd niet ophouden*: He could not hold up his head. *Ik zal u niet langer ophouden*: I'll not detain you any longer.

(4) *Dat dient tot niets*: That serves no purpose. *Dat huis dient als museum*: That house serves as a museum.

(5) *Vreemd*: strange, foreign. *Dat is een vreemd verhaal*: That's a strange story. *Wat een vreemde jongen!*: What a strange boy! *Er zijn veel vreemdelingen in de stad*: There are many foreigners in the city.

(6) As a pronoun *dat* is never used after a preposition. Instead one uses *daar* plus a preposition. *Daaraan denk ik niet*: I don't think about that. But *daar* and the preposition are often separated, in which case the preposition comes at the end of the clause. *Daar denk ik niet meer aan*: I don't think about that anymore. *Ze is daar niet verbaasd over*: She's not surprised about that.

Some Irregular Verbs

Present	*Past*	*Past Participle*
slapen	ik sliep	ik heb geslapen
overdrijven	ik overdreef	ik heb overdreven
opzoeken	ik zocht op	ik heb opgezocht
ophouden	ik hield op	ik heb opgehouden
vervangen	ik verving	ik heb vervangen

57ste LES

OEFENINGEN
A. Vertaal:

1. Gisteravond voelde ik me onwel : ik had maag- en hoofdpijn. — 2. Ik weet niet of het erg nuttig is, maar ik zal het in ieder geval proberen. — 3. Als het niet lukt, zal het toch geen verloren tijd zijn. — 4. Nu leren steeds meer mensen vreemde talen ; in onze tijd is het absoluut nodig om een interessant werk te vinden. — 5. Dat zal helemaal geen nut hebben als je niet op een verstandige manier werkt. — 6. Je houdt niet op met praten, je zet de radio aan : dat stoort me, zo kan ik niets ernstigs doen. — 7. Hij interesseert zich al jaren voor vreemde talen ; ik denk dat hij er nu een hele reeks kent. — 8. Hij heeft zijn doel niet bereikt en daarom is hij kwaad op iedereen.

B. Vul de ontbrekende woorden in:

1 *Not only does everyone find that strange but also a little annoying.*

.... vindt dat niet alleen ...... maar ook een beetje ....

2 *It's quite possible that he'll replace the boss someday; that would surprise no one.*

Het is .... mogelijk dat hij eens de baas .... ;
dat zou niemand ....

3 *It's really not sensible to exaggerate like that.*

Het is .... niet .... zo te
....

∗∗

OPLOSSING A:
1. Yesterday evening I was not feeling well (felt myself unwell): I had a stomachache and a headache. — **2.** I don't know whether it's very useful, but I'll try in any case. — **3.** If it doesn't succeed, it still won't be wasted time. — **4.** More and more people are now learning foreign languages; in our time it is absolutely necessary in order to find an interesting [type] work. — **5.** That will have absolutely no value if you don't work in a sensible manner. — **6.** You don't stop talking; you turn the radio on. That bothers me; this way, I can't do anything serious. — **7.** He has been interested in foreign languages for years; I think he now knows a whole series of them. — **8.** He hasn't achieved his goal and for that reason he's mad at everybody.

4 *They don't stop repeating the same thing; after a while I've had enough of it.*

Ze ...... niet .. hetzelfde te .... ; op

... . heb ik er genoeg van.

5 *He has tried to expand his business; he has worked hard, but he hasn't succeeded at it.*

Hij heeft geprobeerd zijn zaken ... te .... , hij

heeft .... gewerkt, maar het is hem niet ....

OPLOSSING B:

1 Iedereen - vreemd - vervelend. — **2** best - vervangt - verbazen. — **3** werkelijk - verstandig - overdrijven. — **4** houden - op - herhalenden duur. — **5** uit - breiden - hard - gelukt.

ZINSBOUW

| Het is niet | gemakkelijk
nodig
verstandig
ernstig
interessant
mogelijk | dat
zoiets | dadelijk
nu | te | vervangen
kopen
bestellen
vragen
verkopen
(120) |

*****
Second Wave: Lesson 8

ACHTENVIJFTIGSTE (58ste) LES

Een goede raad

1 *Dora:* Hoor eens, Wim. Je bent zo (**N1**) verstandig, je kan me zeker een raad (**1**) geven.
2 *Wim:* Waarover gaat het ?
3 *Dora:* Ik zou graag een andere betrekking vinden.
4 *Wim:* Je hebt hier toch niet te klagen :
5   je werk is niet vermoeiend (**2**) en de baas is vriendelijk tegenover iedereen.
6 *Dora:* Ja, maar ik zou graag meer verdienen.
7 *Wim:* Iedereen wil hetzelfde.
8 *Dora:* Ik heb een advertentie (**3**) in de krant gelezen :
9   een belangrijke Amerikaanse firma zoekt een drietalige (**4**) secretaresse.
10 *Wim.* Spreek je Engels vlot ? Het spreekt vanzelf dat dat absoluut noodzakelijk is.

UITSPRAAK
1 bent ˜soo
3 ik ˜sou hgraaHG
5 niEt ˜f:rmoeiE:nt ... is ˜friEnd:l:k
7 h:tselvd:
8 atf:rtensiE ... krant ˜HG:lAYz:n
9 driEtaal:hg:
10 eng:ls ˜flot ... sprAYkt ˜fanzelf ... apsooluut nootsaak:l:k

FIFTY-EIGHTH LESSON

Good Advice

1 Dora: Listen, Wim. You're so sensible, you can surely give me some advice.
2 Wim: What about (about what goes it)?
3 Dora: I would like to find another position.
4 Wim: You have nothing to complain about here:
5 your work is not tiring and the boss is friendly to everyone.
6 Dora: Yes, but I would like to earn more.
7 Wim: Everybody wants the same thing.
8 Dora: I've read an advertisement in the newspaper.
9 An important American firm is looking for a trilingual secretary.
10 Wim: Do you speak English fluently. It goes without saying (speaks for itself) that that is absolutely necessary.

OPMERKINGEN
(1) *Raad* can mean 'advice' or 'piece of advice'. *Dat is een goede raad*: That's a good [piece of] advice. *Ik deed het op raad van mijn vader*: I did it on my father's advice. For the meaning 'piece of advice' the plural is *raadgevingen*. *Raad* can also mean 'council' or 'board'. *De raad van het bestuur*: the board of directors (direction). *De Raad van Europa*: the European Council. Here the plural form is *raden*. *Familieraden*: family councils.
(2) This is a present participle used as an adjective. It is formed by adding **-d** to the infinitive. *Werkend*: working. The present participle is less common in Dutch than in English. It is seldom used except as an adjective. *Spelende kinderen*: playing children. Where **-ing** words are used with 'to be' in English, one uses either the present tense or *aan het* with an infinitive. They are painting: *Zij schilderen/Zij zijn aan het schilderen*.
(3) *Adverteren* [atf:rt**Ay**r:n]: to advertise; *aankondigen*: to announce; *de aankondiging*: the announcement.
(4) *Tweetalig*: bilingual.

58ste LES

11 *Dora:* Ik kan een cursus volgen of een Assimil methode kopen.
12 Als ik met cassetten of banden **(5)** werk, kan het nogal vlug gaan.
13 *Wim:* Je bent weer aan het dromen.
14 Verbeeld je je dat de plaats over **(6)** een jaar nog open zal zijn ?
15 Die mensen zullen niet op jou wachten.
16 Vraag liever opslag aan de baas, dat is de beste oplossing.

UITSPRAAK
11 kurz:s ˆ folhg:n
12 fvluHGˆHGaan

OEFENINGEN
A. Vertaal:

Betrekking en talen. — **1.** Om een betrekking te vinden, die de moeite waard is, is het nu een absolute noodzakelijkheid geworden ten minste tweetalig te zijn. — **2.** Kijk maar naar de advertenties in de kranten en u zal dadelijk begrijpen dat ik helemaal niet overdrijf. — **3.** Daarom raden we u aan een methode met platen of cassetten te gebruiken (en we mogen zeggen dat Assimil werkelijk de beste op de markt is) als u de moed heeft alleen te werken. — **4.** Het is ook mogelijk een avondcursus te volgen. — **5.** Het spreekt vanzelf dat dit nogal vermoeiend kan zijn - met cassetten is het waarschijnlijk gemakkelijker omdat u uw eigen ritme kan volgen. — **6.** En bovendien heeft u de mogelijkheid een zin te herhalen zo dikwijls als u het nuttig vindt om die goed te begrijpen en te onthouden.

11	Dora:	I can take a course or buy an Assimil system.
12		If I work with cassettes or tapes, it can go quite fast.
13	Wim:	You're dreaming again.
14		Do you suppose the position will still be open in a year?
15		Those people won't wait for you.
16		Ask the boss for a raise instead, that's the best solution.

OPMERKINGEN
(5) *Band* can mean different things: tape, ribbon, cover (of a book), tyre, link. *Dat boek heeft een mooie band*: That book has a beautiful cover. *Ik heb een lekke band*: I have a flat tyre. *Familieband*: family tie.
(6) *Over een maand*: in a month. *Binnen de maand*: within a month.

OPLOSSING A:
Employment and Languages. — **1.** To find a position that's worthwhile, it has now become an absolute necessity to be at least bilingual. — **2.** Just look at the advertisements in the newspapers and you will understand immediately that I'm not exaggerating at all. — **3.** Therefore, we advise you to use a system with records or cassettes (and we may say that Assimil really is the best on the market) if you have the courage to work alone. — **4.** It's also possible to take night classes. — **5.** It goes without saying that this can be rather tiring — with cassettes it's probably easier because you can work at your own speed (follow your own rhythm). — **6.** And what's more, you have the possibility of repeating a sentence as often as you find it necessary in order to understand and remember it well.

58ste LES

B. Vul de ontbrekende woorden in:

1 *After a few months, it will surprise you that you [can] speak without hesitation.*

.... een paar maanden zal u er .... over zijn, dat u zonder .... spreekt.

2 *He's complaining about his job, but I don't know exactly what it's about.*

Hij ...... over zijn .... , maar ik weet niet precies .... het gaat.

3 *If you follow his advice, you will probably not regret it.*

Als u zijn .... volgt, zal u er .... geen ..... van hebben.

4 *I plan to request a loan, but I haven't the slightest idea whether I shall succeed at getting one.*

ik ben ... . een ...... te vragen, maar ik heb er niet het ...... idee van of het mij zal ...... er een te krijgen.

5 *As soon as I have something new, I'll let you know.*

..... ik iets ...... heb, ... ik het u weten.

****

OPLOSSING B:

1 Over - verbaasd - aarzeling. — **2** klaagt - betrekking - waarover. — **3** raad - waarschijnlijk - spijt. — **4** van plan - lening - minste - lukken. — **5** Zodra - nieuws - laat.

ZINSBOUW

Zijn er geen	plaatsen boeken appels platen oefeningen banden problemen catalogussen inlichtingen	meer? ‖ Er zijn er nog	een paar heel wat verscheidene enige
			(36)

* * * * *

Are you doing the Second Wave on a regular basis? We wish to emphasize once more that this is extremely important.

Second Wave: Lesson 9

NEGENENVIJFTIGSTE (59ste) LES

Koopjes

1 *Dora:* Ik ben blij weer binnen te zijn ; het is echt niet warm buiten.
2 *Mia:* Jij (1) hebt gevraagd om een eindje (2) te gaan wandelen.
3 *Dora:* Ik had er niet aan gedacht mijn mantel (3) aan te doen (4).
4 *Mia:* Met of zonder mantel heb je het altijd koud, behalve voor de etalages!
5 *Dora:* Ik kan er niets aan doen : ik kijk graag naar mooie dingen.
6 En er zijn meer dan eens koopjes (5).
7 *Mia:* Een koopje vandaag, een koopje morgen,
8 en op het einde (6) van de maand begin je er weer over te klagen dat je geen cent meer hebt.
9 *Dora:* Op het einde van de maand ontvangen we ons salaris.
10 *Mia:* Is het werkelijk mogelijk op zo'n manier te leven ?

UITSPRAAK
2 hept ˆHG:vraaHGt ... einty:
4 of ˆsond:r
5 ik ˆkeik ˆHGraaHG
9 ontfang:n
10 opˆsoo:n maniEr

FIFTY-NINTH LESSON

Bargains

1 Dora: I'm glad to be inside again; it's certainly not warm outside.
2 Mia: You asked to go for a little walk.
3 Dora: I didn't think to put my coat on.
4 Mia: With or without [a] coat you are always cold, except in front of the shop-windows!
5 Dora: I can't do anything about it: I like to look at pretty things.
6 And at times (more than once) there are bargains.
7 Mia: A bargain today, a bargain tomorrow,
8 and at the end of the month you begin to complain again that you don't have a cent.
9 Dora: At the end of the month we receive our salary.
10 Mia: Is it really possible to live like that (in such a way)?

OPMERKINGEN
(1) *Jij* is the emphasized form of *je*.
(2) In a literal sense *eindje* refers to the last little end of something, such as a piece of string. Figuratively, it is used to mean a short distance. *We zullen een eindje lopen*: We'll walk a short distance. *Het is een eindje van hier*: It's a short distance from here. *Het is een heel eindje*: It's quite a little ways.
(3) *Mantel*: a long coat for women; *jas*: coat; *overjas*: overcoat.
(4) *Doe uw schoenen aan*: Put on your shoes. *Ik trek mijn jas uit*: I'm taking my coat off. *Hij zet zijn hoed op*: He's puting his hat on. *Hij neemt zijn hoed af*: He's taking his hat off.
(5) *Kopen*: to buy; *verkopen*: to sell; *te koop*: for sale; *een koopje*: a bargain: *goedkoop* [hgoet**koo**p]: inexpensive.
(6) Remember: *Op het einde van de maand* (time), *aan het einde van de straat* (place).

11 Denk er soms aan wat geld te sparen!
12 *Dora:* Sparen ? Het geld heeft elke maand steeds minder waarde.
13 Ik heb de indruk dat je je vergadering uit het oog **(7)** verliest.
14 Meneer De Vos komt over vijf minuten.
15 *Mia:* Maak je daar geen zorgen over **(N2)**, ik ben al lang klaar.

UITSPRAAK
11 vwat ˆHGelt ˆt: spaar:n
13 ooHGˆ f:rliEst

OEFENINGEN
A. Vertaal:

Een moeilijke periode. — **1.** De economische crisis duurt nu al een paar jaar. — **2.** Wat betekent dat eigenlijk ? — **3.** In de eerste plaats hebben veel (soms belangrijke) firma's financiële problemen. — **4.** Er zijn steeds meer werklozen en veel arbeiders en beambten zijn bang hun betrekking te verliezen. — **5.** De prijzen blijven stijgen : — **6.** de huisvrouwen constateren het onmiddellijk als ze hun boodschappen gaan doen. — **7.** Omdat veel produkten duurder zijn geworden, proberen ze minder te kopen. — **8.** Voor de fabrieken is dat natuurlijk niet de ideale oplossing. — **9.** Er is er ook veel minder sprake van 's zondags voor zijn plezier te rijden. — **10.** Zelfs in de week laten veel mensen hun wagen in de garage staan en gaan ze met de bus naar hun werk. — **11.** In veel gevallen is het nogal vermoeiend, want de reis duurt meestal langer.

11 Think about saving some money sometimes!
12 Dora: Save? Money has less and less value each month.
13 I have the impression that you're forgetting (losing out of the eye) your meating.
14 Mister De Vos is coming in five minutes.
15 Mia: Don't worry about that, I've been ready for a long time.

OPMERKING
(7) *Ze heeft blauwe ogen*: She has blue eyes. *Ik heb geen oog dichtgedaan*: I haven't slept a wink (closed an eye). *Ik hou hem in het oog*: I keep an eye on him. *Uit het oog verliezen*: lose sight of, forget.

∗∗∗

Neuter nouns: *het ding, het koopje.*

OPLOSSING A:
A difficult period. — **1.** The economic crisis has lasted a couple of years now already. — **2.** What does that actually mean? — **3.** In the first place, many (sometimes important) firms have financial problems. — **4.** There are more and more unemployed, and many labourers and employees are afraid of losing their positions. — **5.** Prices continue to rise: — **6.** housewives notice it immediately when they go to do their shopping. — **7.** The try to buy less, because many products have become more expensive. — **8.** Of course, that is not the ideal solution for the factories. — **9.** There's also a lot less talk of driving for one's pleasure on Sundays. — **10.** Even during the week many people leave their cars in the garage and (they) go to (their) work by bus. — **11.** In many cases this is rather tiring, because the trip usually takes longer.

B. Vul de ontbrekende woorden in:

1 *I can't tell you the value of that book; I'm not informed about (on the height of) the prices.*

Ik kan u de . . . . . . van dat boek niet zeggen, ik ben niet op de . . . . . . van de . . . .

2 *The boy was anything but happy; he had had an accident with his new car.*

De jongen was alles . . . . : hij had een . . . . met zijn nieuwe wagen gehad.

3 *I have bought a second-hand car; I hope I won't have any problems with it.*

Ik heb een . . . . wagen gekocht ; ik . . . . dat ik . . geen problemen . . . zal hebben.

4 *He is complaining again that he doesn't feel well (feels himself unwell).*

Hij is weer . . . . . . klagen dat hij zich . . . . . voelt.

****
ZESTIGSTE (60ste) LES

Opslag

1 *Mia:* Dag, vrienden !

UITSPRAAK
1 daHG^friEnd:n

5 *It isn't sensible of you to want to look for a different position: you certainly will not earn more with another firm.*

Het is niet .... van u een andere ....

te willen zoeken : u zal zeker niet meer .... bij

een andere firma.

OPLOSSING B:

1 waarde - hoogte - prijzen. — **2** behalve - blij - ongeval. — **3** tweedehandse - hoop - er - mee. — **4** aan het - onwel. — **5** verstandig - betrekking - verdienen.

ZINSBOUW

Ze wou graag	op reis	gaan
Ze kan	met vakantie	
Ze wil	naar de schouwburg	
Ze zal	alleen	
Ze mag niet	naar het park	
Ze moet	naar de stad	
	met de wagen	
Ze hoopt	te voet	*te* gaan
Ze denkt		
Ze wenst		
Ze gelooft		
Ze is van plan		(88)

* * * * *

Second Wave: Lesson 10

* *

SIXTIETH LESSON

A Raise

1 Mia: Hello, friends!

2 *Dora:* Mia ! Hoe komt het dat je al terug bent ?
3 De vergadering (1) heeft niet lang geduurd.
4 *Mia:* De baas had nieuwe voorstellen (2), die erg de moeite waard waren,
5 en iedereen verklaarde er zich akkoord (3) mee.
6 *Dora:* Welke zijn die voorstellen ?
7 *Mia:* Als secretaresse heb ik het recht niet daar iets over te zeggen : beroepsgeheim !
8 *Dora:* Je kunt mij vertrouwen (4) : ik ben toch je vriendin. (N3)
9 *Mia:* Een vriendin die alles overal gaat vertellen !
10 Een beetje geduld, morgen zijn jullie (5) allemaal op de hoogte van alles.
11 *Dora:* Ik kan wel raden wat het is : we zullen meer verdienen !
12 Heb je dat gehoord, Wim ?
13 Er is geen reden (6) meer om een andere betrekking te zoeken.
14 Straks ga (7) ik mijn nieuwe jurken kopen.
15 *Mia:* Je had het maar over rokken.
16 *Dora:* Ja, maar nu kunnen het jurken zijn !

UITSPRAAK
7 b:roepsHG:heim
9 hgaat ˆf:rtell:n
12 dat ˆHG:hoort
14 straks ˆHGaa ik

2 Dora: Mia! How is it that you're back already?
3   The meeting didn't last long.
4 Mia: The boss had new proposals which were really worthwhile,
5   and everyone expressed agreement with them.
6 Dora: What are those proposals?
7 Mia: As secretary I do not have the right to say anything about it — professional secret!
8 Dora: You can trust me, I'm your friend.
9 Mia: A friend who goes and tells everything everywhere.
10   A little patience, tomorrow all of you will be informed about everything.
11 Dora: I can guess what it is — we'll earn more!
12   Did you hear that, Wim?
13   There's no longer any reason to look for another position.
14   After a while I'll go buy my new dresses.
15 Mia: You only mentioned (had it about) skirts.
16 Dora: Yes, but now it can be dresses!

OPMERKINGEN

(1) *De algemene vergadering*: the general meeting. *Ze vergaderen morgen om 10 uur*: They're having a meeting tomorrow at 10 o'clock.
(2) *Het voorstel, de voorstellen*: the proposals. Notice the double **l** in the plural. *Voorstellen* (verb): to propose. *Wat stelt u voor?*: What do you propose? *Ze hebben een nieuw plan voorgesteld*: They have proposed a new plan.
(3) *Ik ga akkoord met u*: I agree with you.
(4) *Ik heb geen vertrouwen in hem*: I have no confidence in him. *Ze vertrouwt hem niet*: She doesn't trust him.
(5) *Jullie* is the informal pronoun in the second person plural. It takes the plural verb form. *Wat denken jullie daarvan?*: What do you [plural] think about that? (Formal: *denkt u*).
(6) *Om welke reden doet u dat?*: For what reason are you doing that? *Ze hebben goede redenen* [r**AY**d:n:n] *om niet te komen*: They have good reasons for not coming.
(7) When the context makes it clear that an action is in the future, the present tense is often used rather than the future.

★★★

Neuter nouns: *het voorstel, het geheim, het vertrouwen, het geduld*.

OEFENINGEN
A. Vertaal:

Een voorzichtige jongen. — **1.** Vorige zondag heeft mijn vriend mij voorgesteld met hem naar zee te rijden. — **2.** Ik houd erg veel van een dag aan zee, maar ik heb toch geweigerd. — **3.** Ik heb niet veel vertrouwen in hem als chauffeur : hij heeft al een paar ongevallen gehad en hij is zelfs eens een week in het ziekenhuis geweest. — **4.** Hij wist niet, zei hij, hoe die gebeurd waren. — **5.** Waarschijnlijk hadden de anderen niet gezien, dat de lichten op rood stonden en hadden ze niet op tijd gestopt. — **6.** Dat is natuurlijk 'zijn' verklaring. — **7.** Maar hij verliest uit het oog dat hij meestal veel te hard rijdt. — **8.** Bovendien houdt hij niet op met praten en kijkt hij niet altijd voor zich. — **9.** U kan dus wel raden dat ik redenen genoeg had om niet mee te gaan. — **10.** Ik ga nog liever met de trein !

B. Vul de ontbrekende woorden in:

1 *It's nobody's secret that he's not particularly brave.*

Het is voor niemand een ...... dat hij niet bijzonder ...... is.

Some Irregular Verbs

Present	Past	Past Participle
eten	ik at (plur. : aten)	ik heb gegeten
zoeken	ik zocht	ik heb gezocht
brengen	ik bracht	ik heb gebracht
(in)schenken	ik schonk (in)	ik heb (in)geschonken
ophouden	ik hield op	ik heb opgehouden

OPLOSSING A:
A cautious boy. — **1.** Last Sunday my friend suggested that I ride with him to the sea. — **2.** I like a day at the beach very much, but I still refused. — **3.** I don't have much confidence in him as a driver; he has already had a couple of accidents and he has even been in hospital for a week. — **4.** He didn't know, he said, how they had happened. — **5.** Probably the others hadn't seen that the light was red and hadn't stopped in time. — **6.** That of course is 'his' explanation. — **7.** But he loses sight [of the fact] that he usually drives much too fast. — **8.** In addition, he doesn't stop talking, and he doesn't always look in front of him. — **9.** So you can guess that I had reason enough not to go along. — **10.** I would much rather go by train.

2 *The proposal doesn't appear very interesting to me; I have the impression that it would serve no purpose (nothing).*

Het .... schijnt me niet erg interessant : ik heb de

...... dat het ... niets zou ....

60ste LES

3 *Put on your overcoat, put on your hat: we're going for a little walk (to walk a little end).*

... je .... aan, ... je hoed .. : we gaan een ...... wandelen.

4 *He doesn't have enough patience to put his papers in order; that's why he hasn't classified anything.*

Hij heeft geen ...... genoeg om zijn papieren in orde te .... ; daarom heeft hij niets ....

5 *You have the right not to tell what the bosses said at the meeting.*

U heeft het ..... niet te vertellen wat de ..... op de vergadering ...... hebben.

****

ÉÉNENZESTIGSTE (61ste) LES

Een wagen repareren

1 — Wat is er weer gebeurd, jongen ?
2 — Waarom stel **(1)** je die vraag ?
3 — Wel, je ziet er nogal vuil uit.
4   Heb je geen water meer in je badkamer **(2)** ?

UITSPRAAK
rAYpaar**AY**r:n
4 batkaam:r

OPLOSSING B:

1 geheim - moedig. — **2** voorstel - indruk - tot - dienen. — **3** Doe - overjas - zet - op - eindje. — **4** geduld - brengen - gerangschikt. — **5** recht - bazen - gezegd.

*****

Have you remembered to review the irregular verbs? Have you set-up your own list and are you adding new words to it regularly?

Second Wave: Lesson 11

SIXTY-FIRST LESSON

Repairing a Car

1 — What has happened this time, [old] boy?
2 — Why do you ask (pose) that question?
3 — Well, you look rather dirty.
4   Don't you have water in your bathroom any more?

OPMERKINGEN
(1) *Dat stelt een probleem*: That poses a problem.
(2) *De eetkamer*: the dining room; *de slaapkamer*: the bedroom; *de woonkamer*: the living room; *de keuken*: the kitchen.

5	Of heb je geen tijd om je te wassen en te scheren ?
6 —	Ik heb problemen met mijn wagen,
7	en ik probeer die zelf te repareren **(3)**.
8 —	Is het werkelijk zo erg ?
9 —	Ik vrees **(4)** het : ik moet alles **(5)** controleren.
10 —	Sinds wanneer is je wagen defect ?
11 —	Sinds een paar dagen was het duidelijk dat iets niet in orde was.
12 —	Je wacht altijd te lang als je een abnormaal geluid hoort.
13	Je moet je wagen toch af en toe laten nakijken **(6)**.
14 —	Ik weet het wel, maar er is altijd hetzelfde gebrek aan tijd.
15 —	Vertel geen stommiteit : je bent om half vijf thuis en de garage sluit om zeven.
16	Kom ! Ik zal je met de reparatie **(N4)** helpen.
17 —	Je bent een echte vriend ! Ik kan altijd op jou rekenen.

UITSPRAAK
8 vwerk:l:kˆsoo
9 ikˆfrAYs ... kontrool**AY**r:n
10 d:fekt
11 duid:l:k ... ord:
12 apnorm**aa**l hg:luit
13 h:tselvd: hg:brek
15 stommiEteit ... tuis
16 ikˆsal ... rAYparaatsiE
17 ikˆkan ... r**AY**k:n:n

5   Or don't you have time to wash and shave?
6 — I'm having trouble with my car,
7   and I'm trying to repair it myself.
8 — Is it really that bad?
9 — I'm afraid so: I have to check everything.
10 — How long (since when) has your car been defective?
11 — Since a couple of days [ago] it has been obvious that something has been out of order.
12 — You always wait too long when you hear an abnormal sound.
13   After all, you need to have your car checked every once in a while.
14 — Yes, I know, but there's always the same lack of time.
15 — Don't talk nonsense; you're home at four thirty and the garage closes at seven.
16   Come on! I'll help you with the repair [job].
17 — You're a real friend! I can always count on you.

OPMERKINGEN
(3) One may also say *herstellen*. *Heeft u die machine hersteld*: Have you repaired that machine?
(4) *Vrezen*: to fear. *De vrees*: the fear.
(5) Distinguish between *alles* (everything), *allen* (everyone), *alle* (all, as an adjective) and *hele* (whole, as an adjective). *Ik kan niet alles vertellen*: I can't tell everything. *Allen zijn aangekomen*: All have arrived. *Ik heb alle inlichtigen*: I have all the information. *Ik ken de hele stad*: I know the whole city.
(6) *Ik wil de rekening nakijken*: I want to check the bill.

★★★

Neuter noun: *het geluid*.

Some Irregular Verbs

Present	Past	Past Participle
Klimmen	ik klom	ik heb geklommen
sluiten	ik sloot	ik heb gesloten
raden	ik raadde	ik heb geraden
nakijken	ik keek na	ik heb nagekeken

61ste LES

OEFENINGEN
A. Vertaal:

1. Hij stelt telkens vragen waarop het bijna onmogelijk is een precies antwoord te geven. — 2. De crisis was zo erg geworden dat een groot aantal fabrieken hadden moeten sluiten. — 3. Ze ziet er bijzonder jong uit, maar ik heb toch de indruk dat ze ten minste veertig is. — 4. Ik voelde me werkelijk onwel en ik had de moed niet uit mijn bed te komen. — 5. Ga je handen wassen, je weet wel dat men niet met vuile handen aan tafel komt. — 6. Ik denk dat hij een beetje kwaad is omdat we hem al een paar keer gestoord hebben. — 7. Het dient tot niets zich zorgen te maken.

B. Vul de ontbrekende woorden in:

1 *I'm afraid it's too late to propose a solution.*

   Ik . . . . . dat het te laat is om een . . . .

   te . . . .

2 *We'll have to ask for other information because what they are saying (declaring) is not particularly clear.*

   We zullen andere . . . . moeten vragen, want

   wat ze . . . . is niet bijzonder . . . .

3 *Your proposal is probably interesting; it's worth the effort to think about it.*

   Uw . . . . is . . . . interessant, het is de

   . . . . . . waard er . . . . na te denken.

OPLOSSING A:

1. Time and again he asks questions for which it is almost impossible to give an exact answer. — **2.** The crisis had become so bad that a large number of factories had to close. — **3.** She looks especially young, but I still have the impression that she's at least forty. — **4.** I felt really poorly (unwell), and I didn't have the courage to get out of bed. — **5.** Go wash your hands; you know well [enough] that one doesn't come to the table with dirty hands. — **6.** I think he's a little angry because we've already disturbed him a couple of times. — **7.** Being worried serves no purpose.

ZINSBOUW

Ik denk	*dat*	ze (nu) een (andere) oplossing hebben
Ik heb de indruk		niemand het probleem (goed) kent
Het is duidelijk		ze er (nog) geen (precies) idee van hebben
Ik ben er zeker van		ze het (nieuwe) voorstel (erg) interessant vinden
Het is een feit		ze (ons) hun plan (duidelijk) zullen verklaren
		ze (meer) verklaringen (nodig) hebben
		ze daar (niet) (dadelijk) op zullen reageren
		hij (in dat geval) niets anders kon doen

(150)

61ˢᵗᵉ **LES**

4 *You're out of (have no) luck; they have just now left.*

U heeft geen . . . . . , ze zijn . . . . . . vertrokken.

5 *I had warned everyone that I would be absent.*

Ik had iedereen . . . . dat ik . . . . zou

zijn.

****

TWEEËNZESTIGSTE (62ste) LES

Weer een beetje humor

Geduld!
1   Een man zei : "Weet u dat ik sinds vijf jaar niet meer tegen **(1)** mijn vrouw gesproken heb ? "
2 —   Wees niet bedroefd, beste vriend. Eén dezer dagen **(2)** zal het weer uw beurt **(3)** zijn.

Bij de uitgever **(4)**
3   Dichter : Heeft u mijn gedichten gelezen?
4   Uitgever : Ja, en ik moet zeggen dat ze niet zo slecht zijn.

UITSPRAAK
1 sints ˆfeif
2 beurt ˆsein
uitHGAYv:r
4 moet ˆsehg:n dat ˆs: niEt ˆsoo sleHGt ˆsein

OPLOSSING B:

1 vrees - oplossing - voor - stellen. — **2** inlichtingen - verklaren - duidelijk. —**3** voorstel - waarschijnlijk - moeite - over. — **4** geluk - zoëven. — **5** gewaarschuwd - afwezig.

*****

Second Wave: Lesson 12

SIXTY-SECOND LESSON

A Little Humour Again

Patience!
1 A man said: "Do you know that I haven't spoken to my wife in the last five years?"
2 — Don't be sad, [my] good friend. One of these days it'll be your turn again.

At the publishers
3 Poet: Have you read my poems?
4 Publisher: Yes, and I must say that they aren't too bad.

OPMERKINGEN
(1) *Ze spreken niet meer tegen elkaar*: They no longer speak to each other. *Hij spreekt met zijn buurman*: He's talking with his neighbour. *Hij sprak tot de arbeiders*: He spoke to the workers. *Kan ik de heer De Mol spreken?*: Can I speak with Mr. De Mol.
(2) *Dezer*: of these. This plural genitive form of *deze* is no longer used except in standard expressions.
(3) *Het is mijn beurt*: It's my turn. *Ik ben aan de beurt*: I'm next. *Ieder spreekt op zijn beurt*: Each one speaks when it's his turn. *Ze spreken om beurten*: They take turns speaking.
(4) *Wie heeft dat boek uitgegeven?*: Who published that book? *Het is de tweede druk van dat boek*: It's the second edition of that book.

5 Dichter : Dus zal u ze uitgeven ?
6 Uitgever : Dat is moeilijker : we geven alleen werken uit (5) van schrijvers met een bekende naam.
7 Dichter : Dan is er geen probleem: ik heet Janssens (6).

Je moet het begrijpen
8 In een dansschool moet elke leerling iets voorstellen.
9 Een meisje speelt voor hond, een andere voor vogel, enz. (7)
10 Betty (zeven jaar) beweegt heen en weer (8) van links naar rechts.
11 Lerares : Wat betekent dat, Betty ?
12 Betty : De laatste tand van mijn grootvader, mevrouw.

UITSPRAAK
5 dus ˆsal
7 ik hAYt
8 iEts ˆfoorstell:n
9 spAYlt ˆfoor
11 lAYraares ... b:tAYk:nt
12 tant ˆfan ... hgrootfaad:r

5 Poet: Thus you'll publish them?
6 Publisher: That's more difficult: we only publish works of writers with a well-known name.
7 Poet: Then there's no problem: my name is Jones (Janssens).

You (just) have to understand it
8 In a dance school every student must impersonate something.
9 One girl portrays (plays as) a dog, another a bird, etc.
10 Betty (seven years old) moves back and forth from left to right.
11 Teacher: What does that mean, Betty?
12 Betty: My grandfather's last tooth, Madam.

OPMERKINGEN
(5) Notice this exception to the rule that the separable part of a compound verb comes at the end of a main clause. It is not grammatically incorrect to write: *We geven alleen werken van schrijvers met een bekende naam uit.* But because the sentence is so long, clarity and style are improved if the separable part comes earlier. It still must be separated from the verb root, however.
(6) *Janssens* (also spelt *Jansens, Janssen* and *Jansen*) is a common surname in Dutch, like 'Jones' or 'Smith' in English.
(7) Abbreviation of *enzovoort* (and so forth): et cetera.
(8) *Heen en weer*: back and forth (forth and back). *Een reis heen en weer*: a round trip. *Hij loopt voor het huis heen en weer*: He's walking to and fro in front of the house. *Ze reizen heen en weer*: They travel back and forth.

Neuter nouns: *het geduld, het gedicht.*

62ste LES

OEFENINGEN
A. Vertaal:

1. Ik weet niet hoe het te verklaren, maar ik heb helemaal geen vertrouwen in die mensen. — **2.** Weet u wie nu aan de beurt is ? — **3.** Hij heeft al veel gedichten uitgegeven en hij begint nu bekend te worden. — **4.** Ik ben van plan mijn boeken één dezer dagen op een andere manier te rangschikken. — **5.** Ze zag er bijzonder bedroefd uit maar niemand wist om welke reden. — **6.** Hoe heet de man die u mij gisteren voorgesteld heeft ? — **7.** Met hem is het telkens hetzelfde : hij belooft alles te doen, maar je kan nooit op hem rekenen. — **8.** Het is ons niet gelukt een andere afspraak te maken.

B. Vul de ontbrekende woorden in:

1 *I find it pleasant to walk in the park; I enjoy listening to the birds.*

Ik vind het .... in het park te .... : ik luister zo graag naar de ....

2 *If you are not in a position to help us a little, we shall try to finish the work alone.*

Als u niet in ..... bent ons een ...... te helpen, zullen we .... het werk alleen ..... te krijgen.

3 *His car was broken-down; that's why he had to come on foot.*

Zijn wagen was ......; ...... is hij te .... moeten komen.

****

OPLOSSING A:
1. I don't know how to explain it, but I have absolutely no confidence in those people. — **2.** Do you know whose turn it is now? — **3.** He has already published many poems, and now he is beginning to become well-known. — **4.** I plan to arrange my books in a different way one of these days. — **5.** She looked particularly sad, but nobody knew for what reason. — **6.** What is the name of the man you introduced to me yesterday? — **7.** With him it's the same every time; he promises to do everything, but you can never count on him. — **8.** We did not succeed in making another appointment.

4 *At the general meeting the leaders of the three trade unions spoke in turn.*

Op de .... vergadering spraken de .... van de drie .... om ....

5 *The boy did not stop running back and forth.*

De jongen ..... niet op .... en .... te lopen.

OPLOSSING B:

1 prettig - wandelen - vogels. — **2** staat - handje - proberen - klaar. — **3** defect - daarom - voet. — **4** algemene - leiders - vakbonden - beurten. — **5** hield - heen - weer.

ZINSBOUW

Als het	interessant nuttig mogelijk de moeite waard noodzakelijk wenselijk belangrijk in de buurt	is, (dan) gaan we	naar die vergadering met u mee er ook naartoe een handje helpen

(32)

* * * * *

Second Wave: Lesson 13

62ste LES

DRIEËNZESTIGSTE (63ste) LES

Herhaling en opmerkingen

1. — **Assimilation** — You will have noticed that the consonant pronounced is not always the same as the one written. Here are some rules governing this. At the end of a word the voiced consonants (**b, d, g**) become voiceless (**p, t, ch**): *bed* [bet], *heb* [hep], *zeg* [zeHG], *tijd* [teit]. When a voiceless consonant (*p, t, k, f, s, ch*) is followed by the voiced consonants **g, v** or **z** the latter are pronounced as their voiceless equivalents (**ch, f** or **s**): *is zo* [isˆsoo], *niet ver* [niEt ˆfer], *niet goed* [niEt ˆHGoet]. When, however, a voiceless consonant is followed by **b** or **d**, the latter remains voiced and the preceding unvoiced consonant becomes voiced in preparation for the following voiced consonant. *Het boek is duur* [hedˆboek izˆduur]. In many cases a voiceless consonant flows into its voiced equivalent before a vowel. This can only be learned by observation. *Ze is in bed* [z: izˆin bet].

2. — **Position of the Preposition** — When used with *daar* or *waar*, a preposition often moves to the end of the clause. *Ze maakt zich zorgen daarover / Ze maakt zich daar zorgen over*: She is worrying about that. *Waaraan denkt u nu? / Waar denkt u nu aan?*: What are you thinking about now? *Dat is een boek waarvan ik veel hou / Dat is een boek waar ik veel van hou*: That's a book I like a lot. Both forms are correct, but the latter is more natural.

3. — **Feminine Forms** — The suffix **-in** is used to form the feminine of certain nouns. *De baas, de bazin* (female boss, lady of the house); *de boer, de boerin* (farmer's wife); *de koning, de koningin* (queen). In the feminine form the last syllable (**-in**) is always emphasized. When a noun denoting a person performing an action is made from a verb, **-er** is added to the stem for the masculine form and **-ster** is added for the feminine form. *De leider* (male leader), *de leidster* (female leader); *de helper* (male helper), *de helpster* (female helper); *de koper*

SIXTY-THIRD LESSON

(male buyer), *de koopster* (female buyer); *de bezoeker* (male visitor), *de bezoekster* (female visitor). The plural of each is formed by adding an **-s.** Most nouns ending in **-aar** which refer to male persons, as well as some ending in **-er**, have a feminine form ending in **-es.** *De leraar, de lerares* (female teacher); *de eigenaar, de eigenares* (female owner); *de danser, de danseres* (female dancer). In this case also the final **-es** in the feminine form is always emphasized. (The **-ster** female ending is not emphasized).

4. — The Gender of Nouns — One can sometimes determine the gender of a noun by its ending. Almost all words with the following endings are feminine.

-ie	*De familie, de provincie, de kolonie*
-ing	*De richting, de oefening, de wandeling*
-heid	*De mogelijkheid, de vrijheid, de moeilijkheid*
-iek	*De fabriek, de muziek, de politiek*
-e	*De gewoonte, de gedachte*

Exceptions: *het einde, het horloge* and nouns ending in **-isme.**

The following nouns are neuter:
— Diminutives: *het huisje, het doosje, het bankje*
— Nouns beginning with **-ge, be-** or **ver-** followed by a single syllable: *het begin, het beroep, het geval, het geluid, het vertrek.*
Exception: *de verkoop* (the sale).
If the prefixes **ge-, be-**, or **ver-** are followed by more than one syllable, the above rule doesn't apply!

5. — Uitdrukkingen — **1** *Hij kijkt niet van zijn werk op.* — **2** *Ze is kwaad op iedereen.* — **3** *Hij voelt zich onwel.* — **4** *Hij houdt niet op met praten.* — **5** *Dat dient helemaal tot niets.* — **6** *Waarover gaat het nu?* — **7** *Ze komen over een maand of drie.* — **8** *We gaan een eindje met u mee.* — **9** *Doe je mantel aan!* — **10** *Verlies dat niet uit het oog!* — **11** *Hij maakt zich niet veel zorgen.* — **12** *Hoe* *komt het dat ze niet op de hoogte zijn?* — **13** *om welke reden zegt u dat?* — **14** *Hij stelt een hele reeks vragen.* — **15** *Ze ziet er erg moe uit.* — **16** *Het is maar een gebrek aan geld.* — **17** *Ik spreek niet meer tegen die mensen.* — **18** *Ze komen één dezer dagen.*

6. — **Vertaling** — **1** He doesn't look up from his work. — **2** She is angry with everyone. — **3** He feels ill (unwell). — **4** He never stops talking. — **5** That serves absolutely no purpose. — **6** What is being referred to now? — **7** They will be coming in about three months. — **8** We'll go along with you for a short distance. — **9** Put your coat on. — **10** Don't lose sight of that! — **11** He doesn't worry much. — **12** How is it that they are not informed? — **13** For what

★★

VIERENZESTIGSTE (64ste) LES

Vakantieplannen

1 *Bert:* Binnenkort hebben wij weer veertien dagen vakantie
2 en ik vraag mij af hoe ik de tijd zal doorbrengen.
3 *Hans:* Wat mij betreft, is er **(1)** niet het minste probleem :
4 ik ga met mijn ouders naar het zuiden **(2)**.

UITSPRAAK
2 ik ˆfraaHG ... teit ˆsal
4 ik ˆHGaa ... h:t ˆsuid:n

reason do you say that? — **14** He asks a whole series of questions. — **15** She looks terribly tired. — **16** It's just a shortage of money. — **17** I no longer speak to those people. — **18** They are coming one of these days.

*****

Now and then, go back over the notes and comments in former review lessons! They contain summaries which give a brief explanation of important rules and principles.

Second Wave: Lesson 14

SIXTY-FOURTH LESSON

Holiday Plans

1 Bert: Soon we have fourteen days of holiday again
2 and I wonder how I'll spend the time.
3 Hans: As far as I'm concerned, there's not the slightest problem;
4 I'm going to the south with my parents.

OPMERKINGEN
(1) *Wat mij betreft*: as for me, as far as I'm concerned. When *wat ... betreft* refers to the subject of the following clause, the verb and subject in that clause are not inverted, otherwise they are. *Wat mij betreft, ik ga naar huis*: As for me, I'm going home. (The first clause refers to the subject of the second). *Wat hem betreft, mag ik doen wat ik wil*: As far as he's concerned, I may do what I want. (The first clause does not refer to the subject of the second).
(2) The names of directions are not capitalized unless they are referring to geographical areas. *Het noorden*: the north; *het oosten*: the east; *het westen*: the west. *China is in het Oosten*: China is in the East.

64ste LES

5		Daar zal ik in ieder **(3)** geval zonnig **(4)** weer hebben.
6	*Bert:*	Ik hoop het voor jou. Maar het is helemaal niet zeker :
7		dit jaar is het weer nergens bijzonder mooi.
8		Bovendien lost dat mijn probleem niet op.
9	*Hans:*	Er bestaan toch heel wat mogelijkheden, zelfs als je het land niet verlaat.
10	*Bert:*	Zo veel zijn er niet, naar ik meen.
11		Je kan ze gemakkelijk op de vingers van één hand tellen **(5)** : wandelen, lezen, TV-kijken...
12	*Hans:*	Dat is al niet zo weinig.
13	*Bert:*	Dacht je dat ik de hele dag kan blijven lezen ?
14	*Hans:*	Als je een boeiend boek hebt, is dat ongetwijfeld mogelijk.
15		Hoofdzaak **(6)** is je lectuur **(7)** goed te kiezen.

(wordt vervolgd)

UITSPRAAK
- 5 zonn:HG
- 6 niEt ˆsAYk:r
- 7 biEzond:r
- 9 niEt ˆf:rlaat
- 11 hant ˆtell:n ... tAYvAY keik:n
- 12 niEt ˆsoo
- 14 boeiE:nt
- 15 hooftsaak ... goet ˆt:

5		There I'll have sunny weather in any case.
6	Bert:	I hope so for your sake (for you). But it's not at all certain:
7		this year the weather isn't particularly nice anywhere.
8		Besides, that doesn't solve my problem.
9	Hans:	Quite a lof of possibilities exist anyway, even if you don't leave the country.
10	Bert:	There aren't so many, in my opinion.
11		You can easily count them on the fingers of one hand: walking, reading, watching TV...
12	Hans:	That's already not so few.
13	Bert:	Do you think (thought you that) I can keep on reading all day?
14	Hans:	If you have an engrossing book, that's no doubt possible.
15		The main thing is to choose your reading material well.

(to be continued)

OPMERKINGEN
- **(3)** *Ieder*: every; *elk*: each. No **-e** is added before a neuter singular noun.
- **(4)** Many adjectives are formed by adding **-ig** to the noun. *Het geluk* (happiness), *gelukkig* (happy); *de moed* (courage), *moedig* (courageous); *het vuur* (fire), *vurig* (fiery/fervent); *de honger* (hunger), *hongerig* (hungry).
- **(5)** *Hij telt zijn geld*: He counts his money. *De groep telde twintig mensen*: The group numbered twenty people. *Ik tel hem onder mijn vrienden*: I number him among my friends. *U kan erop rekenen*: You can count on it. *Ik reken niet op haar*: I don't count on her.
- **(6)** *Dat is maar bijzaak*: That's just something of secondary importance.
- **(7)** *Dat is gemakkelijke lectuur*: That's easy reading material. *Bij het lezen van die brief werd hij kwaad*: Upon reading that letter he became angry. *Een leesboek*: a reading book.

OEFENINGEN
A. Vertaal:

Over vakantie. — **1.** Als je met vakantie gaat, probeer je waarschijnlijk de plaats te vinden waar je het best kan uitrusten. — **2.** En ieder jaar is de keuze een moeilijk probleem. — **3.** Vorig jaar hebben we geluk gehad. — **4.** In het zuiden van Frankrijk hadden we een dorpje ontdekt, dat niet alleen prachtig maar ook erg rustig was. — **5.** Het lag ver van de grote wegen en het verkeer was helemaal niet druk. — **6.** Er was bijna geen lawaai en bovendien was het voor de kinderen niet gevaarlijk op straat te spelen. — **7.** Dat was dus de ideale oplossing. . . tenminste voor één jaar. — **8.** Want er is een moeilijkheid : ofwel moet je elk jaar naar dezelfde plaats gaan, ofwel moet je telkens aan het zoeken gaan. — **9.** En het kan soms lang duren voordat je iets vindt dat de moeite waard is.

B. Vul de ontbrekende woorden in:

1 *Numerous possibilities exist; the main thing is to choose well.*

Er .... talrijke mogelijkheden ; .... is goed te ....

2 *As far as I'm concerned, I don't find that particularly interesting.*

Wat mij .... , ik vind dat niet bijzonder ....

3 *I hope to spend fourteen days at the coast on holiday.*

Ik hoop .... dagen vakantie aan de .... door te ....

★★★★★★★★★★★★★★★★★★★★★★★★★★★★★★★★★★★★★

OPLOSSING A:
About holidays. — **1.** When you go on holiday you probably try to find the place where you can rest up best. — **2.** And every year the choice is a difficult problem. — **3.** Last year we were lucky. — **4.** In the south of France we discovered a small village which was not only magnificent but also very tranquil. — **5.** It was situated far from the major roads, and the traffic was not at all heavy. — **6.** There was almost no noise, and besides that it wasn't dangerous for the children to play in the street. — **7.** Thus, that was the ideal solution, at least for one year. — **8.** For there is a difficulty: either you have to go to the same place every year, or every time you have to start searching. — **9.** And sometimes it can take a long time before you find something that's worthwhile.

4 *When I leave our country, it's in order to have sunny weather.*

Als ik ... land ...., is het om ...... weer te hebben.

5 *I hope I can solve that case shortly.*

Ik hoop dat ik dat .... zal kunnen ....

OPLOSSING B:

1 bestaan - hoofdzaak - kiezen. — **2** betreft - boeiend. — **3** veertien - kust - brengen. — **4** ons - verlaat - zonnig. — **5** geval - binnenkort - oplossen.

✱✱✱✱✱

Underline expressions that cause you difficulty. Go over them regularly and in time these problems will disappear.

✱✱✱✱✱

Second Wave: Lesson 15

✱✱✱✱✱✱✱✱✱✱✱✱✱✱✱✱✱✱✱✱✱✱✱✱✱✱✱✱✱✱✱✱✱✱✱✱✱✱✱

64ste LES

VIJFENZESTIGSTE (65ste) LES

Vakantieplannen (vervolg)

1 *Bert:* Je hebt steeds prachtige ideeën.
2   Ik zal in een gemakkelijke stoel blijven zitten **(1)**, terwijl jij in de zon gaat wandelen !
3 *Hans:* Waarom zou je ook niet gaan wandelen ? Je woont dicht bij het bos.
4 *Bert:* Het bos ! Het bos! Er zijn zelfs bijna geen paden **(2)**.
5   Je moet door de struiken lopen en dan kom je nat en vol modder **(3)** thuis.
6   Dank voor de leuke suggestie ! Ik voel er helemaal niets voor.
7 *Hans:* Ga dan af en toe naar de bioscoop **(4)**.
8 *Bert:* Je weet toch wel dat ik niet van donkere **(5)** zalen houd :
9   daar voel ik me niet op mijn gemak.
10   En bovendien zijn de meeste films **(N1)** zo weinig boeiend.
11   Je weet wel dat er in de zomer **(6)** zelden iets interessants is.

UITSPRAAK
1 praHGt:hg: iEd**AY**:n
2 ik ˆ sal
3 niEt ˆ HGaan
6 ik ˆ foel ... niEts ˆ foor
7 biEoskoop
8 niEt ˆ fan dongk:r: zaal:n
10 films ˆ soo

SIXTY-FIFTH LESSON

Holiday Plans (continuation)

1 Bert: You always have splendid ideas.
2   I'll remain seated in an easy chair while you go walking in the sun!
3 Hans: Why shouldn't you go for a walk as well? You live close to the woods.
4 Bert: The woods? The woods? There are almost no paths (even).
5   You have to walk through the bushes and then you come home wet and muddy.
6   Thanks for the nice suggestion! That doesn't appeal to me at all.
7 Hans: Go to the cinema once in a while then.
8 Bert: You know good and well that I don't like dark auditoriums;
9   I don't feel at ease there.
10   And besides, most films are not very entertaining.
11   You know there's seldom anything interesting in the summer.

OPMERKINGEN
(1) *Ik zit*: I'm sitting. *Ik blijf zitten*: I remain seated. *Ik ga zitten*: I take a seat.
(2) Singular: *het pad* (short **a**). Sometimes the vowel is lengthened in the plural form: *de dag* [daHG], *de dagen* [daahg:n].
(3) *Een modderig pad*: a muddy path.
(4) One can also say: *Ik ga naar de film*.
(5) *Een donkere dag*: a gloomy (dark) day. *Ik zit niet graag in het donker*: I don't like to sit in the dark. *Donkerblauw*: dark blue; *lichtblauw*: light blue.
(6) *De winter, de lente, de zomer, de herfst*: winter, spring, summer, autumn. Spring and fall are also called: *het voorjaar en het najaar*.

12 *Hans:* Je hebt bezwaren tegen alles ;
13 Ik weet eigenlijk niet meer wat ik zou kunnen voorstellen.
14 *Bert:* Je doet je best, maar. . .
15 *Hans:* Ik zal er nog even over denken ; misschien vind ik wel een oplossing.
16 *Bert:* En je deelt me die uit het zuiden mee **(7)** ! Reken op je vrienden. . .

UITSPRAAK
12 b:zwaar:n
13 ikˆsou
15 ikˆsal
16 h:t ˆsuid:n

OEFENINGEN
A. Vertaal:

Dorpsleven. — **1.** Ik woon nu al jaren ver van de grote stad. — **2.** Ik was het lawaai, de drukke straten, het onmogelijke verkeer moe geworden.— **3.** In mijn dorpje voel ik me eindelijk gelukkig. — **4.** Ik hoef niet meer elke dag mooi gekleed te lopen : een wijde broek, waarin ik mij op mijn gemak voel, een oude hoed. . . — **5.** meer heb ik niet nodig om in mijn tuin te werken. — **6.** 's Avonds ga ik dan met mijn hond in het grote donkere bos dicht bij het dorp wandelen. — **7.** Meer dan eens kom ik vuil en vol modder thuis, maar hier hindert dat niemand. — **8.** Mijn vroegere baas heeft mij voorgesteld mij weer in dienst te nemen, maar ik heb niet eens geantwoord. — **9.** Eindelijk heb ik gevonden waar ik zo lang naar had gezocht : het geluk vrij te zijn. —**10** Ik zou niet van leven willen veranderen.

12 Hans: You have objections to everything.
13 Really, I no longer know what I could suggest.
14 Bert: You are doing your best, but...
15 Hans: I'll think about it some more; maybe I'll find a solution after all.
16 Bert: And you'll inform me about it from the south! Count on your friends...

OPMERKING
(7) *Meedelen*: announce. The older form, *mededelen*, is often used in business letters and in formal speech. *Hierbij heb ik het genoegen U mede te delen dat...*: I hereby have the pleasure of informing you that...

Neuter nouns: *het bos, het pad, het gemak, het bezwaar, het genoegen*.

OPLOSSING A:
Village life. — **1.** For years now I have lived far from the big city. — **2.** I had become tired of the noise, the busy streets, [and] the impossible traffic. — **3.** In my village I feel happy at last. — **4.** I no longer have to walk around well-dressed every day — baggy pants, in which I feel at ease, an old hat ... — **5.** for working in my garden I need nothing more. — **6.** Then in the evening I go for a walk with my dog in the big, dark forest near the village. — **7.** Now and then I come home wet and muddy, but that bothers no one here. — **8.** My former boss made me an offer to take me on in his employ again, but I didn't even answer. — **9.** At last I have found what I had sought so long, the joy of being free. — **10.** I wouldn't want to change my [way of] life.

65ste LES

B. Vul de ontbrekende woorden in:

1 *If you have no objections, we'll put the room in order while you go do the last shopping.*

Als u er geen .... tegen heeft, zullen we de kamer in orde .... u de laatste .... gaat doen.

2 *He did his best but he did not succeed in making other proposals with which everyone could agree.*

Hij heeft zijn .... gedaan maar het is hem niet ...... andere .... te doen, ... iedereen akkoord zou kunnen .... .

3 *In our time such cases very rarely occur.*

In onze .... komen ..... gevallen bijzonder ....

4 *We followed a path through the bushes but we had to be careful because it was full of mud.*

We hebben een ... door de .... gevolgd, maar we moesten .... want het was vol ....

∗∗∗∗∗∗∗∗∗∗∗∗∗∗∗∗∗∗∗∗∗∗∗∗∗∗∗∗∗∗∗∗∗∗∗∗∗∗

5 *I have the pleasure of informing you that numerous new possibilities now exist.*

Ik heb het .... U mede te ...... , dat er nu .... nieuwe mogelijkheden ....

OPLOSSING B:

1 bezwaar - brengen - terwijl - boodschappen. — **2** best - gelukt - voorstellen - waarmee - gaan. — **3** tijd - zulke - zelden - voor. — **4** pad - struiken - oppassen - modder. — **5** genoegen - delen - talrijke - bestaan.

ZINSBOUW

Ik vraag me af	of	ze (nu) (werkelijk) hun best doen.
Ik weet niet		hij zich (daar) (altijd) op zijn gemak voelt.
De vraag is		ze er (geen) (andere) bezwaren tegen hebben.
Weet u		er nu (nog) (talrijke) mogelijkheden bestaan.
Ik twijfel eraan		ze (vandaag) iets (nieuws) zullen voorstellen.
		ze (altijd) koopjes zullen (kunnen) vinden.
		hij zich (zoveel) zorgen (over het probleem) maakt. **(140)**

Continue using the same method as usual. Form sentences first without using the words in parentheses. Then use one, then the other, and finally both of them.

★★★★★

Second Wave: Lesson 16

65ste LES

ZESENZESTIGSTE (66ste) LES

Bij de garagehouder

1 — Goedemorgen, meneer ! Wat wenst U : super of gewone ?
2 — Tot nu toe heb ik op super gereden (N2), maar benzine is zo duur geworden :
3   ik zou het graag met gewone willen proberen. Is daar geen bezwaar (1) tegen ?
4 — Ik denk van niet. Hoeveel liter (2) ?
5 — Mijn tank (3) is bijna leeg ; vul die maar bij.
6   Zeg, ik heb de indruk dat mijn wagen voor het ogenblik nogal veel verbruikt.
7 — Wat is uw normale verbruik (4) ?
8 — Dat kan ik moeilijk zeggen ; nu is het nooit minder dan dertien liter op de autosnelweg en bijna zeventien in de stad.
9 — Uw motor draait waarschijnlijk te vlug. Als u het wenst, zal ik die regelen.
10 — Ik heb maar weinig tijd. Duurt dat niet te lang ?
11 — Zeker niet. Op zijn hoogst (5) een paar minuten.

UITSPRAAK
1 hgoed:morhg:n
  hgoeiE:morhg:n is often heard in conversation.
2 benziEn: is ˆsoo
3 ik ˆsou :t ˆHGraaHG met ˆHG:woon:
4 dengkˆfan
8 moeiEl:kˆsehg:n
9 mootor draaiEt ... rAYhg:l:n
11 opˆs:n hooHGst

SIXTY-SIXTH LESSON

At the Garage (Garage Keeper's)

1 — Good morning, sir! What do you wish: super or regular?
2 — Until now I have always driven on super, but gasoline/petrol has become so expensive.
3 I would like to try (it with) regular. Is there any (no) drawback to that?
4 — I don't think so. How many litres?
5 — My tank is almost empty; just fill it up.
6 Say, I have the impression that my car is using quite a lot at present (the moment).
7 — What is your normal consumption?
8 — That's difficult to say; now it's never less than thirteen [litres per 100 kilometres] on the motorway and almost seventeen in the city.
9 — Your motor is probably running (turning) too fast. If you wish, I'll adjust it.
10 — I only have a little time. Won't that take too long?
11 — Certainly not. At the most, a couple of minutes.

OPMERKINGEN
(1) *Het bezwaar*: objection or drawback.
(2) Like other units of measure, *liter* remains singular after *hoeveel, een paar* or a number.
(3) *Benzinetank*: gas/petrol tank.
(4) In Europe, fuel consumption (*brandstofverbruik*) is expressed in litres used per 100 kilometres. Remember the rule that nouns consisting of **ver-** followed by a single syllable are neuter: *het verbruik*. *De verkoop* (the sale) is an exception.
(5) *Op zijn minst*: at the least

12 — Goed dan. Nog iets anders : 's morgens heb ik vaak **(6)** problemen met starten.
13 — Blijft uw wagen 's nachts op straat ?
14 — Ik heb jammer genoeg geen garage.
15 — Met sommige **(7)** wagens komt het meer dan eens voor als het weer vochtig is.
16 — Zou u dat ook in orde kunnen brengen?
17 — Heel gemakkelijk ; maar daar zou u donderdagmorgen voor moeten komen.

UITSPRAAK
12 ik^faak
14 hgaaraag:
Pronounce the second **g** as **s** in 'vision'.
15 AYns^foor

OEFENINGEN
A. Vertaal:

Over energiebesparing. — **1.** Voor het ogenblik is het niet bijzonder prettig met een grote wagen te rijden, want benzine wordt steeds duurder. — **2.** Het spreekt vanzelf dat de bezwaren minder talrijk zijn als u bijna altijd op de autosnelwegen rijdt. — **3.** Maar als u meestal in de stad rijdt, is het de moeite waard een kleinere wagen te kopen, omdat die veel minder verbruikt. — **4.** Het is ook veel gemakkelijker om een parkeerplaats te vinden, maar dat is een ander probleem. — **5.** Verlies nooit uit het oog dat er in de stad heel vaak opstoppingen zijn en dat u om de twee minuten voor verkeerslichten moet stoppen. — **6.** Het is steeds bij het starten dat u het meest verbruikt. — **7.** Denk er ook aan uw motor te laten regelen, want het kan voorkomen dat die te vlug draait en in dat geval stijgt het verbruik ook heel wat. — **8.** Sommigen denken dat dit allemaal bijzaak is ; maar dat kan u een paar duizend frank per jaar doen sparen.

12 — Good then. [There's] still something else; in the morning, I often have problems with starting.
13 — Does your car stay on the street at night?
14 — Unfortunately, I don't have a garage.
15 — With some cars that happens at times if the weather is damp.
16 — Would you also be able to put that in order?
17 — Very easily, but for that you would have to come on Thursday morning.

OPMERKINGEN
(6) *Vaak* and *dikwijls* both mean 'often'. The comparative forms of *vaak* are used for both words. *Ze komt nu veel vaker*: Now she comes much more often. *Wat leest u het vaakst?*: What do you read most often?
(7) *Sommige*: some. An **-n** is added when *sommige* is used alone referring to people. *Sommigen kunnen niet schrijven*: Some (people) can't write. Otherwise no **-n** is added. *Sommige mensen kunnen niet lezen*: Some people can't read. *Sommige van zijn boeken zijn heel mooi*: Some of his books are very beautiful. *Sommige zijn niet zo mooi*: Some are not so beautiful.

Neuter nouns: *het ogenblik, het verbruik*.

OPLOSSING A:
About energy conservation. — **1.** For the moment it's not particularly pleasant to drive a large car because gasoline/petrol is getting more and more expensive. — **2.** It goes without saying that the drawbacks are less numerous if you almost always drive on the motorway. — **3.** But if you drive mostly in the city, it's worthwhile to buy a smaller car because it consumes much less. — **4.** It's also much easier to find a parking place, but that's a different problem. — **5.** Never lose sight [of the fact] that very often there are traffic jams in the city, and that you have to stop for traffic lights every two minutes. — **6.** It's always while getting started that you consume the most. — **7.** Also remember (think) to have your motor tuned, because it can happen that it's idling (turning) too fast, and in that case the consumption would also rise considerably. — **8.** Some (people) think this is all trivia, but it can help you save a couple of thousand francs per year.

B. Vul de ontbrekende woorden in:

1 *Some people imagine that they are always right.*

.... mensen .... zich dat ze altijd ..... hebben.

2 *How does it happen that they have so many objections to our proposal?*

Hoe .... het dat ze zoveel .... tegen ons .... hebben ?

3 *I have only two days at my disposal to arrange that matter.*

Ik .... maar .... twee dagen om die zaak te ....

4 *At night it had been extremely damp and in the morning my car wouldn't start; I had to call my garageman.*

.. .. was het erg .... geweest en 's morgens wilde mijn wagen niet .... ; ik heb mijn .... moeten roepen.

****

5 *They now have some free time more often, because they no longer take an evening course.*

Ze hebben nu ..... wat ..... tijd, ... ze geen avondcursus meer volgen.

OPLOSSING B:

1 Sommige - verbeelden - gelijk. — **2.** komt - bezwaren - voorstel - **3** beschik - over - regelen. — **4** 's Nachts - vochtig - starten - garagehouder. — **5** vaker - vrije - omdat.

As a child you enjoyed learning your own language. You amused yourself by repeating the same words, phrases and short sentences over and over again. Learning a foreign language can be fun as well. If you repeat the things you learn as often as you can, they will eventually become second nature to you.

*****

Second Wave: Lesson 17

ZEVENENZESTIGSTE (67ste) LES

Een beroep kiezen

1 *Jan:* Wat zou je later willen worden, Rik?
2 Heb je al een beroep gekozen ?
3 *Rik:* Het is steeds een erg moeilijke keuze ;
4 eerlijk gezegd heb ik er nog in 't geheel **(1)** geen idee van.
5 *Jan:* Heb je al aan het onderwijs gedacht?
6 *Rik:* Daar voel ik werkelijk niets voor.
7 Mij moeder is lerares en mijn vader onderwijzer ;
8 ik weet al te goed wat het betekent.
9 *Jan:* Je vergeet zeker de talrijke voordelen van dat beroep :
10 drie maanden vakantie per jaar, veel minder werkuren dan op een kantoor.
11 *Rik:* En jij denkt niet aan al de nadelen : lessen voorbereiden **(2)**, schriften corrigeren **(3)**, documentatie verzamelen **(4)**...

UITSPRAAK
1 vwat ˆsou
3 isˆstAYts
4 AYrl:kˆHG:zeHGt ... intˆHG:hAYl
6 niEtsˆfoor
7 lAYraares
8 b:tAYk:nt
9 v:rhgAYtˆsAYk:r
11 naadAYl:n ... korriEgAYr:n, dookumentaa(t)siE
 Pronounce the **g** in corrigeren as the **s** in vision.

SIXTY-SEVENTH LESSON

Choosing a Profession

1 Jan: What would you like to become (later), Rik?
2 Have you already chosen a profession?
3 Rik: It's always a terribly difficult choice; to be honest I still have absolutely (in the whole) no idea (about it).
5 Jan: Have you already thought about [the field of] education?
6 Rik: That really doesn't appeal to me.
7 My mother is a [secondary school] teacher and my father is a [primary school] teacher.
8 I know all too well what it means.
9 Jan: Surely you are forgetting the numerous advantages of that profession:
10 three months holiday per year, much less working-hours than in an office.
11 Rik: And you aren't thinking about all the disadvantages: preparing lessons, correcting notebooks, gathering documentation...

OPMERKINGEN
(1) *Dat vormt een geheel*: That forms a whole. *Ik heb in het geheel niets*: I have entirely nothing.
(2) *De voorbereiding*: the preparation. Most verbs having the prefix **voor-** are separable. *Ze bereidt alles voor*: She prepares everything. *Hij heeft ons voorgesteld*: He has introduced us. *De dokter heeft mij rust voorgeschreven*: The doctor has prescribed rest for me.
(3) *De leraar corrigeert het werk*: The teacher corrects the work. *Vergeet niet je fouten te verbeteren*: Don't forget to correct your mistakes. *Verbeteren* can also mean 'improve'. *Je moet je handschrift verbeteren*: You need to improve your handwriting.
(4) *De verzameling*: the collection. *Een verzameling postzegels*: a stamp collection.

12		En de leerlingen die je zenuwen **(5)** op den duur kapot maken !
13	*Jan:*	Word dan ambtenaar, als je een rustig leventje **(N3)** wilt hebben.
14	*Rik:*	Spreek mij daar niet van.
15		Mij broer werkt op het ministerie van Nationale Opvoeding **(6)** en mijn zuster is typiste op het stadhuis. . .
16	*Jan:*	En je weet maar al te goed wat het betekent ! Altijd hetzelfde liedje. . .

(wordt vervolgd)

UITSPRAAK
12 zAYnuuw:n ... kapot
13 amt:naar
15 ministAYriE ... nasyoonaal:

OEFENINGEN
A. Vertaal:

Over ambtenaren. — **1.** Sommige mensen denken dat ambtenaren een prettig leventje hebben. — **2.** Misschien zijn er nogal velen, die zo'n mening delen. — **3.** Ze denken dat de ambtenaren laat op het ministerie aankomen - eigenlijk wanneer ze willen - en dat ze vroeg vertrekken. — **4.** Gedurende de "werkuren" zouden ze bijna niets anders doen dan sigaretten roken, kranten lezen en soms zelfs kaartspelen. — **5.** Af en toe lopen ze met papieren onder de arm een ander bureau binnen . . . om de indruk te geven dat ze het druk hebben. — **6.** Maar eigenlijk gaan ze met andere collega's babbelen ! — **7.** En de mensen, die om inlichtingen komen, moeten maar geduld hebben. . . en wachten, urenlang wachten. — **8.** Het spreekt vanzelf dat de werkelijkheid anders is. — **9.** Op een ministerie, op een stadhuis werken de ambtenaren werkelijk. — **10.** Ze hebben ook bazen, die niet altijd gemakkelijk zijn en die hen niet laten slapen !

12		And the students who wreck your nerves as time goes by.
13	Jan:	Become a civil servant then, if you want to have a quiet life.
14	Rik:	Don't talk to me about that.
15		My brother works for the Ministry of National Education and my sister is a typist at the city hall...
16	Jan:	And you know all too well what that means! Always the same little song...

(to be continued)

OPMERKINGEN
(5) *Ze ziet er nogal zenuwachtig uit*: She looks rather nervous. *Vóór het examen was hij erg zenuwachtig*: He was very nervous before the exam.
(6) Government departments. *Het Kabinet* [kabiEn**e**t] *van de Eerste Minister* [miEn**i**st:r]: The Prime Minister's Cabinet. *Het Ministerie van* (The Ministry of) *Justitie* [yusti**E**(t)siE] (Justice); *Financiën* [fiEn**a**nsiE:n] (Finances); *Volksgezondheid* [fv**o**lksHG:z**o**ntheit] (Health); *Buitenlandse* [b**ui**t:nlants:] *Zaken* (Foreign Affairs); *Binnenlandse Zaken* (Internal Affairs); *Landbouw* [l**a**ntbou] (Agriculture); *Defensie* [d**A**Yf**e**nsiE] (Defense) in The Netherlands; *Landsverdediging* [l**a**ntsf:rd**AY**d:hging] (Defense) in Belgium.

Neuter nouns: *het beroep, het geheel. het onderwijs, het voordeel, het nadeel, het schrift, het ministerie.*

OPLOSSING A:
About civil servants. — **1.** Some people think civil servants have a pleasant life. — **2.** There may be quite a few people who share such an opinion. — **3.** They think that civil servants arrive late at the Ministry – actually whenever they want – and that they leave early. — **4.** During "working-hours" they supposedly do just about nothing other than smoke cigarettes, read newspapers and sometimes even play cards. — **5.** Now and then they walk into another office with some papers under their arm ... to give the impression that they are busy. — **6.** But actually they go to chat with other colleagues! — **7.** And people who come for information just have to be patient ... and wait, wait for hours. — **8.** It goes without saying that the actual situation is different. — **9.** At a Ministry, at a city hall, the government employees really work. — **10.** They have bosses too, who are not always easygoing and who don't let them sleep!

B. Vul de ontbrekende woorden in:

1 *She doesn't like noise; that's why she has gone to live in a quiet neighbourhood.*

Ze houdt niet van . . . . . . , ... is ze in een . . . . buurt gaan wonen.

2 *To be honest I haven't had enough time to prepare everything.*

. . . . gezegd heb ik geen tijd genoeg . . . . . om alles voor te . . . .

3 *In the [field of] education it's desirable at times to have steady nerves.*

In het . . . . is het meer dan eens . . . . sterke . . . . te hebben.

****

ACHTENZESTIGSTE (68ste) LES

Een beroep kiezen (vervolg)

1 *Jan:* Zou je niets voor winkelier voelen ?
2 *Rik:* Winkelier ? Wat kan je heden ten dage nog verkopen ?

UITSPRAAK
1 niEts ˆfoor vwingk:liEr

4 *For years now my mother has been a typist at the Ministry of Internal Affairs.*

Mij moeder is .. jaren .... op het Ministerie van .... Zaken.

5 *The choice of a profession often poses a whole series of problems.*

De ..... van een .... dikwijls een hele ..... problemen.

OPLOSSING B:

1 lawaai - daarom - rustige. — **2** Eerlijk - gehad - bereiden. — **3** onderwijs - wenselijk - zenuwen. — **4** al - typiste - **Binnenlandse**. — **5** keuze - beroep - stelt - reeks.

* * * * *

Reviewing the sentence structure exercises in earlier lessons regularly will help you develop the habit of putting the verbs at the end of subordinate clauses.

* * * * *

Second Wave: Lesson 18

* *

SIXTY-EIGHTH LESSON

Choosing a Profession (continuation)

1 Jan: Wouldn't being a shopkeeper appeal to you?
2 Rik: Shopkeeper? These days, what can you still sell?

3	Er zijn steeds meer grote warenhuizen **(1)** en supermarkten waartegen je **(N4)** moeilijk kan concurreren **(2)**
4 *Jan:*	Het leven van de boer is prettig : je werkt de hele dag in de open **(N5)** lucht.
5 *Rik:*	En in de regen ! En mijn vrouw gaat groenten **(3)** op de markt verkopen.
6	Bovendien ben je werkelijk de slaaf van de dieren.
7 *Jan:*	Ik heb een idee: ga in **(4)** de politiek:
8	je hebt verstand, je kan burgemeester worden ;
9	een paar jaar later wordt je misschien wel minister,
10	je hebt dan een prachtige wagen, een chauffeur, een secretaresse en.
11 *Rik:*	En na een paar maanden heb je misschien niets meer !
12	En je kan gaan stempelen ! Werkelijk een goede raad !
13 *Jan:*	Ik zal over je probleem blijven nadenken ;
14	maar lees zaterdagavond in de krant de rubriek "aangeboden betrekkingen" **(5)**,
15	't is altijd leerrijk en misschien kom je zo op een idee **(6)**.

UITSPRAAK
3 suup:rmar(k)t:n ... kongkuur**AY**r:n
5 mar(k)t ˆf:rk**oo**p:n
6 slaaf ˆfan
7 pooli**E**ti**E**k
8 hept ˆf:rstant ... burhg:m**AY**st:r
9 mi**E**nist:r
10 shoof**eu**r ... sekr:taares:
12 stemp:l:n
13 ikˆsal
14 l**AY**sˆs**aa**t:rdaHG**aa**v:nt ... ruubri**E**k
15 tis **a**lteit l**AY**rreik

3	There are more and more large department stores and supermarkets with which you hardly can compete.
4 Jan:	The life of a farmer is pleasant; you work all day in the open air.
5 Rik:	And in the rain! And my wife goes and sells vegetables at the market.
6	Besides, in reality you are the slave of the animals.
7 Jan:	I have an idea: go into politics.
8	You are clever, you can become a mayor,
9	and a couple of years later you might even become a minister.
10	Then you'll have a terrific car, a chauffeur, a secretary and ...
11 Rik:	And maybe after a couple of months you have nothing any more.
12	And you can go on the dole (go stamp)! Really a good [piece of] advice!
13 Jan:	I'll continue to think about your problem,
14	but read the "jobs offered" section in the newspaper Saturday evening;
15	it's always informative and maybe you'll get an idea that way.

OPMERKINGEN

(1) *De waar*: the merchandise. *Ze hebben goede waar*: They have good merchandise.

(2) *De concurrentie* [kongkuuren(t)siE]: the competition. *Een concurrent* [kongkuurent]: a competitor

(3) *Groente* is usually used in the singular. *We hebben groente gegeten*: We have eaten vegetables. The plural, *groenten*, refers to different kinds of vegetables.

(4) *Ga in het huis om mijn boek te halen*: Go into the house to get my book. *Ga in het huis spelen*: Go play in the house. *Hij gaat stempelen*: He is unemployed (goes to stamp). [To qualify for unemployment benefits one must go have a card stamped each day to prove that one is not working].

(5) *Aanbieden*: to offer. *Hij heeft ons geld aangeboden*: He has offered us money. *Hij biedt zijn diensten aan*: He offers his services. *Mag ik u een sigaar aanbieden*: May I offer you a cigar?

(6) *Hij is op het idee gekomen een winkel te openen*: He got the idea of opening a shop.

★★★

Neuter nouns: *het warenhuis, het dier*.

OEFENINGEN
A. Vertaal:

Over grote warenhuizen. — **1.** Heden ten dage zijn er steeds meer mensen die hun boodschappen in de grote warenhuizen gaan doen. — **2.** Sommigen vragen zich soms af hoe dat te verklaren is. — **3.** Als u even over het probleem nadenkt, dan ligt de verklaring voor de hand. — **4.** Voor de meeste klanten is het veel eenvoudiger, omdat ze alles in dezelfde winkel kunnen kopen. — **5.** Op die manier verliezen ze veel minder tijd. — **6.** Bovendien bestaat de mogelijkheid na de werkuren te winkelen, — **7.** wat heel prettig is als de vrouw ook buitenshuis werkt of als ze niet over een eigen wagen beschikt. — **8.** Want die warenhuizen blijven meestal tot acht uur en op sommige dagen zelfs later open. — **9.** Eindelijk mogen we niet uit het oog verliezen dat de prijzen er dikwijls nogal wat lager zijn dan in de winkels op de hoek.

B. Vul de ontbrekende woorden in:

1 *Since last week he has been unemployed; every day he must [have his unemployment card stamped] (go stamp).*

Sinds ...... week is hij .... ; hij moet elke dag gaan ....

Some Irregular Verbs

Present	Past	Past Participle
aanbieden	ik bood aan	ik heb aangeboden
doorbrengen	ik bracht door	ik heb doorgebracht
bestaan	er bestond	er heeft bestaan
verlaten	ik verliet	ik heb verlaten
kiezen	ik koos	ik heb gekozen

OPLOSSING A:
About large department stores. — **1.** Nowadays, there are more and more people who go to do their shopping in the large department stores. — **2.** Some people wonder how that can be explained. — **3.** If you think about the problem for a while, then the explanation is obvious. — **4.** For must customers it is much simpler because they can buy everything in the same store. — **5.** That way they lose much less time. — **6.** Moreover, there is the possibility of shopping after working-hours, — **7.** which is very nice if the wife also works outside the home or if she doesn't have a car at her disposal, — **8.** because those department stores usually stay open until eight o'clock and on some days even later. — **9.** Finally, we must not lose sight [of the fact] that the prices there are often quite a bit lower than in the corner stores.

2 It's particularly difficult for a shopkeeper to compete with the large department stores.

Voor de .... is het bijzonder moeilijk .....

de grote .... te concurreren.

68ste LES

3 *He got the idea of becoming a government employee because the [field of] education did not appeal to him at all.*

Hij is op het idee .... te worden omdat hij niets voor het ....

4 *The position offered was hardly interesting because the wage was rather low.*

De .... betrekking was weinig interessant want het .... was ...... laag.

5 *I advise you to read that book; it's extremely informative.*

Ik .... u aan dat boek te lezen, het is erg ....

****
NEGENENZESTIGSTE (69ste) LES

Wie lacht mee ?

De vrouw aan het stuur
1 — Een jonge vrouw rijdt door een rood licht.
2 Een agent geeft haar een teken om **(1)** bij het trottoir te stoppen.

UITSPRAAK
2 ahgent ˉHGAYft ... trotwaar

OPLOSSING B:

1 vorige - werkloos - stempelen. — **2** winkelier - tegen - warenhuizen. — **3** gekomen - ambtenaar - onderwijs - voelde. — **4** aangeboden - loon - nogal. — **5** raad - leerrijk.

ZINSBOUW

Het is mogelijk	een leerrijk boek	te	vinden
Hij hoopt	goede raad		hebben
Hij wenst	een betere oplossing		krijgen
Het is nodig	een goede betrekking		
Hij denkt	een drietalige secretaresse		
Het is moeilijk			
't Is een probleem om			
't Is noodzakelijk			(120)

* * * * *

Second Wave: Lesson 19

SIXTY-NINTH LESSON

Who Will Join in the Laughter?
(Who Laughs Along?)

A woman at the wheel
1 — A young woman drives through a red light.
2 — An officer signals her (gives her a sign) to stop beside the walkway.

OPMERKING
(1) *Om* should only be used with *te* and an infinitive with the meaning 'in order to'. *Hij werkt hard om zijn brood te verdienen*: He works hard in order to earn a living. In conversation *om* is often used incorrectly. *Hij vroeg ons (om) hier te blijven*: He asked us to stay here. When *om* is included it actually means: He asked us in order to stay here! Sentence 2 illustrates this error.

69ste LES

3 Omdat er geen enkel plaatsje vrij is, rijdt ze door **(2)** tot de volgende lichten waar ze rechtsomkeert maakt.
4 Een tweede agent, die deze manoeuvre ziet, wil haar op zijn beurt laten stoppen.
5 Terwijl **(3)** ze hem voorbij rijdt, roept ze hem toe :
6 — Wacht uw beurt af, alstublieft, uw collega heeft voorrang.

De vaat wassen

7 In de salon stappen **(4)** twee dames met een presenteerblad **(5)** in de richting van de keuken.
8 Op elk presenteerblad staan lege glazen, borden, kopjes, lepeltjes, vorken, enz.
9 Intussen zitten twee heren op hun gemak in een fauteuil **(5)** te praten en te roken.
10 Lachend kijken ze naar de dames.
11 Maar één van de dames zegt ironisch tegen de andere :
12 — Vandaag wordt de vaat **(6)** niet gewassen. Dat doet mijn man morgen!

UITSPRAAK
3 engk:l plaatsh: ... reit ˆs:
4 maneuv:r ... opˆsein
5 roept ˆs:
6 alstuubliEft ... kollAYhga hAYft ˆfoorrang
7 salon ... prez:ntAYrblat
8 lAYp:lty:s
9 footuiy
11 iErooniEs

3 Because not a single place is free, she drives on to the following [set of] lights where she turns around.
4 A second officer, who sees this maneuver, wants to have her stop in (his) turn.
5 While she drives past him, she calls to him:
6 — Wait your turn, please, your colleague has priority.

Washing the dishes
7 In the drawing room two women with trays are walking in the direction of the kitchen.
8 On each tray stand empty glasses, plates, cups, spoons, forks, etc.
9 Meanwhile, two gentleman are sitting comfortably in armchairs talking and smoking.
10 Laughing, they look at the ladies.
11 But one of the ladies says ironically to the other:
12 — Today the dishes won't be washed. My husband will do that tomorrow!

OPMERKINGEN
(2) *Door* used with a verb of motion indicates continuation of the action. *De trein gaat door*: The train goes on. *Ze ging door met haar werk*: She went on with her work.
(3) In Dutch a subordinate clause is used where 'while' or 'when' and a gerund are used in English. He read while eating: *Hij las terwijl hij at*. She didn't say a word when leaving: *Toen ze vertrok, zei ze geen woord*.
(4) *Stappen* (to step) is sometimes used in Dutch where 'walk' would be used in English.
(5) Notice that 'tray' and 'armchair' are singular even though each lady has a tray and each man has a chair.
(6) *De vaat* refers collectively to everything that must be washed after a meal. *De vaat wassen*: wash the dishes.

Bij de dokter
13 Dokter : Voor een man van tachtig jaar is uw gezondheidstoestand prima;
14 het ongeluk is maar, dat u pas **(7)** veertig (jaar) bent.

UITSPRAAK
13 hg:zontheitstoestant priEma
14 pas ˆfAYrt:HG

OEFENINGEN
A. Vertaal:

Over vrouwen en wagens. — **1.** Veel mannen hebben de gewoonte te vertellen dat vrouwen gevaarlijk zijn als ze achter het stuur zitten. — **2.** In de meeste gevallen kan u niet raden wat ze zullen doen. — **3.** Hoe vaak komt het niet voor dat ze door rood licht rijden ! — **4.** Als ze dan een botsing hebben en nog in staat zijn om te spreken, worden ze kwaad en zeggen dat ze toch voorrang hadden. — **5.** Dat vertellen ze tenminste als er geen agent in de buurt staat.— **6.** Soms verbeelden ze zich dat ze Fangio zijn. — **7.** Maar aan de andere kant rijden ze soms ook zo langzaam mogelijk (dit hoofdzakelijk op smalle wegen) om het landschap op hun gemak te bewonderen. — **8.** Ze maken meer dan eens rechtsomkeert op een kruispunt, ze parkeren waar het niet mag, ze vergeten dat er zoiets als voorrang bestaat. . . — **9.** Het spreekt vanzelf dat dit de mening van heel wat mannen is. — **10.** Hoe de vrouwen erover denken, is natuurlijk een heel andere zaak !

B. Vul de ontbrekende woorden in:

1 *The forks are laid to the left of the plates, the spoons and the knives to the right.*

De ...... worden links, de .... en de messen rechts van de .... gelegd.

At the doctor's
13 Doctor: For a man of eighty your health is excellent;
14 the unfortunate thing is that you're just forty.

OPMERKING
(7) *Hij staat pas om tien uur op*: He doesn't get up until 10 o'clock. *Ik ben pas aangekomen*: I just arrived. *Dat boek is pas verschenen*: That book has just appeared [in print].

♦ ♦ ♦

Neuter nouns: *het teken, het trottoir, het blad, het bord*.

OPLOSSING A:
About women and cars. — **1.** Many men are in the habit of saying that women are dangerous when they get (sit) behind the wheel. — **2.** In most cases you can't guess what they will do. — **3.** How often it happens (does it not occur) that they drive through [a] red light! — **4.** If they then have a collision and are still able to speak, they become angry and say they did have [the] right-of-way. — **5.** At least that's what they say if there's no [police] officer standing in the vicinity. — **6.** Sometimes they imagine that they are Fangio. — **7.** But on the other hand (side) sometimes they also drive as slowly as possible (this mainly on narrow roads) in order to admire the scenery at their leisure. — **8.** At times they make a U-turn at an intersection, they park where it is forbidden (may not), [and] they forget that something called (such as) right-of-way exists... — **9.** It goes without saying that this is the opinion of a whole lot of men. — **10.** How women think about it is naturally a completely different matter!

2 *We gave him a signal, but he didn't stop; he probably had not seen us.*

We hebben hem een .... , maar hij heeft

niet .... ; hij had ons .... niet

gezien.

69ˢᵗᵉ **LES**

3 *He reads while he eats; it's often said that it's bad for the health, especially for the stomach.*

Hij leest .... hij eet ; er ..... vaak gezegd dat het slecht is voor de .... , vooral voor de .... .

4 *It's not even seven o'clock; I still have plenty of time to get ready at my leisure.*

Het is nog .... zeven uur ; ik heb nog .... tijd om mij .. mijn ..... voor te bereiden.

****

ZEVENTIGSTE (70ste) LES

Herhaling en opmerkingen

1. — Plural — The following nouns have **-s** as the plural ending:
— all diminutives (**-je**) as well as many nouns ending in **-e**. *De huisjes, de kopjes, de dorpjes; de dames,*

5 *She was very impatient because she had to wait her turn.*

Ze was erg .... omdat ze haar ....

afwachten.

OPLOSSING B:

1 vorken - lepels - borden. — **2** teken - gegeven - gestopt - waarschijnlijk. — **3** terwijl - wordt - gezondheid - maag . — **4** geen - ruim - op - gemak . — **5** ongeduldig - beurt - moest.

ZINSBOUW

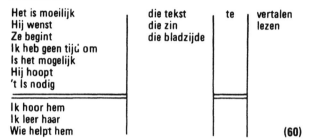

Do not use *te* with words below the double line.

Second Wave: Lesson 20

****
SEVENTIETH LESSON

de horloges, de machines, de tantes.
— nouns ending in the sounds [:l, :n and :r]. *De jongens, de vogels, de kamers.*
— nouns of foreign origin ending in **-a, -é, -i, -o** and **-eau**. *De sofa's, de cafes, de taxi's, de auto's, de bureaus.* Notice that nouns ending in a single vowel **-a, -i** or **o** have **'s** as the plural ending.
— some nouns for which no rule can be given. *De broers, de zoons, de ooms, de films, de hotels.*

70ᵉ LES

2. — Auxiliaries — Some verbs of motion, although usually conjugated with *hebben*, are conjugated with *zijn* if there is movement from one place to another and the destination is reached. *We hebben vlug gereden.* (The destination isn't mentioned). *We zijn naar Italië gereden.* (The destination is reached). The most important of these verbs are: *lopen, reizen, rijden, stappen, wandelen. We hebben twee uur gelopen*: We walked for two hours. *We zijn tot aan het park gelopen*: We walked as far as the park. *In de zomer hebben we veel gereisd*: We travelled a lot in the summer. *We zijn naar het zuiden gereisd*: We travelled to the south. *We hebben in het park gewandeld*: We walked in the park. *We zijn tot aan het bos gewandeld*: We walked as far as the forest.

3. — Diminutives — The diminutive is usually formed by adding **-je**. There are exceptions, however. The ending is **-tje** for words ending in vowels, diphthongs, or **l, n, r**, or **w** when preceded by a long vowel, long diphthong, or the unstressed '**uh**' sound [:]. *De auto, het autootje, de vrouw, het vrouwtje; de vogel, het vogeltje; het leven, het leventje; de kamer, het kamertje.*

The ending is **-etje** after **l, m, n**, or **r** preceded by a short vowel. *De bel* (bell), *het belletje; de zon* (sun), *het zonnetje; de stem* (voice), *het stemmetje.* The ending is **-pje** after an **-m** preceded by a long vowel. *Het raam* (window), *het raampje; de boom* (tree), *het boompje.*

4. — Unspecified Subject — As in English there are various ways to describe the action of an unspecified subject. *Men weet nooit wat zal gebeuren*: One never knows what will happen. *Je weet nooit wat zal gebeuren*: You never know what will happen. *Men zegt dat hij komt*: People say that he is coming. *Ze zeggen dat hij komt*: They say that he is coming. *Er wordt gezegd dat hij komt*: It is said that he is coming.

5. — Adjectives — An adjective ending in **-en** does not change. This applies to regular adjectives (*een open deur, zijn eigen wagen*) and also to past participles of irregular verbs used as adjectives (*het verloren geld, de gesproken taal, de aangeboden betrekking*).

6. Uitdrukkingen. — 1 *Wat mij betreft, is alles in orde.* — 2 *Ik voel daar niets voor.* — 3 *Ze scheen niet op haar gemak te zijn.* — 4 *In de zomer gaan we met vakantie.* — 5 *U heeft bezwaren tegen alles.* — 6 *Iedereen doet zijn best.* — 7 *Kan ik op u rekenen ?* — 8 *Tot nu toe is er geen probleem.* — 9 *De reis duurt op zijn hoogst drie uur.* — 10 *Dat komt meer dan eens voor.* — 11 *Het was in 't geheel niet mogelijk.* — 12 *Heden ten dage is de toestand anders.* — 13 *U kan niet tegen die firma concurreren.* — 14 *Ik leef graag in de open lucht.* — 15 *Veel mensen doen aan sport.* — 16 *Hij is op het idee gekomen een roman te schrijven.* — 17 *Wie heeft hem een teken gegeven ?* — 18 *Ze was pas dertig jaar.*

7. — Vertaling — 1 As far as I'm concerned, everything is in order. — 2 That doesn't appeal to me. — 3 She appeared not to be at ease. — 4 In the summer we are going on holiday. — 5 You have objections to everything. — 6 Everyone is doing his best. — 7 Can I count on you? — 8 Up till now there has been (is) no problem. — 9 The trip will last three hours at the most. — 10 That occurs at times. — 11 It was completely impossible. — 12 These days, the situation is different. — 13 You can't compete with that firm. — 14 I like to live in the open air. — 15 Many people take part in sports. — 16 He has come up with the idea of writing a novel. — 17 Who has signalled to him? — 18 She was just thirty years [old].

*****

Second Wave: Lesson 21

70ste LES

ÉÉNENZEVENTIGSTE (71ste) LES

Weer een stap vooruit

1 U bent tot nu toe geregeld blijven (1) studeren.
2 Het betekent dus dat u weer een belangrijke stap vooruit (2) bent,
3 en u heeft ongetwijfeld redenen (3) genoeg om over het bereikte resultaat tevreden te zijn.
4 Het spreekt vanzelf dat u nog niet in staat bent alles te zeggen wat u graag zou willen zeggen.
5 We zijn er nochtans van overtuigd (4) dat u zich in Vlaanderen of in Nederland zou kunnen redden (5).
6 In het begin zal u nog een zeker aantal problemen hebben.
7 Best mogelijk krijgt u de indruk dat de mensen te vlug of anders spreken, wat natuurlijk verkeerd (6) is.

UITSPRAAK
1 hg:r**AY**hg:lt ... stuud**AY**r:n
3 r**AY**d:n:n ... r**AY**zultaat ˆt:vr**AY**d:n
4 spr**AY**kt ˆfanzelf ... hgraaHGˆsou
5 noHGtansˆfan oov:rtu**i**HGt ...
   n**AY**d:rlant ˆsou
7 naatuurl:kˆf:rk**AY**rt

SEVENTY-FIRST LESSON

Another Step Forward

1 Till now you have continued to study regularly.
2 So it means that you've taken (you are) another important step forward,
3 and you no doubt have reason enough to be satisfied with the results achieved.
4 It goes without saying that you are not yet able to say everything that you would like to say.
5 Still, we are convinced that you would be able to get by in either Flanders or The Netherlands.
6 In the beginning you will still have a certain number of problems.
7 Quite possibly you will get the impression that people are speaking too fast or differently, which is wrong of course.

OPMERKINGEN
(1) In Dutch, a past participle can never be followed by an infinitive. Instead, two infinitives are used. *Ze is niet kunnen komen*: She hasn't been able to come. *Ik heb laat moeten werken*: I have had to work late. *Ik heb hen horen vertrekken*: I have heard them leave.
(2) *Achteruit*: backwards, in reverse. *Hij rijdt achteruit*: He backs up (rides backwards). Note how easily compound nouns are formed in Dutch: *een achteruitkijkspiegel* (a rearview mirror).
(3) *De reden*: the reason (singular), *de redenen* (plural).
(4) *De overtuiging*: the conviction. *Hij heeft ons willen overtuigen*: He wanted to convince us.
(5) *Redden*: save (from injury, destruction or loss). *Zich redden*: Save oneself, get along, manage. *Ze hebben niets kunnen redden*: They were able to save nothing. *Ze kan zich met haar Nederlands redden*: She can get by with her Dutch.
(6) Distinguish between *verkeerd* (wrong) and *vals* (false, forged). *Ze gaf een verkeerd antwoord*: She gave a wrong answer. *Ze hebben de verkeerde baan gevolgd*: They followed the wrong road. *Hij gaf een valse naam*: He gave a false name. *Vals geld*: counterfeit money. *Een valse Vermeer*: a forged Vermeer.

8 Misschien spreken ze in Vlaanderen niet allemaal A.B.N. **(7)** en gebruiken ze nog hun di**e**lect ;
9 maar dat komt langzamerhand steeds minder voor.
10 Het is waarschijnlijk nog wel het geval met de **ou**dere mensen ;
11 maar de jongeren **(8)**, die naar school geg**aa**n zijn, spreken de taal heel goed.
12 H**oo**fdzaak is voor u zich niet te laten ontm**oe**digen.
13 Gebruik wat u kent, zelfs als u soms nog **fou**ten maakt.
14 Wees vooral nooit bang : niemand zal met u spotten.
15 M**ee**stal zal u de mensen bereid vinden om een landgen**oo**t **(9)** of een **bui**tenlander te helpen, die **(N1)** zijn best doet om hun **ei**gen taal te spreken.

UITSPRAAK
 8 diEalekt
 9 langzaam:rhant stAYts
 12 hooftsaak is ˆfoor
 14 vwAYs ˆfooral ... niEmant ˆsal
 15 b:reit ˆfind:n ... lantHG:noot ... buit:nland:r

OEFENINGEN
A. Vertaal:

Vakantie in Nederland. — **1**. Volgend jaar ben ik van plan mijn vakantie in Nederland door te brengen. — **2**. Het zal een uitstekende gelegenheid zijn om de geleerde

driehonderd achtentwintig 328

8 Maybe in Flanders they don't all speak Standard Cultured Dutch and [maybe] they still use their dialect,
9 but gradually that is occuring less and less.
10 It is probably still the case with the older people,
11 but the young (people), who have gone to school, speak the language very well.
12 The main thing is for you not to let yourself be discouraged.
13 Use what you know, even if you still make mistakes sometimes.
14 Above all, never be afraid: no one will ridicule you.
15 Usually you will find people prepared to help a fellow-countryman or a foreigner who does his best to speak their own language.

OPMERKINGEN
(7) An abbreviation of *Algemeen Beschaafd Nederlands* (General Cultured Dutch). This is the language spoken by educated people in The Netherlands and Flanders, the language of the press, radio and television. This is also what we are studying.
(8) *De jongeren*: the young people. *De ouderen*: the older people.
(9) *Een stadsgenoot*: a fellow townsman/townswoman. *Een tijdgenoot*: a contemporary.

❋❋❋

Neuter nouns: het resultaat, het aantal, het dialect.

OPLOSSING A:
A holiday in The Netherlands. — **1.** Next year I plan to spend my holiday in The Netherlands. — **2.** It will be an excellent opportunity to use the words and expressions [I have] learnt. — **3.** In addition

71ste LES

woorden en uitdrukkingen te gebruiken. — **3.** Bovendien zal het mij ook mogelijk zijn mijn kennis van de taal uit te breiden. — **4.** Ik zal proberen met veel mensen te praten. — **5.** Daarom zal ik niet in een hotel maar wel in een gezin logeren. — **6.** Ik verlies natuurlijk niet uit het oog dat er een tweede reden is om de voorkeur te geven aan die oplossing : — **7.** Ik hoef u niet te verklaren dat die veel goedkoper is. — **8.** Natuurlijk moet u voorzichtig zijn en het gezin goed kiezen, want er bestaat altijd een gevaar : — **9.** Het kan voorkomen dat het de Nederlanders zijn die (om vriendelijk te zijn) uw taal willen spreken. — **10.** Maar eigenlijk hebben ze geen ander doel dan Engels te leren.

B. Vul de ontbrekende woorden in:

1 *I am convinced that they will not allow themselves to be discouraged by anything.*

Ik ben ervan .... dat ze .... door niets zullen laten ....

2 *If you do your best, then I am prepared to help you a little.*

Als u uw .... doet, dan ben ik ...... u een ..... te helpen.

3 *Maybe that expression is not completely wrong but I would still replace it with another.*

Die .... is misschien niet helemaal ....
maar ik zou die .... door een andere ....

****

it will also be possible for me to expand my knowledge of the language. — **4.** I will try to talk with many people. — **5.** Therefore, I will not stay in a hotel, but with a family. — **6.** I naturally am not forgetting that there is a second reason to give preference to that solution. — **7.** I need not explain to you that that is much cheaper. — **8.** Naturally, you must be careful and choose the family well, because there is always a danger. — **9.** It can happen that the Dutch will be the ones who (to be friendly) will want to speak your language. — **10.** But actually they have no other aim than to learn English.

4 *It is wrong when people imagine that they always have more problems with foreigners than with their own countrymen.*

Het is verkeerd wanneer mensen zich . . . .

dat zij met . . . . steeds meer

problemen hebben dan met hun eigen . . . .

5 *They regularly keep us posted on the results that they have accomplished.*

Ze houden ons . . . . **op de** . . . . . . **van het**

resultaat dat ze . . . . **hebben.**

OPLOSSING B:

1 overtuigd - zich - ontmoedigen. — **2** best - bereid - handje. — **3** uitdrukking - verkeerd - nochtans - vervangen. — **4** verbeelden - buitenlanders - landgenoten. — **5** geregeld - hoogte - bereikt.

ZINSBOUW

Ik ben **ervan** overtuigd	dat er	andere	problemen	zijn
Ik heb **eraan** gedacht		meer	mogelijkheden	bestaan
We zijn **er** zeker **van**		geen	redenen	
Ik heb **erover** nagedacht		veel	moeilijkheden	
			oplossingen	**(160)**

*****
Second Wave: Lesson 22

71ᵈᵉ LES

TWEEËNZEVENTIGSTE (72ste) LES

Toekomstplannen

1. In een eerste stadium kwam het ons bijzonder belangrijk voor bijna uitsluitend met gesprekken te werken.
2. Het waarom van die werkwijze ligt voor de hand.
3. Het doel van de meesten (1) onder u is in de eerste plaats te leren spreken (2).
4. U wenst zich zo spontaan en vlot mogelijk te kunnen uitdrukken, en dat is begrijpelijk (3).
5. We hebben dan ook allerlei onderwerpen uit het dagelijks (4) leven behandeld,
6. zodat u nu in staat bent naar de weg te vragen, een maaltijd in een restaurant of een drank in een café te bestellen.
7. Een goede raad wat dit laatste punt betreft :

UITSPRAAK
1 staadiEum ... biEzond:r
2 liHGt ˆfoor
4 vwenst ˆsiHGˆ soo
5 daahg:l:ks ... b:hand:lt

SEVENTY-SECOND LESSON

Plans for the Future

1 In a first stage it appeared particularly important to us to work almost exclusively with conversations.
2 The 'why' for that procedure is plain to see (lies at hand).
3 The goal for most among you is, in the first place, to learn to speak.
4 You wish to be able to express yourself as spontaneously and fluently as possible, and that is understandable.
5 And so we have dealt with all kinds of topics from daily life,
6 so that you are now able to ask directions [and] order a meal in a restaurant or a drink in a cafe.
7 A good [piece of] advice as far as this last point is concerned:

OPMERKINGEN
(1) *De meeste winkels zijn gesloten*: Most shops are closed. *Ik verkoop die boeken; de meeste heb ik gelezen*: I'm selling those books; I've read most [of them]. An **-n** is added when the word is used alone referring to people. *De meesten zijn klaar*: Most (of the people) are ready. *De meeste mensen zijn moedig*: Most people are brave.
(2) *Te* is not used with an infinitive after *leren*. *Ik leer haar Nederlands spreken*: I'm teaching her to speak Dutch.
(3) The suffix **-(e)lijk** is always unaccented [-(:)l:k]. It is added to nouns or verbs to form adjectives and adverbs. *Eer* (honour), *eerlijk* (honourable, honest). *Einde* (end), *eindelijk* (finally). *Burger* (citizen), *burgerlijk* (civil). *Aanbidden* (to worship), *aanbiddelijk* (adorable). *Mogen* (to be able), *mogelijk* (possible).
(4) Here the adjective does not have **-e** because the adjective/noun combination represents a single concept. *Het secundair onderwijs*: secondary education. *De algemeen secretaris*: the general secretary. *Waar is het centraal station?*: Where is the central station?

8 vergeet nooit dat de kelner geen "kelner" wenst te zijn.
9 Spreek dus de man, die u uw glas brengt, steeds met "Ober" **(5)** aan :
10 hij zal vriendelijker zijn, zelfs als de fooi minder **(N2)** hoog is dan wat hij verwachtte **(6)**.
11 U kan ook met de trein reizen, een kamer in een hotel bespreken **(7)** of gaan winkelen.
12 Met een beetje goede wil (vooral van de baas?) zou u al op een kantoor kunnen werken, eenvoudige brieven typen en zelfs de telefoon bedienen.
13 Dat is waarschijnlijk nog het gemakkelijkst ; daar heeft u meestal maar één zin voor nodig : "Het spijt me, maar de directeur is op een vergadering" ! !

(wordt vervolgd)

UITSPRAAK
9 oob:r
10 fooiE
11 b:sprAYk:n
12 tiEp:n ... tAYl:foon b:diEn:n
13 h:t ˉHG:makk:l:kst

*****

Is your list of neuter nouns up-to-date? Remember to go over them regularly.

*****

OEFENINGEN
A. Vertaal:
Vlaams en Nederlands. — **1.** Buitenlanders die de taal niet kennen, vragen zich vaak af of er een groot verschil bestaat tussen Nederlands en Vlaams. — **2.** Velen denken

8 never forget that the waiter doesn't want to be [just a] "waiter".
9 So always address the man who brings you your glass as "head waiter";
10 he will be more friendly, even if the tip is not as high as what he expected.
11 You can also travel by train, reserve a room in a hotel, or go shopping.
12 With a little good will (especially from the boss?) you could already work in an office, type simple letters and even answer the telephone.
13 That is probably the easiest yet; you usually only need one sentence for that: "I'm sorry, but the director is in a meeting"!

(to be continued)

OPMERKINGEN
(5) Derived from the German 'Oberkellner' (upper waiter).
(6) *Verwachten*: to expect. *Ze verwachtte dat niet*: She didn't expect that. (Double **t** in the simple past). *Wat had u verwacht?*: What did you expect?
(7) *Bespreken* can mean reserve or discuss. *Heeft u plaatsen voor iedereen besproken?*: Did you reserve places for everyone? *Dat probleem moet nog besproken worden*: That problem still has to be discussed. Another word for 'reserve' is *reserveren* [rAYz:rv**AY**r:n].

Neuter nouns: *het stadium, het gesprek, het onderwerp, het punt*.

***

Have you been underlining expressions that cause you difficulty so you can go over them again later? During the Second Wave special attention should be given to the portions you have marked.

*****

OPLOSSING A:
Flemish and Dutch — **1.** Foreigners who don't know the language often wonder if a big difference exists between Dutch and Flemish. — **2.** Many think that Flemish is nothing other than a dialect. —

dat Vlaams niets anders is dan een dialect. — **3.** Het ligt voor de hand dat zo'n zienswijze helemaal verkeerd is. — **4.** Het verschil tussen Nederlands en Vlaams is niet bijzonder groot. — **5.** Eigenlijk zou men dat kunnen vergelijken met het Frans zoals het gesproken wordt door een Parijzenaar of door iemand uit het zuiden. — **6.** In het zuiden (dat wil zeggen : in Vlaanderen) worden bij het spreken sommige woorden gebruikt, die de Hollanders als boekentaal beschouwen. — **7.** Maar die gevallen zijn nochtans niet zo talrijk. — **8.** Naar onze mening ligt het grootste verschil in de manier waarop sommige klanken uitgesproken worden. — **9.** Bovendien spreken de Nederlanders meestal vlugger. — **10.** Maar het is een feit dat de mensen uit het zuiden en die uit het noorden niet het minste probleem hebben om elkaar te verstaan.

B. Vul de ontbrekende woorden in:

1 *I am convinced that in that case they expected something else.*

Ik ben ervan .... dat ze in dat ..... iets

....

2 *The waiter doesn't think exclusively about the tip that you will give him.*

De ...... denkt niet .... aan de ....

die u hem zal geven.

3 *I'm not intending to discourage you, but so far the result is not brilliant.*

Ik ben niet van .... u te .... , maar

... . is het resultaat niet schitterend.

****

3. It is obvious that such a view is completely wrong. — **4.** The difference between Dutch and Flemish is not particularly great. — **5.** Actually, it is comparable to [the difference between] French as spoken by a Parisian and by someone from the south [of France]. — **6.** In the south (that is to say: in Flanders) some words are used in conversation, which the Dutch consider to be bookish language. — **7.** But even so, those cases are not so numerous. — **8.** In our opinion, the greatest difference lies in the manner in which some sounds are pronounced. — **9.** In addition, the Dutch usually speak quicker. — **10.** But it is a fact that people from the south and people (those) from the north do not have the slightest problem understanding each other.

4 *I wonder if he is able to deal with a different subject.*

Ik vraag mij af .. hij in ..... is een ander ....

te ....

5 *He does his best so as not to become nervous, but he doesn't always succeed.*

Hij doet zijn .... om niet .... te worden,

maar het .... hem niet altijd.

OPLOSSING B:

1 overtuigd - geval - anders - verwachtten. — **2** kelner - uitsluitend - fooi. — **3** plan - ontmoedigen - tot nu toe. — **4** of - staat - onderwerp - behandelen. — **5** best - zenuwachtig - lukt.

*****

Second Wave: Lesson 23

DRIEËNZEVENTIGSTE (73ste) LES

Toekomstplannen (vervolg)

1. Het staat dus vast dat u een gesprek zonder te veel moeite wenst te voeren, en u kan dat al in zekere mate doen.
2. Maar we zijn ervan overtuigd dat u meer dan **(1)** dat verwachtte, toen **(2)** u met deze cursus begon.
3. U heeft ongetwijfeld al gehoord van de interessante kranten en tijdschriften, die in Nederland gepubliceerd worden **(N3)** :
4. bladen **(3)** zoals de 'Nieuwe Rotterdamse Courant ' **(4)**, weekbladen als 'Elsevier' of 'De Haagse Post' zijn over de grenzen van het land bekend **(5)**.
5. Die hoopt u waarschijnlijk te kunnen lezen ; daar moeten we u nu op voorbereiden.
6. Daarom krijgt u van nu af aan hoofdzakelijk doorlopende teksten te lezen.

UITSPRAAK
1 dus ˆfast
2 dat ˆf: rwaHGt: ... kurz:s
3 teitsHGrift:n ... n**AY**d:rlant ˆHG:publi**E**s**AY**rt
4 koerant
5 op ˆ**foo**rb:reid:n
6 hooftsaak:l:k

SEVENTY-THIRD LESSON

Plans for the Future (continuation)

1 Thus it is certain (stands fast) that you wish to conduct a conversation without too much difficulty, and you can already do that to a certain extent (measure).
2 But we are convinced (of it) that you expected more than that when you began (with) this course.
3 You no doubt have already heard of the interesting newspapers and magazines which are published in The Netherlands.
4 Papers such as the *Nieuwe Rotterdamse Courant* [and] weeklies like *Elsevier* or *De Haagse Post* are known beyond the borders of the country.
5 You probably hope to be able to read these; now we need to prepare you for that.
6 This is why you will mainly get "running" texts to read from now on.

OPMERKINGEN
(1) In spoken Dutch you will often hear: *meer als, kleiner als, minder oud als*. Although *als* may be used with a comparative, *dan* is preferred.
(2) *Toen* is used (rather than *wanneer*) for action which took place only once in the past.
(3) When meaning 'leaves of trees' the plural of *blad* is *bladeren* (sometimes contracted to *blaren*). Otherwise the plural is *bladen*.
(4) *Courant* is an older form of the word: *krant*.
(5) Distinguish between *bekend* (an adjective meaning well-known or familiar) and *gekend* (the past participle of *kennen*, meaning known). *Een bekende kunstenaar*: a well-known artist. *Een bekend feit*: a well-known fact. *Dat komt mij bekend voor*: That seems familiar to me. *De naam van de winnaar is nu gekend*: The name of the winner is now known. *Gebruik de gekende feiten om de vraagstuk op te lossen*: Use the known facts to solve the problem.

7 Hieruit mag u nochtans niet afleiden dat we thans een andere taal zullen gebruiken.
8 Natuurlijk bestaat er een zeker aantal woorden die uitsluitend tot de geschreven taal behoren.
9 Maar daarnaast zijn er al de andere (6) - d.w.z. (7) de grote meerderheid - die in alle omstandigheden passen.
10 Het gaat dus om termen die iedereen zowel bij het spreken als bij het schrijven gebruikt.
11 Het spreekt vanzelf dat we ons tot die termen zullen beperken.
12 De teksten waarop de cursus voortaan gebaseerd zal zijn, verschaffen bovendien een uitstekende gelegenheid om u met een reeks aspecten van het leven in Nederland vertrouwd te maken.

UITSPRAAK
7 dat vw: tans
9 omstand:HG/hAYd:n
11 sprAYkt ˉfanzelf
12 kurz:sˉfoortaan ... hg:bazAYrt ˉsal

OEFENINGEN
A. Vertaal:

1. Uit een gesprek met de leiders van de firma meen ik te mogen afleiden, dat ze niet bereid zijn deze uit te breiden. — 2. Het staat vast dat de meerderheid iets anders verwachtte dan wat voorgesteld werd. — 3. Het is mogelijk veel te zeggen met een beperkt aantal woorden, tenminste als deze met de grootste zorg

driehonderd veertig **340**

7 Yet from this you may not conclude that we are now going to use a different language.
8 Of course a certain number of words exist which belong exclusively to the written language.
9 But in addition there are all the other [words] – which is to say, the great majority – which fit in all situations.
10 It has to do with terms then that everybody uses both when speaking and (when) writing.
11 It goes without saying that we shall restrict ourselves to those terms.
12 The texts on which the course will be based from now on also provide an excellent opportunity to make you familiar with a number of aspects of life in Holland.

OPMERKINGEN
(6) No **-n** is added because *andere* refers to things. When used alone referring to people, an **-n** is added. *Komen de anderen ook mee?*: Are the others also coming along? *Komen de andere mensen ook?*: Are the other people coming too?
(7) An abbreviation of *dat wil zeggen*. Many such abbreviations are used in written Dutch: *o.a.* – *onder andere* (among others); *m.a.w.* – *met andere woorden* (in other words); *a.u.b.* – *alstublieft* (if you please); *m.b.t.* – *met betrekking tot* (in connection with); *enz.* – *enzovoort* (and so forth).

***

Neuter nouns: *het blad, het weekblad, het aspect.*

Some Irregular Verbs

voorkomen	dat kwam voor	dat is voorgekomen
bespreken	ik besprak	ik heb besproken
bestaan	het bestond	het heeft bestaan

OPLOSSING A:
1. From a conversation with the directors of the firm I think I may conclude that they are not prepared to expand it. – **2.** It is certain that the majority expected something other than what was proposed. – **3.** It is possible to say a lot with a limited number [of] words, at least if they (these) have been chosen with the greatest [of] care. –

73ste LES

gekozen zijn. — **4.** Ik ben ervan overtuigd dat ze het onderwerp goed voorbereid hadden, maar hun verklaringen waren niet eenvoudig genoeg. — **5.** Het is ongetwijfeld de moeite waard een paar dagen in de streek door te brengen : er is zoveel te bezoeken ! — **6.** Bij die gelegenheid zullen wij haar iets moeten aanbieden. — **7.** Het is voorzichtiger plaatsen te bespreken want ik heb de indruk dat het concert een bijzonder groot succes zal hebben. — **8.** Ze hebben onze raad gevolgd en elke dag een kwartier gestudeerd ; nu zijn ze verbaasd over het bereikte resultaat.

B. Vul de ontbrekende woorden in:

1 *I'm afraid that it's not appropriate in those circumstances.*

Ik ..... dat het niet .... in die ....

2 *In daily life it is usually completely different.*

In het .... leven is het .... helemaal ....

3 *They promised that they would help us from now on.*

Ze hebben .... dat ze ons .... zouden helpen.

4 *We work mainly but still not exclusively with running texts.*

We werken .... maar toch niet ....

met .... teksten.

****

4. I'm convinced that they had prepared the subject well, but their explanations were not simple enough. — **5.** It is doubtless worth the effort to spend a couple of days in the area; there is so much to visit! — **6.** On that occassion we will have to offer her something. — **7.** It's safer (more cautious) to reserve seats (places) because I have the impression that the concert will be an exceptionally great success. — **8.** They have followed our advice and [have] studied each day for a quarter [of an hour]; now they are surprised at the results achieved.

5 *Without the slightest hesitation they furnished us with all desired information.*

Ze hebben ons alle .... inlichtingen zonder de minste ....

OPLOSSING B:

1 vrees - past - omstandigheden. — **2** dagelijks - meestal - anders. — **3** beloofd - voortaan. — **4** hoofdzakelijk - uitsluitend - doorlopende.— **5** gewenste - aarzeling - verschaft.

ZINSBOUW

Het staat vast	dat ze	nu	meer
't Is een feit		voortaan	minder
Ik ben ervan overtuigd		in de toekomst	
Het ligt voor de hand		van nu af aan	
Het spreekt vanzelf			

	inlichtingen	*moet hebben*
	geld	
	verklaringen	
	oefeningen	**(160)**

*****

Second Wave: Lesson 24

73ste LES

VIERENZEVENTIGSTE (74ste) LES

Over Nederland

1 Het is ongetwijfeld de moeite waard eerst iets over Nederland te vertellen.
2 Iedereen wenst zeker iets te vernemen (1) over het land waarvan hij (of zij) de taal leert,
3 des te meer dat er nogal zelden over Nederland gesproken wordt, misschien omdat het (N4) te klein geacht wordt.
4 Meestal beperken de schoolboeken er zich toe (2) te vermelden dat het een vlak land met veel rivieren en grachten is.
5 Soms wordt er bijgevoegd dat Nederland in de eerste plaats van de landbouw leeft.
6 Over de tulpenhandel (3) krijgt men ook wel eens een woordje te horen of te lezen.
7 Dat zo'n beeld helemaal verkeerd is en tot een verouderde folklore behoort, hoeven we nauwelijks te zeggen.

UITSPRAAK
2 vwenst ˆsAYk:r ... of ˆsei
3 hg:aHGt
4 b:perk:n ... riEviEr:n :n hgraHGt:n
5 beihg:voeHGt ... lantbou
6 vwoorty:
7 dat ˆsoo:n folkloor: ... nou:l:ks

SEVENTY-FOURTH LESSON

About The Netherlands

1 Without a doubt it is worthwhile to say something about The Netherlands first.
2 Everyone certainly wishes to learn something about the country whose language he (or she) is learning,
3 even more so because The Netherlands is so seldom spoken about, perhaps because it is considered to be too small.
4 Usually, school books limit themselves to mentioning that it is a flat country with many rivers and canals.
5 Sometimes it is added that The Netherlands primarily lives from agriculture.
6 Every once in a while one also gets to hear or read a little something (word) about the tulip industry.
7 We hardly need to say that such an image is completely wrong and belongs to [the realm of] outdated folklore.

OPMERKINGEN
(1) Distinguish between *vernemen* (find out about, hear, learn) and *leren* (study, memorize, learn). *We hebben niets daarover vernomen*: We haven't heard anything about that. *Ik heb vernomen dat ze ziek was*: I've heard that she was ill. *Ze leert piano spelen*: She's learning to play the piano.
(2) *Tot* becomes *toe* in combination with **daar-** or **waar-**. *Waartoe dient dat?*: What's the use of that? *Daar heb ik me toe moeten beperken*: I had to limit myself to that. Remember that *met* changes to *mee* in the same cases. *Ik heb daar niets mee te maken*: I haven't got anything to do with that. *Waarmee reist u?*: How (with what) are you travelling?
(3) *Handel*: trade, commerce, business, a business. *Een handelshuis*: a house of trade, a place of business. *Dat boek is niet in de handel*: That book is not on the market. *Die handelaar doet veel zaken*: That merchant does much business. *Hij handelt in ijzerwaren*: He deals in hardware (iron goods).

8 Er zijn natuurlijk nog overal weiden **(4)** en als u door het land reist kan u nog duizenden koeien **(4)** zien.

9 Er worden nog tonnen kaas gefabriceerd, die naar alle werelddelen uitgevoerd wordt.

10 Vissers zijn er ook nog veel, maar die lijken niet meer op **(5)** de vissers met wijde broek en korte pijp, die we op oude prentkaarten zien.

11 In de loop van de twintigste eeuw is Nederland een belangrijk industrieel land geworden.

12 Het heeft een reeks reusachtige firma's gesticht, die filialen in tientallen **(6)** landen bezitten.

13 Philips, Unilever, Royal Dutch - om maar een paar namen te noemen - zijn over de hele wereld bekend.

14 Bovendien heeft Nederland een rijk verleden en heeft het een grote rol gespeeld in de geschiedenis van West-Europa **(7)**

UITSPRAAK
8 koeiE:n
9 hg:faabriEsAYrt ... vwAYr:ltdAYI:n
10 fviss:rs ˆsein
11 loopˆfan ... industriEAYl
12 reuzaHGt:hg: ... fiEliEaal:n
13 fiElips uuniElAYv:r
14 reikˆf:rlAYd:n ... hg:sHGiEd:nis ... euroopaa

★★★★★

These lessons may seem a bit longer than previous ones, but actually they contain the same amount of new material. The slightly longer texts, however, allow us to repeat more often the vocabulary and grammar of former lessons.

8 Naturally there are still pastures everywhere and as you travel through the country you can still see thousands of cows.

9 Tons of cheese are still manufactured, which is exported to all parts of the world.

10 There still are many fisherman too, but they no longer resemble the fishermen with wide trousers and short pipes, whom we see on old picture-postcards.

11 In the course of the twentieth century The Netherlands has become an important industrial country.

12 It has founded a number of giant firms with subsidiaries in dozens (tens) of countries.

13 Philips, Unilever, Royal Dutch – to mention (name) only a few names – are known over the whole world.

14 Furthermore, The Netherlands has a rich past and has played a large role in the history of Western Europe.

OPMERKINGEN
(4) Two irregular plural forms: *de weide (de wei), de weiden; de koe, de koeien*.
(5) *Lijken*: look like, seem, appear. *Dat lijkt maar zo*: That only appears [to be] so. *Lijken op*: resemble. *Ze lijkt op haar moeder*: She resembles her mother. *Ze lijken op elkaar*: They resemble each other.
(6) After a cardinal number the suffix **-tal** means 'a group of (about)'. Whether 'about' is included depends on the context. *Het drietal ging op reis*: The three [of them] went on a journey. *Verleden week las ik een vijftal boeken*: Last week I read about five books. These words are always neuter. *Het elftal speelde goed vandaag*: The eleven [soccer players] played well today.
(7) In compound geographical names the **-en** suffix of *noorden, zuiden, oosten* and *western* disappears. *Oost-Berlijn*: East Berlin; *Zuid-Holland*: South Holland (a province); *Noord-Amerika*: North America; *het noordoosten*: the north-east; *de zuidpool*: the south pole. A hyphen is used in geographical names consisting of a proper name preceded or followed by an adjective. No hyphen is used, however, in adjectives derived from such compound names. *West-Europa, Westeuropees*.

Neuter nouns: *het verleden, het werelddeel, het elftal, het drietal*, etc.

74ste LES

OEFENINGEN

A. Vertaal:

Een beetje geschiedenis. — **1.** De mensen hebben ongelijk te denken dat Nederland niets anders is dan een klein land, een bijna vergeten hoekje op de kaart van de wereld. — **2.** Zijn geschiedenis begint in een heel ver verleden - eigenlijk al in de tijd van de Romeinen. — **3.** In de loop van de eeuwen heeft het steeds een belangrijke rol gespeeld, en niet uitsluitend in West-Europa. — **4.** Het was en het is nog een land van zeelui en van handelaars. — **5.** Tot na de tweede wereldoorlog bezat het rijke kolonies, vooral in Zuid-Oost-Azië, waarmee het handel dreef. — **6.** In de zeventiende eeuw - de "Gouden Eeuw" genoemd - was het even machtig als Engeland of Frankrijk. — **7.** We mogen ook niet vergeten dat New York door Nederlanders gesticht werd en dat het eerst Nieuw Amsterdam heette. — **8.** Het is ook de moeite waard te vermelden dat een Nederlandse prins zelfs koning van Engeland is geweest.

Some Irregular Verbs

vernemen	ik vernam	ik heb vernomen
lijken	ik leek	ik heb geleken
bezitten	ik bezat	ik heb bezeten

B. Vul de ontbrekende woorden in:

1 *They consider it desirable to restrict themselves to a couple of important points.*

Ze ...... het wenselijk zich ... een paar belangrijke punten te ....

OPLOSSING A:

A little history. — **1.** It is wrong for people to think that The Netherlands is nothing other than a small country, an almost forgotten corner on the map of the world. — **2.** Its history begins in the very distant past – actually as early as the time of the Romans. — **3.** In the course of the centuries it has always played an important role, and not only in Western Europe. — **4.** It was and still is a country of seaman and merchants. — **5.** Until after the Second World War it possessed rich colonies, especially in Southeast Asia, with which it traded. — **6.** In the seventeenth century – called the "Golden Century" – it was just as powerful as England and France. — **7.** Also we must (may) not forget that New York was founded by Dutchmen and that it was first called New Amsterdam. — **8.** It is also worth mentioning that a Dutch prince was even king of England.

2 *I wonder how they found out about that, all the more since almost no one was informed.*

Ik vraag me .. hoe ze dat hebben .... , ... te .... bijna niemand op de ...... was.

3 *I don't like those flat regions where all villages look alike.*

Ik houd niet van die .... waar alle dorpen .. elkaar ....

74ste **LES**

4 The agricultural products are exported to all parts of the world.

De .... producten worden naar alle ....

delen ....

5 Herewith I append all necessary documents.

Hierbij .... ik alle ...... documenten.

★★★★★★★★★★★★★★★★★★★★★★★★★★★★★★★★★★★★★★

VIJFENZEVENTIGSTE (75ste) LES

Gemengd nieuws

Brand
1 Gisteren omstreeks 12 uur brak brand uit op de gelijkvloerse **(1)** verdieping van een gebouw gelegen Steenweg op Waterloo te Brussel.
2 Vier personen werden door de brandweer gered.
3 Ondanks de dichte rook werden een kind en een bejaard **(2)** paar, die op de eerste verdieping woonden, uit de vlammen gehaald.
4 De vrouw verkeerde in schoktoestand en de man had brandwonden opgelopen.
5 Op de tweede verdieping werd een vrouw d.m.v. (door middel van) **(3)** een lange ladder gered.

UITSPRAAK
1 hg:leikfloers: ... hg:lAYhg:n
2 persoon:n ... brantwAYr
4 brantwond:n

OPLOSSING B:

1 achten - tot - beperken. — **2** af - vernomen - des - meer daar - hoogte. — **3** vlakke streken - op - lijken. — **4** landbouw - wereld - uitgevoerd. — **5** voeg - nodige.

*****

Second Wave: Lesson 25

SEVENTY-FIFTH LESSON

Miscellaneous (mixed) News

A fire
1 Yesterday, about 12 o'clock, fire broke out on the ground floor of a building situated on the Waterloo Causeway in Brussels.
2 Four people were saved by the fire brigade.
3 In spite of the thick smoke, a child and an elderly couple, who lived on the first story, were pulled from the flames.
4 The woman was in a state of shock and the man had incurred burns.
5 On the second story a woman was saved by means of a long ladder.

OPMERKINGEN
(1) *Ze wonen gelijkvloers*: They live on the ground floor.
(2) *Een bejaard man* (one concept, no **-e**): an elderly man. *Een bejaardentehuis*: an old people's home.
(3) Here are some more abbreviations used in written Dutch: *b.v. – bij voorbeeld* (for example); *d.i. – dat is* (that is); *e.a. – en andere* (and others); *i.p.v. – in plaats van* (instead of); *i.v.m. – in verband met* (in connection with); *m.i. – mijns inziens* (as I see it); *n.l. – namelijk* (namely); *z.o.z. – zie ommezijde* (see other side); *blz. – bladzijde* (page); *ca. – circa* (approximately).

6 De materiële **(4)** schade **(5)** is groot.

Autobotsing
7 Op de Antwerpsesteenweg **(6)** kwam de personenwagen bestuurd door de heer Van Hove in botsing met een vrachtwagen.
8 De bestuurder van de personenwagen moest naar het ziekenhuis overgebracht worden.

Kind gewond
9 Op het Bruegelplein werd het kind Guido Steeman in de nabijheid van de ouderlijke **(7)** woning gegrepen door een vrachtwagen.
10 Het knaapje **(8)** werd gewond en moest in het ziekenhuis worden opgenomen.

UITSPRAAK
6 matAYriEAYl: ootoobotsing
8 h:t ˆsiEk:nhuis
kint ˆHG:wont
9 kint hgiEdoo ... naabeiheit ˆfan d: oud:rl:k:

OEFENINGEN
A. Vertaal:

De zwarte vlag. — **1.** De Nederlandse wegen worden - evenals overal in Europa - steeds gevaarlijker. — **2.** Om te proberen indruk te maken op de bestuurders hebben sommige steden een goed middel gevonden om te laten

6 The property (material) damage is extensive.

Automobile collision
7 On the Antwerp Causeway a passenger car (wagon for persons) driven by Mr. Van Hove collided with a motor-truck (freight wagon).
8 The driver of the passenger car had to be taken to hospital.

Child injured
9 On Breugel Square the child, Guido Steeman, was struck (grabbed) by a motor-truck near his home (the parental dwelling).
10 The little lad was injured and had to be admitted to hospital.

OPMERKINGEN
(4) Notice the two dots (diaeresis) used to mark the beginning of a new syllable. Otherwise -ie- would represent one sound. *Een financieel probleem, de financiële problemen.* In the first case the diaeresis is not required because the -ee is recognizable as a separate sound.
(5) *Schade* is always singular. *Er was geen schade*: There was no damage.
(6) *Steenweg*: causeway. Literally, a stone way, usually a very old main roadway originally paved with cobblestones. *Antwerpsesteenweg* means the same as *Steenweg op Antwerpen*: Antwerp Causeway or Causeway to Antwerp. Both forms are used for the same road.
(7) Many adjectives are formed by adding **-lijk** to a noun. Sometimes, for euphony, **-elijk** is used instead. *Vaderlijk* (paternal); *moederlijk* (maternal); *gevaarlijk* (dangerous); *vrouwelijk* (feminine); *mannelijk* (masculine); *nachtelijk* (nocturnal); *broederlijk* (fraternal); *kinderlijk* (childlike); *eerlijk* (honest); *schadelijk* (harmful).
(8) *Knaap*: a boy below the age of 14 or 15.

★★★

Neuter nouns: *het paar, het middel*.

OPLOSSING A:
The black flag. — **1.** Roads in The Netherlands – just as everywhere in Europe – are becoming more and more dangerous. — **2.** To try to make an impression on drivers, some cities have found a good means of letting it be known that a fatal accident took place

weten dat er in de loop van de dag een dodelijk ongeval gebeurd is. — **3.** Te Eindhoven, bij voorbeeld, ziet men dan op de auto's en de motorfietsen van de wegenpolitie een kleine zwarte vlag. — **4.** Als men die zwarte vlag door de straten ziet rijden, kan iedereen bij zichzelf zeggen : "weer een dode vandaag !". — **5.** Die woorden gaan dan van mond tot mond. . . en de mensen worden voorzichtiger. — **6.** Tenminste : de Nederlandse politie hoopt het !

B. Vul de ontbrekende woorden in:

1 *After the collision the injured were taken to hospital.*

Na de .... werden de .... naar het

ziekenhuis ....

2 *A school was on fire, but thanks to the courage of the firemen*

all the children were saved.

Een school was in ....., maar .... de moed

van de .... mannen werden alle kinderen ....

3 *In spite of the quick intervention of the neighbours, it was not*

possible to get the poor man out of the flames.

.... de snelle tussenkomst van de ..... was het

niet mogelijk de arme man uit de .... te halen.

4 *For a couple of months now they have lived (live) [on the]*

Amsterdam Causeway.

..... een paar maanden wonen ze ....

Amsterdam.

****

during the day. — **3.** In Eindhoven, for example, one then sees a small back flag on the cars and motorbicycles of the traffic (road) police. — **4.** When the black flag is seen travelling (riding) through the streets, everyone can say to himself: "another fatality today!". — **5.** Those words then go from mouth to mouth ... and people are (become) more careful. — **6.** At least the Dutch police hope so!

5 *They complain about the traffic, which is extremely heavy day and night.*

Ze ...... over het .... , dat dag en nacht erg .... is.

Oplossing

1 botsing - gewonden - overgebracht. — **2** brand - dank zij - brandweer - gered. — **3** Ondanks - buren - vlammen — **4** Sinds - steenweg - op. — **5** klagen - verkeer - druk.

ZINSBOUW

Hij kwam / Ze bleef	nooit dikwijls soms elke keer graag altijd	als	we het erg druk hadden ik het hem/haar vroeg we bezoek hadden mijn zuster thuis was
	die dag één keer op een avond gisteren	toen	

(80)

*****

Second Wave: Lesson 26

75ste LES

ZESENZEVENTIGSTE (76ste) LES

Humor op alle gebieden

Over diplomatie
1 Zoon : Vader, wat is een diplomaat ?
2 Vader : Een diplomaat, jongen, is een man die zijn vrouw met een wasmachine tevreden **(1)** stelt, als ze hem een nieuwe auto vraagt.

Bij de boer
3 Boer : Ik geloof dat het gaat regenen.
4 Dame : Naar uw melk te oordelen **(2)** heeft het al geregend.

Een voorzichtige dame
5   Een dominee had opgemerkt, dat een oude dame altijd sliep terwijl hij preekte.
6   Maar ze bleef steeds goed wakker als er een dominee uit **(3)** een andere stad kwam.
7   Op een dag vroeg hij de dame hoe dat te verklaren was. Ze antwoordde:
8   "Ik weet dat Gods **(4)** woord in uw mond veilig is,

UITSPRAAK
diEploomaa(t)siE
 2 t:vr**AY**d:n ... als ˆs: ... ni**E**w: **oo**too
 3 r**AY**hg:n:n
 4 **oo**rd**AY**l:n ... hg:r**AY**hg:nt
 5 d**oo**miEn**AY**
 6 st**AY**tsˆ**HG**oet
 8 montˆ**f**ei**l**:**HG**

SEVENTY-SIXTH LESSON

Humour in All Areas

About diplomacy
1 Son: Father, what is a diplomat?
2 Father: A diplomat, boy, is a man who satisfies his wife with a washing machine when she asks him for a new car.

At the farmer's
3 Farmer: I believe it's going to rain.
4 Lady: Judging from your milk, it already has rained.

A cautious lady
5 A minister had noticed that an elderly lady always slept while he was preaching.
6 But she always remained wide awake when a minister from another city came.
7 One day he asked the lady how this could be explained. She answered:
8 "I know God's word is safe in your mouth,

OPMERKINGEN
(1) *Zich tevredenstellen met*: to be content with. *Daarmee stel ik me tevreden*: I'm content with that. *Tevreden zijn over*: to be satisfied with. *Ik ben tevreden over hem*: I'm satisfied with him. *Ze is tevreden over het resultaat*: She's satisfied with the result. *Daarmee ben ik niet tevreden*: I am not satisfied with that.
(2) *Het oordeel*: the judgement. *Ik kan er niet over oordelen*: I can't pass judgement on that.
(3) *Uit*: out, out of, originating from. *Hij ging de stad uit*: He went out of the city. *Het vuur is uit*: The fire is out. *Ze is uit Nederland*: She's from Holland. *Dat deed hij uit liefde voor zijn vrouw*: He did that from love for his wife.
(4) With personal or personified nouns a possessive is sometimes formed by adding **-s**. *Moeders hoed*: mother's hat. *Wijsheids stem*: wisdom's voice. *Vaders vrienden*: father's friends. But the use of *van* is more common: *de hoed van moeder, de stem van de wijsheid, de vrienden van vader*. No apostrophe is used except after a vowel or **y**. *Oma's poes*: Grandma's cat. An apostrophe alone is used after words ending in **s, x** or **z**.

9 maar ik ben niet zo zeker wat dominee Wouwelaar betreft."

Reken op uw vrienden...
10 Tom : Ik vraag me af wat ik moet doen : ik kan met een rijke weduwe (5) trouwen (6), maar ik houd niet veel van haar.
11 Ik houd meer van een jong en lief meisje, dat heel arm is.
12 Geef me toch goede raad.
13 Wim : Volg de stem van je hart, dan word je zeker gelukkig.
14 Tom : Dat is waar ook. Ik zal met het arme meisje trouwen.
15 Wim : Uitstekend idee, en veel geluk, beste vriend.
16 En... waar woont die rijke weduwe?

UITSPRAAK
9 niEt ˆsoo
10 ikˆfraaHG ... vw**AY**duuw: ... niEt ˆf**AY**l
14 ikˆsal ... trouw:n
15 iEd**AY**

OEFENINGEN
A. Vertaal:

Over herhalingen. — **1.** We hebben steeds ons best gedaan om binnen de grenzen van het mogelijke de woorden en uitdrukkingen uit de vorige lessen te herhalen. — **2.** Waarschijnlijk heeft u die talrijke herhalingen opgemerkt. — **3.** Dan heeft u begrepen dat we een dubbel doel hadden. — **4.** In de eerste plaats wilden we u ervan overtuigen dat u uitsluitend nuttige woorden had geleerd. — **5.** U heeft kunnen constateren dat u ze in allerlei omstandigheden kon gebruiken. — **6.** Aan de andere kant was dit de enige manier om u die termen werkelijk

9	but I am not so sure about Minister Wouwelaar."

Count on your friends...

10	Tom:	I wonder what I should do. I can marry a rich widow, but I'm not very fond of her.
11		I'm more fond of a young, sweet girl who's extremely poor.
12		Do give me good advice.
13	Wim:	Follow the voice of your heart, then you will certainly be happy.
14	Tom:	Why yes, that's true. I'll marry the poor girl.
15	Wim:	Excellent idea, and lots of happiness, [my] good friend.
16		And ... where does that rich widow live?

OPMERKINGEN
(5) *De weduwnaar* [vw**AY**duunaar] (the widower).
(6) *Het huwelijk* [h**uu**w:l:k] (the marriage).

Neuter nouns: *het hart, het oordeel, het huwelijk*.

OPLOSSING A:
About repetitions. — **1.** We have continually done our best, within the bounds of what is possible, to repeat the words and expressions from the preceding lessons. — **2.** Probably you have noticed these numerous repetitions. — **3.** Then you will have understood that we had a dual purpose. — **4.** In the first place we wanted to convince you that you had only learned useful words. — **5.** You were able to perceive that you could use them in all kinds of circumstances. — **6.** On the other hand (side), this was the only way to enable you to really

76ste LES

"zonder moeite" te laten onthouden. — **7.** Het spreekt vanzelf dat er nog een paar zijn, die u voor problemen stellen. — **8.** Voor die gevallen hebben we u een werkwijze aangeraden : het kruisje in de marge. — **9.** We hopen dat u onze raad gevolgd heeft. — **10.** Als u het tot nu toe nog niet gedaan heeft, probeer het dan van nu af aan. — **11** U zal verbaasd zijn over het resultaat. — **12.** De volgende uitdrukkingen mag u nooit uit het oog verliezen : herhaling maakt de meester en . . . beter laat dan nooit !

B. Vul de ontbrekende woorden in:

1 *He had done his best, so the teacher was satisfied with the results.*

Hij had zijn .... gedaan, ... de leraar .... was .... het resultaat.

2 *It's difficult for me to pass judgement on that proposal, because I do not have all the information at my disposal.*

Ik kan moeilijk .... dat voorstel .... , want ik .... niet over alle gegevens.

★★★

driehonderd zestig 360

remember those terms 'with ease'. — **7.** It goes without saying that there are still a few which cause you problems. — **8.** For those cases we have recommended a procedure: [placing] a little cross in the margin. — **9.** We hope that you have followed our advice. — **10.** If so far you have not yet done it, try it from now on. — **11.** You'll be surprised at the results. — **12.** You must never forget the following expressions: Repetition makes the master and ... better late than never.

3 *He has remained a widower for thirty years and now he plans to marry a very young girl.*

Hij is dertig jaar .... gebleven en nu is hij ...
.... met een heel jong meisje te ....

4 *As far as I'm concerned, I feel completely safe here.*

Wat mij .... , ik .... me hier helemaal ....

5 *If it doesn't rain, we're going for a walk in the woods this afternoon.*

... het niet ...... , gaan we .... in het
... wandelen.

OPLOSSING B:

1 best - zodat - tevreden - over. — **2** over - oordelen - beschik. — **3** weduwnaar - van plan - trouwen. — **4** betreft - voel - veilig. — **5** Als - regent - vanmiddag - bos.

*****

Second Wave: Lesson 27

****

76ste **LES**

ZEVENENZEVENTIGSTE (77ste) LES

Herhaling en opmerkingen

1. — Sentence Structure — When a sentence contains a long subordinate clause, the words which usually go at the end (past participles, infinitives, separable parts) are often placed between the antecedent and the relative pronoun. *Ik heb de inlichtingen gekregen die u mij gisteren gevraagd had*: I've obtained the information which you requested [from] me yesterday. *Ik zal je het boek laten zien dat ik voor mijn verjaardag van mijn zuster gekregen heb*: I'll let you see the book that I received from my sister for my birthday. *Hij bracht het geld terug dat hij eergisteren van mij had geleend*: He brought the money back that he had borrowed from me the day before yesterday.

2. — Degrees of Comparison — The comparative of adjectives and adverbs is usually formed by adding **-er**, and the superlative by adding **-ste.** We have come across some irregular forms, however, such as:

goed	beter	(het) best
graag	liever	(het) liefst
dikwijls	vaker	(het) vaakst
veel	meer	(het) meest
weinig	minder	(het) minst

Jan werkt beter dan Tom, maar Wim is zeker de beste student: Jan works better than Tom, but Wim is certainly the best student. *Eva komt vaker dan Maria, maar haar zuster komt het vaakst*: Eva comes more often than Maria, but her sister comes most often.

3. — The Passive Voice — The imperfect passive is formed by means of the auxiliary *worden* with the past participle. *Weinig mensen bezoeken Antarctica. Antarctica wordt door weinig mensen bezocht. De hoge prijzen maakten concurrentie moeilijk. Concurrentie werd door*

SEVENTY-SEVENTH LESSON

de hoge prijzen moeilijk gemaakt. Notice that in the passive voice *door* is used to introduce the source of the action. The perfect passive is formed by means of the auxiliary *zijn* with the past participle. *De Nederlanders hebben veel fabrieken gebouwd. Veel fabrieken zijn door de Nederlanders gebouwd. De directie heeft de toestand een beetje veranderd. De toestand is door de directie een beetje veranderd.*

4. — Names of Languages and Countries — Names of languages are always neuter and are therefore replaced by neuter pronouns. The article is usually not used except after prepositions. *Spreken ze Nederlands? Ze spreken het goed.* Most names of countries are also neuter. *Nederland is een mooi land. Hebt u het ooit bezocht?*

5. Uitdrukkingen. — 1 *Hij is tevreden over ons antwoord.* — 2 *Ze kan zich met haar Nederlands redden.* — 3 *Het ligt voor de hand dat het onmogelijk is.* — 4 *We hadden iets anders verwacht.* — 5 *Het staat vast dat ze gelijk hadden.* — 6 *Ik heb een gesprek in het Nederlands gevoerd.* — 7 *In zekere mate is het interessant.* — 8 *We moeten hem op alles voorbereiden.* — 9 *Uit zijn antwoord leid ik af dat er niets te doen is.* — 10 *Dat dorp behoort niet tot België.* — 11 *Dat wordt in alle omstandigheden gebruikt.* — 12 *Ik beperk mij tot de hoofdzaak.* — 13 *Dat zal u met moeilijke teksten vertrouwd maken.* — 14 *Hij drijft handel met veel landen.* — 15 *Die handelaar doet goede zaken.* — 16 *Dat meisje lijkt op haar vader.* — 17 *Dat lijkt nergens naar.* — 18 *Ze komen in de loop van de maand.* — 19 *Twee vrachtwagens zijn in botsing gekomen.* — 20 *De man werd naar het ziekenhuis overgebracht.*

6. — Vertaling — 1 He is satisfied with our answer. — **2** She can get by with her Dutch. — **3** It goes without saying that it is impossible. — **4** We had expected something else. — **5** It is certain that they were right. — **6** I have conducted a conversation in Dutch. — **7** To a certain extent it is interesting. — **8** We must prepare him for everything. — **9** From his answer I conclude that there is nothing to do. — **10** That village does not belong to Belgium. — **11** That is used in all situations. — **12** I restrict myself to the main issue. — **13** That will make you

****

ACHTENZEVENTIGSTE (78ste) LES

Lieven Gevaert

1 Er zijn waarschijnlijk heel wat Antwerpenaars **(1)**, die niet eens weten waar de Montignystraat is of zelfs dat hij bestaat.

2 Als u erheen **(2)** wilt gaan, is het zeker voorzichtiger bij politieagenten te informeren **(3)**.

UITSPRAAK
1 of ˆselvzˆdat
2 h:t ˆs**AY**k:r ... pooli**E**(t)siE/ahg**e**nt:n ... inform**AY**r:n

familiar with difficult texts. — **14** He conducts business with many countries. — **15** That merchant does good business. — **16** That girl resembles her father. — **17** That's not worth a thing. — **18** They are coming in the course of the month. — **19** Two trucks have collided. — **20** The man was transported to hospital.

*****

Go over the expressions listed in the review lessons regularly. You will learn to understand idiomatic expressions and to use them properly.

*****

Second Wave: Lesson 28

SEVENTY-EIGHTH LESSON

Lieven Gevaert

1   There are probably quite a few Antwerp residents who don't even know where Montigny Street is, or that it even exists.
2   If you want to go there, it is certainly safer to request information from police officers.

OPMERKINGEN
(1) The suffix **-aar** (and sometimes **-er**) is used to form nouns indicating inhabitants of towns and cities: *een Brusselaar*, a Brussels townsman; *een Londenaar*, a Londoner; *een Luikenaar*, an inhabitant of Liege; *een Parijzenaar*, a Parisian; *een Japanner*, a Japanese; *een Luxemburger*, an inhabitant of Luxembourg.
(2) *Heen*, like *naartoe*, can indicate destination. *Waar gaat u naartoe?/Waar gaat u heen?*: Where are you going? *Ik ga naar het bos*: I'm going to the woods.
(3) *Hij informeert naar het resultaat*: He inquires about the result. *Ze heeft naar uw gezondheid geïnformeerd*: She inquired about your health.

78ste **LES**

3 En hoewel **(4)** dezen de havenstad goed kennen, is er kans dat sommigen hun plattegrond zullen moeten raadplegen **(N1)**.
4 Toch is die straat uiterst belangrijk op historisch gebied :
5 daar is de Belgische foto industrie geboren.
6 Ongeveer tachtig jaar geleden heeft Lieven Gevaert er een werkplaats gevestigd.
7 Hij werkte er heel hard zonder enige andere hulp dan die **(5)** van zijn moeder en van een jonge leerling.
8 Nochtans was de zaak in het begin niet bijzonder bloeiend.
9 Maar Lieven interesseerde zich sterk voor zijn beroep en hij was van plan grote dingen te ondernemen **(6)**.
10 Daarom bestudeerde hij alles wat over fotografie gepubliceerd werd.
11 Hij leerde zelfs vreemde talen om boeken over dit onderwerp onmiddellijk te kunnen lezen,
12 want hij had het geduld niet op vertalingen te wachten.
13 Dank zij zijn werk ontwikkelde **(7)** de zaak zich heel vlug.

(wordt vervolgd)

UITSPRAAK
3 platt:hgront ˆsull:n ... raatplAYhg:n
4 histooriEs
5 belhgiEs:
7 hart ˆsond:r
8 biEzond:r bloeiE:nt
9 int:resAYrd: ... sterk ˆfoor
10 b:stuudAYrd: ... footoohgraafiE hg:publiEsAYrt
11 zelfs ˆfrAYmd:
12 op ˆf:rtaaling:n
13 dank ˆsei ... zaak ˆsiHG

3   And although they know the harbour city well, there is a chance that some of them will have to consult their map.
4   Yet historically (in the historic realm) that street is very important.
5   There the Belgian photo industry was born.
6   About eighty years ago Lieven Gevaert established a workshop there.
7   He worked very hard there without any help other than that of his mother and of a young apprentice.
8   Actually, the business was not particularly prosperous in the beginning.
9   But Lieven took a strong interest in his profession, and he planned to undertake great things.
10 He therefore studied everything that was published about photography.
11 He even learned foreign languages to be able to immediately read books on this subject,
12 because he didn't have the patience to wait for translations.
13 Thanks to his work, the business developed very quickly.

(to be continued)

OPMERKINGEN
(4) *Hoewel*: although, though. *Ofschoon* and *alhoewel* have a similar meaning, but are used less.
(5) Notice this use of *die van* and *dat van*. *Van wie is dat boek? Is het dat van Jan?*: Whose book is that? Is it Jan's?
(6) Compound verbs with **onder-** often may not be separated. *Hij heeft ons niet onderbroken*: He has not interrupted us. *Ik moet mijn tuin onderhouden*: I must care for my garden. But when **onder-** has its basic meaning of below, the verb is separable. *De zon gaat vroeg onder*: The sun goes down early.
(7) *De ontwikkeling*: the development. *De ontwikkelingslanden*: the developing countries.

Neuter nouns: *het gebied, het atelier, het onderwerp, het geduld.*

78ste LES

OEFENINGEN
A. Vertaal:

Plannen en nog eens plannen.— **1.** Hij was al lang van plan iets groots te doen. — **2.** Maar hij interesseerde zich voor zoveel dingen dat hij niet wist wat het zou zijn. — **3.** Eerst (toen hij nogal jong was) had hij eraan gedacht grote reizen te ondernemen. — **4.** Later voelde hij er veel minder voor zijn rustig huisje te verlaten : — **5.** Misschien was hij een beetje bang voor onbekende streken en volkeren - natuurlijk zonder het te durven erkennen. — **6.** Een andere mogelijkheid was handel drijven. — **7.** Maar in dat geval moest hij iets vinden dat hij over de hele wereld kon verkopen, — **8.** anders was het de moeite niet waard : de concurrentie was zo hard ! — **9.** Na er maandenlang over nagedacht te hebben, was hij op een idee gekomen : — **10.** hij zou schrijven over wat hij graag had willen doen. — **11.** Dat was minder gevaarlijk en misschien zou het hem meer opbrengen !

B. Vul de ontbrekende woorden in:

1 *The firm which he had established about twenty years ago, is not developing quickly.*

De firma die hij .... twintig jaar geleden .... had, ... zich niet vlug.

2 *I don't know what he is interested in now; he is busy studying all the time.*

Ik weet niet .... hij zich nu .... : hij is de hele tijd ... ... studeren.

OPLOSSING A:
Plans and more plans. — **1.** He had been planning for a long time to do something big. — **2.** But he was interested in so many things, that he didn't know what it would be. — **3.** At first (when he was still rather young) he had thought of undertaking extensive journeys. — **4.** Later, he felt much less like leaving his small, peaceful house. — **5.** Maybe he was a bit afraid of unknown regions and peoples – naturally without daring to admit it. — **6.** Another possibility was conducting business. — **7.** But in that case he had to find something that would sell around the whole world, — **8.** Otherwise it was not worth the effort. The competition was so stiff (hard)! — **9.** After thinking about if for months, he hit upon an idea: — **10.** he would write about what he would have liked to have done. — **11.** That was less dangerous and perhaps it would earn him more!

3 They want to undertake something in that area, but I wonder if they will succeed at it.

Ze willen iets .. dat .... , maar ik

vraag me af .. het hun zal ....

78ste LES

4 *Rotterdam, at the present time, has become one of the largest harbours.*

Rotterdam is .... een van de grootste ...... geworden.

5 *I have consulted all kinds of people, but no one seems to be informed about the subject.*

Ik heb .... mensen .... , maar niemand schijnt op de ...... van het .... te zijn.

●●●●●●●●●●●●●●●●●●●●●●●●●●●●●●●●●●●●●●

NEGENENZEVENTIGSTE (79ste) LES

Lieven Gevaert (vervolg)

1 Ondanks de uitbreiding van zijn firma was Gevaert nog niet voldaan **(1)** :
2 hij meende **(2)** dat allerlei dingen te veel kostten.
3 Daarom besloot hij fotografisch papier zelf **(N2)** te fabriceren.

UITSPRAAK
1 niEt ˆfoldaan
3 footoohgraafiEs papiEr ... fabriEsAYr:n

OPLOSSING B:

1 ongeveer - opgericht - ontwikkelt. — **2** waarvoor - interesseert - aan het . — **3** op - gebied - ondernemen - of - lukken. — **4** heden ten dage - havens. — **5** allerlei - geraadpleegd - hoogte - onderwerp.

You have almost come to the end of the book; we hope you have not neglected writing. Of course you do not need to copy all the texts; that would take too much time. But be sure to underline and write out, even several times if necessary, words and sentences which cause you problems. Writing will also help you learn correct spelling.

Secod Wave: Lesson 29

****

SEVENTY-NINTH LESSON

Lieven Gevaert (continuation)

1   Despite the expansion of his firm, Gevaert was still not satisfied;
2   he thought that all sorts of things cost too much.
3   Therefore, he decided to manufacture photographic paper himself.

OPMERKINGEN
(1) *Dat geeft mij voldoening*: That gives me satisfaction. *Dat antwoord voldoet mij niet*: That answer doesn't satisfy me.
(2) *Hij meent het niet*: He doesn't mean it. *Ik meen dat hij gelijk heeft*: I'm of the opinion that he's right. *Hij meent het goed met ons*: He means well toward us. *Dat is ook mijn mening*: That's also my opinion.

4	Het bleek gauw dat zijn papier van uitstekende kwaliteit was:
5	zijn Antwerpse collega's (3) wilden er geen ander meer gebruiken.
6	Weldra had hij geen tijd meer om aan fotografie te doen:
7	hij had te veel werk met het fabriceren (4) van papier.
8	Daar de werkplaats te klein was geworden (5), liet hij een fabriek in Mortsel, een voorstad van Antwerpen, bouwen.
9	Die is met de jaren het hart (6) van de fotoïndustrie geworden.
10	Gevaert bracht steeds nieuwe produkten op de markt,
11	die ongetwijfeld veel beter waren (7) dan die van zijn concurrenten.
12	Hij verkocht over de hele wereld
13	en opende filialen in de meeste landen in en buiten Europa.

(wordt vervolgd)

UITSPRAAK
4 hgou dat ˆs:n ... kwaaliEteit
8 :n **voor**stat ˆfan ... **bouw**:n
9 hart ˆfan
10 st**AY**ts ni**E**w: proodukt:n
11 onhg:tweif:lt ˆfAYl b**AY**t:r ... kongkuur**en**t:n
13 fiEli**Eaal**:n ... eur**oo**paa

4	It was soon obvious that his paper was of excellent quality;
5	his colleagues in Antwerp no longer wanted to use any other.
6	After a while he no longer had time to do any photography;
7	he had too much work with the manufacture of paper.
8	Because the workshop had become too small, he had a factory built in Mortsel, a suburb of Antwerp.
9	Over (with) the years it has become the heart of the photo industry.
10	Gevaert was continually bringing new products on the market,
11	which were without a doubt much better than those of his competitors.
12	He sold throughout the whole world
13	and opened branch companies in most countries in and outside of Europe.

(to be continued)

OPMERKINGEN
- (3) Foreign nouns ending in **-a, -o** or **-u** are made plural by adding **-'s**. *De sofa's, de paraplu's*. Only **-s** is added to *bureau*, however, because the 'o' sound is represented by more than one character.
- (4) Many infinitives can be used as nouns, which are always neuter.
- (5) One can say either *geworden was* or *was geworden*.
- (6) *In het hart van het land*: In the heart of the country. *In het hart van de winter*: In the heart of winter.
- (7) When a subordinate clause contains a comparison, the verb comes before the second part of the comparison. *Ik denk dat hij meer doet dan zijn broer. Ik weet niet of ze jonger is dan haar vriendin.*

Neuter noun: *het hart*.

79ste LES

OEFENINGEN
A. Vertaal:

Foto's. — **1.** Als ze met vakantie gaan, schijnen veel mensen geen ander doel te hebben dan foto's te maken. — **2.** Als ze voor een oud gebouw of een prachtig landschap staan, denken ze er niet aan die te bewonderen. — **3.** Ze vragen zich alleen maar af of er licht genoeg is voor een goede opname. — **4.** Elk jaar komen ze thuis met tientallen en soms honderden beelden. . . die ze in oude schoenendozen doen ! — **5.** Ze komen heel zelden of helemaal nooit op het idee ze weer eens te bekijken. — **6.** Slechts als ze kennissen op bezoek hebben, halen ze de foto's uit de dozen. — **7.** Maar nooit geven ze de minste verklaring over de bezochte streek. — **8.** Hun enige commentaar beperkt zich meestal tot "ik heb lang moeten wachten om deze foto te maken"! — **9.** Soms omdat er te veel wolken waren, een andere keer omdat het te druk was, in andere gevallen omdat het eigenlijk verboden was te fotograferen. — **10.** Erg leerrijk, niet waar ! — **11.** En je komt met vreselijke hoofdpijn thuis.

B. Vul de ontbrekende woorden in:

1 *That firm brings more and more products on the market, but the quality of them is not particularly good.*

Die firma .... meer produkten op de markt, maar de .... ervan is niet .... goed.

2 *Before long we shall know what they finally have decided.*

We zullen ...... weten wat ze .... hebben ....

3 *There are many workshops in the suburb.*

Er zijn veel .... in de ....

OPLOSSING A:
Photographs. — **1** When they go on holiday, many people seem to have no other goal than to take (make) photographs. — **2.** If they stand facing an old building or a beautiful landscape, they don't think to admire it. — **3.** They only wonder if there is enough light for a good shot. — **4.** Each year they come home with dozens (tens) and sometimes hundreds of pictures… which they put in old shoeboxes. — **5.** Very seldom, or never at all, do they get the idea of having another look at them. — **6.** Only when they have aquaintances visiting do they haul the photographs out of the boxes. — **7.** But they never give the slightest explanation about the area visited. — **8.** Their only comment is usually restricted to "I had to wait a long time to take this photograph!" — **9.** Sometimes [it was] because there were too many clouds, another time because it was too busy, [and] in other cases because actually it was forbidden to take photographs. — **10.** Very informative, isn't it! — **11.** And you come home with a terrible headache.

Some Irregular Verbs

besluiten	ik besloot	ik heb besloten
blijken	het bleek	het is gebleken
bestaan	het bestond	het heeft bestaan
ondernemen	ik ondernam	ik heb ondernomen

4 *In spite of the numerous maps which he had at his disposal, he found the way with difficulty.*

. . . . de . . . . plattegronden waarover hij

. . . . heeft hij de weg moeilijk gevonden.

79ste LES

5 He has established a workshop where about sixty labourers work.

Hij heeft een werkplaats . . . . waar . . . .

zestig . . . . werken.

***

TACHTIGSTE (80ste) LES

Lieven Gevaert (einde)

1   Gevaert was niet alleen een groot (1) industrieel.
2   Ook op sociaal gebied was hij een bijzonder boeiende figuur.
3   Hij beschouwde zijn arbeiders niet eenvoudig maar als nummers, maar als vrije mensen.
4   In die tijd was zoiets zeker een uitzondering (2).
5   Toen hadden de arbeiders geen rechten:
6   alles hing meestal nog van de goede wil van de baas af.
7   Bij Gevaert was de toestand helemaal anders.

UITSPRAAK
1 industriEAYl
2 soosiEaal ... biEzond:r boeiE:nd: fiEhguur
3 b:sHGoud:
4 vwas ˆsooiEts ˆsAYk:r :n uitsond:ring

OPLOSSING B:

1 brengt - steeds - kwaliteit - bijzonder. — **2** weldra - eindelijk - besloten. — **3** werkplaatsen - voorstad. — **4** Ondanks - talrijke - beschikte. — **5** opgericht - ongeveer - arbeiders.

Second Wave: Lesson 30

****

EIGHTIETH LESSON

Lieven Gevaert (conclusion)

1 Gevaert was not only a great industrialist.
2 Also in the social area, he was a particularly fascinating figure.
3 He regarded his labourers not just simply as numbers, but as free individuals (people).
4 At that time something like that was certainly an exception.
5 Then, labourers had no rights.
6 Usually, everything still depended on the good will of the boss.
7 With Gevaert the situation was completely different.

OPMERKINGEN
(1) Although *industrieel* is masculine, the adjective *groot* has no **-e** ending because it is preceded by *een* and describes a quality of the person in his profession or function. *Hij was een goed leraar*: He was a good teacher (He was good at teaching). *Hij was een goede leraar*: He was a good teacher (He was a good man).
(2) *Dat is een uitzondering op de regel*: That's an exception to the rule. *Voor u zal ik een uitzondering maken*: For you, I'll make an exception. *Met uitzondering van de kinderen*: except for the children.

8 Zo kreeg het personeel **(3)** al vakantiedagen en kinderbijslag **(4)**.
9 Als er belangrijke bestellingen waren moesten de arbeiders overuren maken ;
10 maar ze kregen er steeds extra-**(5)** loon voor.
11 In die tijd was dergelijke maatregel **(6)** helemaal buitengewoon.
12 In de fabriek zelf konden de werklui **(N3)** ook technisch onderwijs krijgen.
13 Het spreekt vanzelf dat de andere industriëlen Gevaert als een revolutionair beschouwden -
14 en in zekere zin **(7)** hadden ze gelijk.
15 Maar misschien verklaart dit alles het reusachtig succes van de onderneming.

UITSPRAAK
- 8 persoonAYl
- 9 oov:ruur:n
- 10 stAYts ekstraa
- 11 derhg:l:k: maatrAYhg:l
- 12 fabriEk^self
- 13 sprAYkt ^fanzelf ... industriEAYl:n ... rAYvooluusyoner b:sHGoud:n
- 15 reuzaHGt:HG sukses^fan d: ond:rnAYming

8 [And] so the personnel already received days off for holiday, and child allowance.
9 When there were important orders the labourers had to work overtime (make overhours),
10 but they always received extra pay for it.
11 At that time such a measure was completely out of the ordinary.
12 In the factory itself, the workmen could receive technical education.
13 It goes without saying that the other industrialists regarded Gevaert as a revolutionary –
14 and in a certain sense they were right.
15 But perhaps all this explains the gigantic success of the enterprise.

OPMERKINGEN
(3) When a word has the suffix **-eel** (also spelled **-ele** or **-ële** when **-e** or **-en** is added) that syllable is always emphasized: *traditioneel* [tradiEsyoon**AY**l], *traditionele* [-oon**AY**l:], *industrieel* [industriE**AY**l], *industriëlen* [-triE**AY**l:n].
(4) *Een bijslag*: a supplementary allowance; *een opslag*: a raise; *een toeslag*: a supplement (It can be an extra allowance or an extra charge).
(5) *Extra* is used about the same as in English except that it is often combined with the following word. *Er is een extratrein*: There's an extra train. *Dat brengt extrakosten mee*: That will entail extra costs.
(6) Plural: *maatregelen* or *maatregels*. The first form is more common.
(7) *De zin voor schoonheid*: the sense of beauty. *Hij heeft geen zin voor humor*: He has no sense of humour. *Dat heeft geen zin*: There is no sense to that.

Neuter nouns: *het recht, het personeel, het succes*.

OEFENINGEN

A. Vertaal:

Lonen, stakingen, problemen. — **1.** Onze onderneming is bijzonder bloeiend, wat in deze tijd zeker een uitzondering is. — **2.** Toch hebben we meer dan eens problemen met het personeel gehad. — **3.** Vorig jaar hebben de werklui twee keer gestaakt omdat ze een vermindering van de werkuren vroegen. — **4.** Toch worden de overuren bij ons steeds dubbel betaald, wat natuurlijk niet het geval is in de andere werkplaatsen of fabrieken van de streek. — **5.** Ik heb mijn best gedaan om de arbeiders uit te leggen dat de toestand misschien niet lang meer goed zou blijven, en dat we aan de toekomst moeten denken. — **6.** We mogen niet uit het oog verliezen dat we voor de bestellingen hoofdzakelijk van het buitenland afhangen. — **7.** Als de crisis in andere landen blijft voortduren, dan zullen we misschien ook maatregelen moeten nemen. — **8.** Onze arbeiders zijn nu hoge lonen gewoon. — **9.** Hoe zouden ze met niets anders dan hun werkloosheidsuitkering kunnen leven als de fabriek haar deuren moest sluiten ? — **10.** Dank zij de leiders van hun vakbond hebben ze onze redenen begrepen.

B. Vul de ontbrekende woorden in:

1 *Because the situation continually became worse, they had to take new measures.*

.... de toestand ...... slechter werd, hebben ze nieuwe .... moeten nemen.

2 *Everyone regards him as an honest man.*

Iedereen .... hem als een .... man.

OPLOSSING A:
Wages, strikes, problems. — **1.** Our company is particularly prosperous, which in these times is certainly an exception. — **2.** Yet, we have had trouble with the personnel at times. — **3.** Last year the workmen went on strike (discontinued) two times because they requested a reduction in working hours. — **4.** Yet, with us overtime hours (overhours) are always paid double, which naturally is not the case in the other workshops or factories in the area. — **5.** I have done my best to explain to the labourers that maybe the situation would not remain good much longer, and that we must think about the future. — **6.** We must not lose sight of [the fact] that we are primarily dependant on foreign countries for orders. — **7.** If the [economic] crisis continues to persist in other countries, then we may also have to take measures. — **8.** Our labourers are now used to high wages. — **9.** How would they be able to live with nothing other than their unemployment payments if the factory had to close its doors? — **10.** Thanks to the leaders of their trade union, they understood our reasons.

*****

No additional sentence structure tables will be provided. We have already given examples of the most important types. **Go over the exercises in previous lessons regularly.** *They are essential!*

*****

3 *Since the end of the Second World War, labourers receive holiday money and child allowance.*

Sinds het einde van de tweede .... krijgen de arbeiders .... en kinder........ .

4 *We must, in a certain sense, regard that as an exception to the rule.*

We moeten dat in zekere ... als een .... op de ..... beschouwen.

80ste LES

5 *If it depended on me, I would propose another solution right away.*

Als het van mij . . . . . . , zou ik dadelijk een andere

. . . .

****
ÉÉNENTACHTIGSTE (81ste) LES

Voor de reis

1 Het is steeds en overal hetzelfde : een paar maanden vóór de vakantie is iedereen al plannen aan het maken.
2 De ene, die van ijs en sneeuw houdt, wil absoluut naar Zwitserland (1), waar hij lange bergtochten kan maken.
3 Een ander, die zich voor oude monumenten interesseert en tegelijk van de zon wenst te genieten, wil het zuiden van Frankrijk bezoeken :
4 hij is er zeker van dat hij in elk dorp een Romaanse kerk of muren van een middeleeuws kasteel zal ontdekken.
5 Zelfs als het gezin (2) niet heel groot is, wil iedereen iets anders ;
6 kiezen wordt dus een lastig (3) probleem.

UITSPRAAK
1 stAYts ... hetselvd: ... fvakansiE ... iEd:rAYn
2 AYn: ... snAYoe ... apsooluut
3 moonuument:n int:ressAYrt :n t:hg:leik ̂fan ... h:t ̂suid:n v:n frangkreik
4 mid:lAYoes
5 h:t ̂HG:zin

OPLOSSING B:

1 Daar - steeds - maatregelen. — **2** beschouwt - eerlijk. — **3** wereldoorlog - vakantiegeld - bijslag. — **4** zin - uitzondering - regel. — **5** afhing - oplossing - voorstellen.

*****

Second Wave: Lesson 31

EIGHTY-FIRST LESSON

Before the Journey

1   Always and everywhere it's the same: a couple of months before the vacation [period] everyone is already making plans.
2   One [person], who likes ice and snow, wants absolutely [to go] to Switzerland, where he can take (make) long mountain treks.
3   Another, who is interested in old monuments and, at the same time, wishes to enjoy the sun, wants to visit the south of France.
4   He is certain that he will discover in each village a Romanesque church or walls from a medieval castle.
5   Even if the family isn't extremely large, each person wants something different,
6   so choosing becomes a difficult problem.

OPMERKINGEN
(1) *Gaan* is often omitted after *moeten, kunnen, willen* and *mogen*. *Nu moet u naar de dokter*: Now you must [go] to the doctor.
(2) *Het gezin* is the family in the narrow sense (husband, wife, and children), others being included only if they live in the same house. *De familie* (which can mean *gezin*) usually means the family in the broad sense (also grand-parents, grand-children, uncles, aunts, cousins, etc.).
(3) *Lastig*: burdensome. *Dat kind is nogal lastig*: That child is rather difficult. *Hij heeft een lastig karakter*: He has an irksome personality. *Als ze haar zin niet krijgt, wordt ze lastig*: If she doesn't get her way, she becomes difficult.

81ste LES

7	Na lang nagedacht en geaarzeld te hebben neemt de vader eindelijk een beslissing :
8	ze zullen een week of drie (4) naar Nederland gaan.
9	Het zal de kinderen de gelegenheid geven kennis te maken met prachtige maar weinig bekende streken.
10	Hun kennis (5) van het Nederlands zullen ze ook wat kunnen opfrissen.
11	Op school lees je meestal allerlei verouderde teksten, maar de echte omgangstaal komt zelden aan de beurt.
12	Toch moet je vlot kunnen spreken als je een betrekking wilt vinden die werkelijk de moeite waard is.
13	Dus : op weg (6) naar het noorden...
14	Maar daarmee is niet alles opgelost ; de vraag is nu : hoe zullen ze reizen ?

(wordt vervolgd)

UITSPRAAK
7 hg:**aa**rz:lt
9 h:t ˆsal
10 n**AY**d:rlantsˆsull:n
11 komt ˆseld:n
12 vwilt ˆfind:n

7 After having reflected and hesitated [for a] long [time], father finally makes (takes) a decision:
8 they will go to The Netherlands for about three weeks.
9 It will give the children the opportunity to become acquainted with delightful but little-known areas.
10 They will also be able to freshen up their knowledge of Dutch a bit.
11 In school you usually read all kinds of outdated texts, but the real conversational language is seldom included (given a turn).
12 Still, you must be able to speak fluently if you want to find a position that's really worthwhile.
13 So, on [our] way to the north...
14 But with that not everything is solved; now the question is: how shall we travel?

(to be continued)

OPMERKINGEN
(4) *We blijven een dag of zes*: We are staying about six days. *Ik had maar een glas of vier gedronken*: I had only drunk about four glasses.
(5) *Kennis*: knowledge, acquaintance. In the first sense it is not used in the plural. *Die jongen bezit veel kennis op dat gebied*: That boy possesses much knowledge in that area. *Ze heeft veel kennissen in Nederland*: She has many acquaintances in Holland. *Ze heeft met de nieuwe buurvrouw kennis gemaakt*: She has made the acquaintance of the new neighbour lady.
(6) *Op weg naar school heeft hij een frank gevonden*: On [his] way to school he found a franc. *Op de weg vond hij vijf frank*: On the road he found five francs. *Onderweg heb ik veel mooie bloemen gezien*: En route I saw many beautiful flowers.

Neuter nouns: *het monument, het kasteel, het gezin, het karakter.*

Some Irregular Verbs

genieten	ik genoot	ik heb genoten
kiezen	ik koos	ik heb gekozen
verblijven	ik verbleef	ik heb verbleven

81ste LES

OEFENINGEN
A. Vertaal:
Over de Provence. — **1.** Vorige zomer hebben we een paar weken in het zuiden van Frankrijk doorgebracht. — **2.** Dit verblijf heeft ons de gelegenheid verschaft een prachtige streek te ontdekken. — **3.** Elke dag hebben we interessante tochten gemaakt.— **4.** We hebben onder andere een reeks kastelen uit de middeleeuwen bezocht ; bijna in elk dorp is er één te zien. — **5.** Er zijn ook heel wat gebouwen uit de tijd van de Romeinen. — **6.** Sommige ervan zijn zo mooi dat u zich moeilijk kan voorstellen dat ze twintig eeuwen geleden gebouwd werden. — **7.** U krijgt bijna de indruk dat ze op zijn hoogst uit de negentiende eeuw dateren. — **8.** In de talrijke musea hebben wij allerlei fantastische dingen kunnen bewonderen. — **9.** En bovendien hebben we van de zon genoten.

B. Vul de ontbrekende woorden in:

1 *They did not hesitate one single moment to make (take) a decision.*

Ze hebben geen enkel .... om een

.... te nemen.

2 *My neighbour is a well-known artist; he is both [a] writer and [a] painter.*

Mijn buurman is een bekend .... ; hij is

.... schrijver en ....

3 *During their stay in the mountains they made long excursions in the snow every day.*

.... hun verblijf in de bergen hebben ze elke dag

lange .... in de ...... gemaakt.

∗∗∗∗∗∗∗∗∗∗∗∗∗∗∗∗∗∗∗∗∗∗∗∗∗∗∗∗∗∗∗∗∗∗∗∗∗

OPLOSSING A:
About the Provence. — **1.** Last summer we spent a couple of weeks in the south of France. — **2.** This stay provided us with the opportunity to discover a delightful area. — **3.** Each day we made interesting excursions. — **4.** Among other [things] we visited a number of castles from the Middle Ages; in almost every village there is one to be seen. — **5.** There are also a whole lot of buildings from the time of the Romans. — **6.** Some of them are so beautiful that you can hardly imagine that they were built twenty centuries ago. — **7.** You almost get the impression that at most they date from the nineteenth century. — **8.** In the numerous museums, we were able to admire all kinds of fantastic things. — **9.** And in addition to that we enjoyed the sun.

4 *It is particularly difficult but also very important to make fluent use of the conversational language.*

Het is .... moeilijk maar ook erg belangrijk de

.... vlot te ....

5 *It's a burdensome problem; till now we have found no solution which is really worth the bother.*

Het is een .... probleem ; ... . hebben

we geen .... gevonden die .... de

moeite waard is.

OPLOSSING B:

1 ogenblik - geaarzeld - beslissing. — **2** kunstenaar - tegelijk - schilder. — **3** Gedurende - tochten - sneeuw. — **4** bijzonder - omgangstaal - hanteren. — **5** lastig - tot nu toe - oplossing - werkelijk.

★★★★★

Second Wave: Lessons 32

****

81ste **LES**

TWEEËNTACHTIGSTE (82ste) LES

Voor de reis (vervolg)

1 De zoon stelt onmiddellijk voor met de wagen te rijden :
2 hij beweert **(1)** dat het de enige **(N4)** manier is zo weinig mogelijk tijd te verliezen.
3 Maar vader is het niet eens **(2)** : in augustus is het verkeer te druk en zijn de gevaren te groot.
4 Vader vreest altijd botsingen, hij ziet overal gevaren, ook waar ze helemaal niet bestaan.
5 De dochter zou liever met de trein reizen.
6 Zo vermijd je allerlei problemen en onderweg kan je het landschap bewonderen.
7 Daar hebben de anderen veel bezwaren tegen :
8 ter plaatse ben je niet vrij meer en kan je **(3)** je moeilijk verplaatsen.
9 Vader heeft eindelijk een oplossing : hij stelt voor te vliegen.
10 Ter plaatse zullen ze dan een wagen huren **(4)**.
11 Het is ongetwijfeld duurder, maar zo win je werkelijk veel tijd :

UITSPRAAK
2 **AY**n:hg: ... is ˆsoo
3 h:t ˆf:rk**AY**r
6 lantsHGap
8 ni**E**t ˆfrei ... m**oe**i**E**l:k ˆf:rpl**aa**ts:n
9 stelt ˆfoor
11 vw**e**rk:l:k ˆf**AY**l

EIGHTY-SECOND LESSON

Before the Journey (continuation)

1 The son immediately suggests taking (driving with) the car;
2 he claims that it's the only way to lose as little time as possible.
3 But father does not agree. In August the traffic is too heavy and the dangers are too great.
4 Father is always afraid of [having] collisions, he sees dangers everywhere, even (also) where they don't exist at all.
5 The daughter would rather travel by train.
6 That way you avoid all kinds of problems, and you can admire the scenery along the way.
7 The others have many objections to that.
8 While you are there (at the place) you are no longer free and it's hard to get around.
9 Father finally has a solution; he suggests flying.
10 Then locally they will hire a car.
11 It's undoubtedly more expensive, but that way you really gain much time.

OPMERKINGEN
(1) *Hij beweert dat het zo is*: He claims that it is so. *Die bewering moet u bewijzen*: You must prove that claim.
(2) *Ik ben het met u eens*: I agree with you. *Iedereen was het erover eens, dat ik gelijk had*: Everyone agreed that I was right.
(3) Since *ter plaatse* is assumed as the first element in the second clause, the verb (*kan*) must be in the (theoretical) second place, before *je*.
(4) *Ik heb een huis aan zee gehuurd*: I have rented a house at the seaside. *Mijn oom heeft zijn huis verhuurd*: My uncle has let out his house. *Huis te huur*: house for rent. *Huis te koop*: house for sale.

12 in anderhalf uur ben je op Schiphol, de luchthaven van Amsterdam.
13 Het spreekt vanzelf dat de kinderen zoiets leuk vinden,
14 maar dat maakt moeder nogal bang : er gebeuren zoveel ongevallen !
15 Vader bewijst haar dat het helemaal niet waar is, en ze laat zich overtuigen (5).
16 Hij zal de volgende dag (6) naar het **reisbureau** gaan om de plaatsen te bespreken.

UITSPRAAK
13 sprAYkt ˆfan ... leukˆfind:n
15 laat ˆsiHG
16 reisbuuroo

OEFENINGEN
A. Vertaal:

1. Ter plaatse bestaan er ongetwijfeld talrijke andere mogelijkheden. — 2. Hij reed veel te vlug ; hij heeft de botsing niet kunnen vermijden. — 3. Het feit dat hij zolang aarzelt voordat hij een beslissing neemt, is zeker een bewijs dat hij niet op de hoogte van de toestand is. — 4. Hij beweert dat hij iets buitengewoons heeft ontdekt. — 5. Gedurende die tocht hebben wij prachtige landschappen kunnen bewonderen. — 6. In die streek zijn een hele reeks oude kastelen te koop. — 7. Misschien bent u het niet eens met onze redenen ; in dat geval moet u uw bezwaren verklaren. — 8. Ik ben niet van plan onderweg te stoppen. — 9. Als u met het vliegtuig reist, wint u twee dagen op de heen- en terugreis. — 10. Blijf de vorige lessen herhalen : op die manier zal u uw kennis opfrissen.

12 In an hour and a half you are at Schiphol, Amsterdam's airport.
13 It goes without saying that the children find something like that fun,
14 but it (that) makes mother rather afraid. So many accidents happen!
15 Father proves to her that it isn't true at all, and she allows herself to be persuaded.
16 He will go to the travel agency the following day to reserve seats (places).

OPMERKINGEN
(5) *De overtuiging*: the conviction.
(6) *De dag na de reis*: the day after the journey. *De volgende morgen*: the following morning.

Neuter nouns: *het gevaar, het landschap, het vliegtuig*.

Irregular Verbs

| vermijden | hij vermeed | hij heeft vermeden |
| bewijzen | hij bewees | hij heeft bewezen |

OPLOSSING A:
1. Locally, numerous other possibilites no doubt exist. — 2. He was driving much too fast; he couldn't avoid the collision. — 3. The fact that he hesitates so long before he makes a decision, is certainly proof that he is not informed about the situation. — 4. He claims that he has discovered something extraordinary. — 5. During that excursion we were able to admire beautiful landscapes. — 6. In that area there is a whole group of old castles for sale. — 7. Maybe you are not in agreement with our reasons; in that case you need to explain your objections. — 8. I'm not planning to stop along the way. — 9. If you travel by plane, you gain two days on the round trip. — 10. Continue to repeat the former lessons. In that way you will refresh your knowledge.

82ste LES

1. *I have the impression that they will not be in agreement with our proposal.*

   Ik heb de . . . . . . dat ze het niet . . . . zullen zijn . . . ons . . . .

2. *I am persuaded that he can not prove such an assertion.*

   Ik ben ervan . . . . dat hij zo'n . . . . niet kan . . . .

3. *For months that house has already been for rent.*

   Dat huis is . . maanden . . . .

4. *The meeting lasted only an hour and a half.*

   De . . . . heeft maar . . . . uur geduurd

****

DRIEËNTACHTIGSTE (83ste) LES

Lachen kan geen kwaad

Op de markt
1 *Dame :* Een half uur geleden heb ik hier zes sinaasappels **(1)** gekocht.

UITSPRAAK
1 siEnaasapp:ls

5 *The airport is not located in the vicinity of the capital; it is located at least thirty kilometres away from [it].*

De .... ligt niet in de ..... van de .... ; hij ligt er .... dertig kilometer ... van.

OPLOSSING B:

1 indruk - eens - met - voorstel.— **2** overtuigd - bewering - bewijzen. — **3** al - te huur. — **4** vergadering - anderhalf — **5** luchthaven - buurt - hoofdstad - tenminste - ver.

★★★★★

Oost west, thuis best. There's no place like home (east, west; at home it's best).

Second Wave: Lesson 33

EIGHTY-THIRD LESSON

Laughing Can [Do] No Harm

At the market
1 Lady: Half an hour ago I bought six oranges here.

OPMERKINGEN
(1) The plural form of *appel* (apple) is *appelen* or *appels*.

2 Toen ik thuis kwam, merkte ik dat u er me maar vijf gegeven had. Hoe komt dat ?
3 *Marktvrouw :* Wel, mevrouw, **één** ervan was bedorven **(2)**.
4 Ik was zo vrij **(3)** hem voor u weg te gooien.

Een bekende zoon
5 De beroemde componist Arnold Schönberg kreeg eens bezoek van een vriend.
6 Beiden **(4)** wandelden door de straten van de kleine stad.
7 Veel kinderen, die ze tegenkwamen, groetten Schönberg eerbiedig **(5)**.
8 De vriend kwam onder de indruk en zei :
9 — Het is duidelijk, Arnold, dat je een beroemd man bent. Zelfs de kinderen kennen je.
10 — Ja, antwoordde Schönberg, mijn zoon is doelman **(6)** in de voetbalploeg !

UITSPRAAK
2 tuis
4 vwas ˆsoo ... hgooiE:n
5 kompoonist arnolt sheunberHG [a German name] ... b:zoek ˆfan
9 duid:l:k

2 When I arrived home, I noticed that you had only given me five. How did that happen?
3 Market woman: Well, Madam, one of them was rotten.
4 I took the liberty of throwing it away for you.

A well-known son
5 The famous composer Arnold Schönberg received a visit once from a friend.
6 Both were walking through the streets of the small city.
7 Many children, whom they met, greeted Schönberg respectfully.
8 The friend was impressed and said:
9 — It's obvious, Arnold, that you're a famous man. Even the children know you.
10 — Yes, answered Shönberg, my son is goal-keeper for the football team.

OPMERKINGEN
(2) *Hij heeft alles bedorven*: He has spoiled everything. *Ik wil uw vreugde niet bederven*: I don't want to spoil your joy. *Ze verwennen dat kind te veel*: They spoil that child too much.
(3) *Ik ben zo vrij U te schrijven om...*: I take the liberty of writing you to ... *Ze zijn vrij van zorgen*: They are free of cares.
(4) The **-n** is added because *beiden* refers to people.
(5) *Groeten*: to greet. Notice the double **t** in the past tense. *De groet*: the greeting. *Doe de groeten thuis*: Give (do the) greetings [to everyone] at home. *De eerbied*: the respect. *Ik heb het uit eerbied voor hem gedaan*: I did it out of respect for him. *Hij heeft eerbied voor niemand*: He has respect for no one.
(6) *Het doel*: target, goal, objective, purpose. *Het doeleinde*: end, purpose. *Doeleinden* is used as plural for *doel* when the meaning is figurative. *Doelen* is the plural form for concrete objects and in reference to sports.

83ste LES

Op afbetaling kopen

11 *Verkoper :* U kunt **(7)** dit toestel dadelijk meenemen en later betalen.
12 Ik kan u verzekeren, dat u er nooit moeilijkheden mee zult hebben.
13 *Klant :* En op het ogenblik dat ik moet betalen ?

OEFENINGEN
A. Vertaal:

Te veel kopen ? — **1.** Vooral sinds het einde van de oorlog is het voor veel mensen een gewoonte geworden op afbetaling te kopen. — **2.** Op die manier kunnen ze dadelijk beschikken over allerlei toestellen die ze niet contant kunnen betalen. — **3.** Er bestaan zelfs maatschappijen, die als enig doel hebben geld te lenen om die aankopen mogelijk te maken. — **4.** Op het eerste gezicht schijnt zoiets interessant voor de klanten. — **5.** Maar het kan ook erg gevaarlijk worden, want sommige mensen denken niet altijd genoeg na voordat ze beslissen op die manier te kopen. — **6.** Ze verliezen uit het oog dat ze op het einde van de maand een soms belangrijke som moeten terugbetalen, die hun financiële mogelijkheden te boven kan gaan. — **7.** Zo komt het meer dan eens voor, dat ze het nodige geld niet hebben ; en dan beginnen de problemen . — **8.** In sommige gevallen neemt de verkoper het niet betaalde toestel terug, — **9.** en de mensen krijgen niets terug van al wat ze gedurende een reeks maanden betaald hebben. — **10.** Een goede raad : wees voorzichtig als u van plan bent op afbetaling te kopen.

B. Vul de ontbrekende woorden in:

1 *One might wonder why so many artists become famous only after their death.*

Men kan zich . . . . waarom zoveel kunstenaars

. . . na hun dood . . . . worden.

Buying on installment
- **11** Salesman: You can take this appliance with you immediately and pay later.
- **12** I can assure you that you will never have difficulties with it.
- **13** Customer: And at the moment when I must pay?

OPMERKING
(7) It is possible to say: *u kunt, u zult, u hebt* and *u wilt*, although *u kan, u zal, u heeft* and *u wil* are more common. *U bent* is preferable, however, to *u is*.

***

Neuter nouns: *het toestel, het ogenblik, het doel, het doeleinde.*

Irregular Verbs

| bederven | ik bedierf | ik heb bedorven |
| tegenkomen | ik kwam tegen | ik ben tegengekomen. |

OPLOSSING A:
Buying too much? — **1.** Especially since the end of the war it has become the practice of many people to buy on installment. — **2.** In that way they can immediately have all kinds of appliances at their disposal, for which they are not able to pay cash. — **3.** There are even companies which have as [their] sole purpose the lending of money to make these purchases possible. — **4.** At first glance this seems to be attractive for the customer. — **5.** But it can also become very dangerous, because some people do not always reflect enough before they decide to buy in that way. — **6.** They lose sight of [the fact] that at the end of the month they sometimes have to repay a substantial sum, which can exceed their financial capabilities. — **7.** And so it happens at times, that they don't have the necessary money; and then the problems begin. — **8.** In some cases the seller takes the unpaid appliance back, **9.** and the people get nothing back of all that they paid over a number of months. — **10.** A good [piece of] advice: be careful if you plan to buy on installment.

2 *Although he is not yet twenty years [old], he is looked upon as the best goal-keeper in the whole region.*

...... hij nog .... twintig jaar is, wordt hij als de beste .... van de hele streek ....

3 *We bought that appliance on installment.*

We hebben dat .... op .... gekocht.

4 *How did it happen that you learned the news so late?*

Hoe .... het dat u het ...... zo laat .... heeft ?

5 *He restricts himself to the main point; it's the best proof that he knows the subject especially well.*

Hij .... zich tot de .... ; het is het beste ...... dat hij het .... bijzonder goed kent.

****

VIERENTACHTIGSTE (84ste) LES

Herhaling en opmerkingen

1. — The Position of Verbs — When there are several verbs in a subordinate clause, they all go at the end, and usually in the same order as in a main clause. *Ik denk dat hij het zal moeten doen. Ze zegt dat ze dat niet graag zou willen zien.*
You are advised to use this type construction.

OPLOSSING B:

1 afvragen - pas - beroemd. — **2** Hoewel - geen - doelwachter - beschouwd. — **3** toestel - afbetaling. — **4** komt - nieuws - vernomen. — **5** beperkt - hoofdzaak - bewijs - onderwerp.

★★★★★

Typische Nederlandse spreekwoorden: typical Dutch proverbs. *Die niet wit wil worden, moet uit de molen blijven*: He who doesn't want to get white must stay out of the mill. *Als je schapen en koeien hebt, dan zegt ieder je goedendag*: If you have sheep and cows, then everyone tells you good day. *Een dwaas, indien hij zwijgen kan, gaat door voor een verstandig man*: A fool, if he can keep quiet, will pass for a sensible man. *Het kind moet een naam hebben*: You have to call it something.

★★★★★

Second Wave: Lesson 34

****

EIGHTY-FOURTH LESSON

At times, however, you will notice deviations from this general rule.
For example, when a conjugated form of *moeten, kunnen, mogen, willen* or *zullen* is accompanied by a single infinitive, the conjugated verb may follow the infinitive. In the following examples the more common form is given first with the variation in parentheses. *Ze zegt dat ze vroeg moet vertrekken (vertrekken moet). Ik weet dat*

hij om drie uur zal vertrekken (vertrekken zal).
If the subordinate clause contains a conjugation of one of the verbs listed above, a past participle, and an infinitive, the following is also acceptable: participle, conjugated verb, infinitive. *Ik denk dat die tekst moet vertaald worden (vertaald moet worden). Ik denk dat het boek niet meer kan gekocht worden (gekocht kan worden).*
The alternate constructions, although less common, are allowable for emphasis, variety or to improve the sound of the sentence.

2. — Emphatic and Reflexive Pronouns — In English there is a separate pronoun for each person and number which is used both emphatically and reflexively: myself, yourself, itself, herself, himself, ourselves, yourselves, themselves. In Dutch there is only one emphatic pronoun, *zelf*, which is used for all persons in singular and plural. *Ik doe het zelf*: I do it myself. *U doet het zelf*: You do it yourself. *Hij doet het zelf*: He does it himself. *Wij doen het zelf*: We do it ourselves. And so forth. The reflexive pronouns in Dutch are *zich, u, me* and *ons. Hij wast zich*: He washes himself. *Zij wassen zich*: They wash themselves. *U moet u wassen*: You must wash yourself/yourselves. (*U moet zich wassen*, may also be said). *Ik was me*: I wash myself. *Wij wassen ons*: We wash ourselves. The reflexive and emphatic pronouns can also be combined. *Ik was mezelf. Hij wast zichzelf.* This meaning is usually indicated in English by emphasizing 'self'. I wash my**self.** He washes himself himself, is possible, but sounds rather strange!

3. — Plural Forms of Nouns — Some nouns ending in **-man**, especially if they refer to professions, have **-lui** or **-lieden** in the plural rather than **-mannen.** *De werkman* (workman), *de werklui, de werklieden; de zeeman* (sailor), *de zeelui, de zeelieden; de timmerman* (carpenter), *de timmerlui, de timmerlieden; de koopman* (merchant), *de kooplui, de kooplieden*. This does not apply to nationalities. *De Fransman, de Fransen; de Engelsman, de Engelsen.*

4. — Enige — As an adjective **-e** is added according to the general rule. *Een enig kind*: an only child. *De enige reden*: the only reason. As a pronoun **-en** is added when used alone denoting persons. *Enigen zijn te laat gekomen*: Some came too late. *Ik heb veel vrienden, maar ik kan er maar op enigen rekenen. Ik weet dat je van die platen houdt, ik heb er enige meegebracht.* The same applies to *enkele* (a few), *sommige* (some), *alle* (all), *vele* (many), *weinige* (few), *beide* (both). *Ze zitten beiden in dezelfde klas*: They are both in the same grade. *Die boeken zijn heel mooi, ik zal beide nemen*: Those books are very beautiful; I'll take both [of them].

5. Uitdrukkingen. — 1. *Ze hebben niet eens geantwoord.* — 2 *Kent u iets op dat gebied ?* — 3 *Ik moet naar het juiste adres informeren.* — 4 *Het blijkt dat ze gelijk had.* — 5 *Dat is een uitzondering op de regel.* — 6 *We moeten dikwijls overuren maken.* — 7 *Ze zullen andere maatregelen nemen.* — 8 *Hij wil van zijn geld genieten.* — 9 *Ze zullen een jaar of drie weg zijn.* — 10 *Aangenaam kennis met u te maken.* — 11 *We gaan dadelijk op weg.* — 12 *Iedereen was het eens met mij.* — 13 *Ter plaatse zullen we een wagen huren.* — 14 *Dat huis is nu te huur/te koop.* — 15 *Ze zijn maar anderhalf uur gebleven.* — 16 *Ik verheug mij over uw resultaat.* — 17 *Mag ik zo vrij zijn u te storen ?* — 18 *Ze wandelen door de straten.*

6. — Vertaling — 1 They haven't even answered. — **2** Do you know anything in that area? — **3** I must inquire about the right address. — **4** It appears that she was right. — **5** That is an exception to the rule. — **6.** We must often work overtime. — **7** They will take other measures. — **8** He wants to enjoy his money. — **9** They will be away for about three years. — **10** It's a pleasure to make your acquaintance. — **11** We'll start out immediately. — **12** Everyone agreed with me. — **13** We will hire a car locally. — **14** That house is now for rent / for sale. —

15 They stayed for only an hour and a half. — **16** I'm delighted with your results. — **17** May I be so forward as to disturb you? — **18** They are walking along the streets.

Second Wave: Lesson 35

You are now at the end of this book. Through your persistance you have learned much in a relatively short time, and WITH EASE. Still you are probably aware that, although you can already manage in many circumstances, your knowledge of Dutch is not yet perfect. You must therefore continue studying to accomplish your goal, namely, to speak the language fluently! To this end we make two recommendations:
(a) continue the Second Wave to consolidate your knowledge;
(b) seek opportunities to use your Dutch so you can develop your skills (for example, by listening to Dutch radio broadcasts, by reading Dutch books and magazines, and if possible by conversing with Dutch-speaking people.

KEEP UP THE GOOD WORK!

OP U KOMT HET AAN!
(It depends on you!)

BASIC FORMS OF IRREGULAR VERBS

Here is a list of irregular verbs used in this volume. We give the basic forms of each: the infinitive (present plural), the simple past, and the present perfect. From these forms all the others can be composed with the help of some basic rules. So that the list would not be too long, we have omitted compound verbs and words made by adding a prefix to another word in the list. They are conjugated in the same way as the simple verbs they are derived from. For example, *terugkomen* is conjugated like *komen: komen, hij kwam, hij is gekomen; terugkomen, ze kwam terug, ze is teruggekomen; schrijven, ik schreef, ik heb geschreven; beschrijven, ik beschreef, ik heb beschreven*. When you form the plural of the simple past, don't forget to use the spelling rules. For example, *ik deed* (closed syllable, so double **ee**), *we deden* (open syllable, so one **e**); *ik trok, we trokken* (double **k** to keep the **o** short in a closed syllable).

bakken, *bake*	ik bakte	ik heb gebakken
bederven, *spoil*	ik bedierf	ik heb bedorven
bedriegen, *deceive*	ik bedroog	ik heb bedrogen
beginnen, *begin*	ik begon	ik ben begonnen
bevelen, *command*	ik beval (we bevalen)	ik heb bevolen
bidden, *pray*	ik bad (we baden)	ik heb gebeden
bieden, *offer*	ik bood	ik heb geboden
bijten, *bite*	ik beet	ik heb gebeten
binden, *bind*	ik bond	ik heb gebonden
blijken, *appear*	het bleek	het is gebleken

blijven, *remain*	ik bleef	ik ben gebleven
blinken, *shine*	het blonk	het heeft geblonken
breken, *break*	ik brak (we braken)	ik heb gebroken
brengen, *bring*	ik bracht	ik heb gebracht
denken, *think*	ik dacht	ik heb gedacht
doen, *do*	ik deed	ik heb gedaan
dragen, *carry*	ik droeg	ik heb gedragen
drijven, *float, conduct*	ik dreef	ik heb gedreven
dringen, *push, press*	ik drong	ik ben gedrongen
drinken, *drink*	ik dronk	ik heb gedronken
dwingen, *force*	ik dwong	ik heb gedwongen
eten, *eat*	ik at (we aten)	ik heb gegeten
gaan, *go*	ik ging	ik ben gegaan
gelden, *apply*	het gold	het heeft gegolden
genezen, *heal*	ik genas (we genazen)	ik heb genezen
genieten, *enjoy*	ik genoot	ik heb genoten
glijden, *slide, glide*	ik gleed	ik heb gegleden
hangen, *hang*	ik hing	ik heb gehangen
hebben, *have*	ik had	ik heb gehad
heffen, *lift*	ik hief	ik heb geheven
helpen, *help*	ik hielp	ik heb geholpen
heten, *be called*	ik heette	ik heb geheten
houden, *hold*	ik hield	ik heb gehouden
kiezen, *choose*	ik koos	ik heb gekozen
kijken, *look*	ik keek	ik heb gekeken
klimmen, *climb*	ik klom	ik heb geklommen
klinken, *sound*	het klonk	het heeft geklonken
komen, *come*	ik kwam (we kwamen)	ik ben gekomen
kopen, *buy*	ik kocht	ik heb gekocht
krijgen, *get, receive*	ik kreeg	ik heb gekregen
kunnen, *be able*	ik kon (we konden)	ik heb gekund

lachen, *laugh*	ik lachte	ik heb gelachen
laden, *load*	ik laadde	ik heb geladen
laten, *let, leave*	ik liet	ik heb gelaten
lezen, *read*	ik las (we lazen)	ik heb gelezen
liegen, *lie, tell lies*	ik loog	ik heb gelogen
liggen, *lie, recline*	ik lag (we lagen)	ik heb gelegen
lijden, *suffer*	ik leed	ik heb geleden
lijken, *resemble*	ik leek	ik heb geleken
lopen, *walk, run*	ik liep	ik heb gelopen
moeten, *must, have to*	ik moest	ik heb gemoeten
mogen, *may*	ik mocht	ik heb gemoogd
nemen, *take*	ik nam (we namen)	ik heb genomen
ontmoeten, *meet*	ik ontmoette	ik heb ontmoet
ontvangen, *receive*	ik ontving	ik heb ontvangen
raden, *guess*	ik raadde	ik heb geraden
rijden, *ride*	ik reed	ik heb gereden
roepen, *call*	ik riep	ik heb geroepen
scheiden, *separate*	ik scheidde	ik heb gescheiden
schenken, *give*	ik schonk	ik heb geschonken
scheren, *shave*	ik schoor	ik heb geschoren
schijnen, *appear, shine*	ik scheen	ik heb geschenen
schrijven, *write*	ik schreef	ik heb geschreven
slaan, *hit*	ik sloeg	ik heb geslagen
slapen, *sleep*	ik sliep	ik heb geslapen
sluiten, *close*	ik sloot	ik heb gesloten
snijden, *cut*	ik sneed	ik heb gesneden
spijten, *regret*	het speet me	het heeft me gespeten
spreken, *speak*	ik sprak (we spraken)	ik heb gesproken
springen, *jump*	ik sprong	ik heb gesprongen
staan, *stand*	ik stond	ik heb gestaan
stelen, *steal*	ik stal (we stalen)	ik heb gestolen
sterven, *die*	ze stierf	ze is gestorven
stijgen, *rise*	ik steeg	ik ben gestegen
strijden, *strive, contend*	ik streed	ik heb gestreden

treden, *tread, walk*	ik trad (we traden)	ik heb getreden
trekken, *pull*	ik trok	ik heb getrokken
vallen, *fall*	ik viel	ik ben gevallen
varen, *sail*	ik voer	ik heb gevaren
vechten, *fight*	ik vocht	ik heb gevochten
verdwijnen, *disappear*	ik verdween	ik ben verdwenen
vergeten, *forget*	ik vergat	ik heb vergeten
verliezen, *lose*	ik verloor	ik heb verloren
vermijden, *avoid*	ik vermeed	ik heb vermeden
vinden, *find*	ik vond	ik heb gevonden
vragen, *ask*	ik vroeg	ik heb gevraagd
vriezen, *freeze*	het vroor	het heeft gevroren
wassen, *wash*	ik waste	ik heb gewassen
werpen, *throw*	ik wierp	ik heb geworpen
weten, *know*	ik wist	ik heb geweten
wijten, *attribute*	ik weet	ik heb geweten
wijzen, *point*	ik wees	ik heb gewezen
willen, *will*	ik wilde (ik wou)	ik heb gewild
winnen, *win*	ik won	ik heb gewonnen
worden, *become*	ik werd	ik ben geworden
zeggen, *say, tell*	ik zei (we zeiden)	ik heb gezegd
zenden, *send*	ik zond	ik heb gezonden
zien, *see*	ik zag (we zagen)	ik heb gezien
zijn, *be*	ik was (we waren)	ik ben geweest
zingen, *sing*	ik zong	ik heb gezongen
zitten, *sit*	ik zat (we zaten)	ik heb gezeten
zoeken, *seek, look for*	ik zocht	ik heb gezocht
zullen, *shall*	ik zou (we zouden)	-----
zwemmen, *swim*	ik zwom	ik heb gezwommen
zwijgen, *be silent*	ik zweeg	ik heb gezwegen

NOTES

NOTES

INHOUD (CONTENTS)

Here is a list of the dialogues and exercises in the lessons. Titles which are indented and italicized refer to running text.

1. Bent u ziek ?
2. Bij de ontvanger
3. Geen geluk
4. Een arme man
5. Naar het station
6. Een telegram
7. Herhaling en noten
8. Een cadeau
9. Zusters zijn niet vriendelijk
10. Zesde verdieping
11. Meneer speelt kaart
12. Niet vriendelijk
13. De oom uit Amerika
14. Herhaling en noten
15. Een mooie film
16. Naar de weg vragen
17. Spreekt u Nederlands ?
18. Iets drinken
19. Aan het werk
20. Even lachen : op school
21. Herhaling en noten
22. Een pakje voor mevrouw
23. Over vakantie

24	Aan de telefoon
25	Aan de telefoon (vervolg)
26	Even herhalen
27	Weer eens lachen
28	Herhaling en noten
29	Klanten voor meneer
30	Het vertrek
31	Een portret
32	Een huis kopen
33	Een huis kopen (vervolg)
34	Humor
35	Herhaling en noten
36	Slecht weer
37	In de oude tijd
38	Aan het loket
39	Inlichtingen
40	In het reisbureau
41	In het hotel
42	Herhaling en noten
43	Weer eens humor
44	Wim is laat
45	Dora droomt
46	Daar komt Wim !
47	Naar Amsterdam
48	Over prentkaarten en postzegels
49	Herhaling en noten
50	Een blik achteruit ... en vooruit maar !
51	Naar de vergadering
52	Brieven sorteren
53	Een brief schrijven
54	't Is middag
55	Levensfilosofie
56	Herhaling en noten
57	Wim leert Engels
58	Een goede raad

Betrekking en talen
59 Koopjes
Een moeilijke periode
60 Opslag
Een voorzichtige jongen
61 Een wagen repareren
62 Weer een beetje humor
63 Herhaling en noten
64 Vakantieplannen
Over vakantie
65 Vakantieplannen (vervolg)
Dorpsleven
66 Bij de garagehouder
Over energiebesparing
67 Een beroep kiezen
Over ambtenaren
68 Een beroep kiezen (vervolg)
Over grote warenhuizen
69 Wie lacht mee ?
Over vrouwen en wagens
70 Herhaling en noten
71 Weer een stap vooruit
Vakantie in Nederland
72 Toekomstplannen
Vlaams en Nederlands
73 Toekomstplannen (vervolg)
74 Over Nederland
Een beetje geschiedenis
75 Gemengd nieuws
De zwarte vlag
76 Humor op alle gebieden
Over herhalingen
77 Herhaling en noten
78 Lieven Gevaert
Plannen en nog eens plannen

79	Lieven Gevaert (vervolg)
	Foto's
80	Lieven Gevaert (einde)
	Lonen, stakingen, problemen
81	Vóór de reis
	Over de Provence
82	Vóór de reis (vervolg)
83	Lachen kan geen kwaad
	Te veel kopen !
84	Herhaling en noten

NOTES

NOTES

NOTES

NOTES

Achevé d'imprimer par Corlet, Imprimeur, S.A.
14110 Condé-sur-Noireau
N° d'Éditeur : 3027 - N° d'Imprimeur : 139229 - Dépôt légal : juin 2011

Imprimé en France